행복한
성취주의자

THE HAPPY HIGH ACHIEVER

Copyright © 2024 by Mary E. Anderson
All rights reserved
Korean translation copyright © 2025 by SangSangSquare

Korean translation rights arranged with Lucinda Literary LLC, c/o Greene & Heaton Limited Literary Agency through EYA Co., Ltd.

이 책의 한국어판 저작권은 EYA Co., Ltd.를 통해 Lucinda Literary LLC, c/o Greene & Heaton Limited Literary Agency와 독점 계약한 상상스퀘어가 소유합니다.
저작권법에 의하여 한국 내에서 보호를 받는 저작물이므로 무단 전재 및 복제를 금합니다.

THE HAPPY HIGH ACHIEVER

행복한 성취주의자

성공과 행복, 두 마리 토끼를 잡는 법

메리 앤더슨 지음 · 임상훈 옮김

상상스퀘어

부모님께,

매일 내게 힘이 된 용기와 솔직함에 감사하며

차례

들어가는 말 ... 006

| PART 1 | 성공을 위한 기반을 마련하라

성공을 위해 생각을 최적화하라 ... 017
골칫거리 삼총사 이해하기 ... 042

| PART 2 | 8가지 핵심 원칙

핵심 원칙 #1: 완벽이 아닌, 탁월성을 추구하라 ... 065
핵심 원칙 #2: 궁극의 자산인 당신의 에너지에 투자하라 ... 105
핵심 원칙 #3: 호기심으로 불확실성을 헤쳐나가라 ... 144
핵심 원칙 #4: 건강한 관계를 구축하라 ... 180
핵심 원칙 #5: '해야 한다'를 '할 수 있다'로 변환하라 ... 223
핵심 원칙 #6: 감사 기반 사고로 레벨업하라 ... 268
핵심 원칙 #7: 승리를 축하하라 ... 302
핵심 원칙 #8: 의미 있는 목표를 선별하고, 당신의 유산을 만들어라. 그리고 지금 당장 시작하라! ... 337

| PART 3 | 계속 앞으로 나아가라

평생의 탁월성을 즐겨라 ... 367
당신의 8가지 핵심 원칙 실전 가이드 ... 387

감사의 말 ... 396
주석 ... 404

들어가는 말

이 책은 당신을 위해 썼다. 그렇다, 바로 *당신*을 위해서.

이 책을 읽고 있는 당신은 아마도 야심을 품고 열심히 일하는 사람일 것이다. 겉으로는 남들보다 뛰어나 보일 수도 있지만 속으로는 불안, 스트레스, 탈진과 씨름하고 있을 것이다.

어쩌면, 아주 어쩌면, 이 책을 집어 드는 일마저 쉽지 않았을 수 있다. 도움 요청은 생각만큼 만만한 일이 아니다. 당신은 아무리 무거운 짐이라도 남들에게 의지하지 않고 혼자 해결해 나가면서 자부심을 느끼고, 어떤 장애물이건 극복하고 앞으로 돌진해 나가려는 사람이기 때문이다. 아마도 성공을 위해서는 그 어떤 불완전함도 감추고, 동요하지 않는 모습을 제시하며, 다른 사람들을 즐겁게 만들어야 한다는 본능이 도움을 필요로 하는 당신의 속마음과 충돌하고 있을 것이다.

나는 이해한다. 정말 이해한다.

사실, 이러한 충돌 패턴은 상담하려고 나를 찾아오는 사람들에게서 일반적으로 볼 수 있는 특징이다. 원격 상담이든 직접 상담이든 간에, 나에게는 이러한 사람들의 이야기를 들을 수 있는 특권이 있다. 새로운 고객들은 대체로 상담실에 들어오는 순간 티끌 하나 없이 완벽한 외양(그리고 긴장된 어깨)을 모두 내려놓는다. 원래 모습으로 돌아온 그들은 추진력 있고, 결단력 있으며, 대체로 영리하다. 동시에 자기의심, 두려움, 걱정으로 가득 차 있다.

이 분야에서 수년간의 경험 끝에, 나는 이러한 괴리 현상을 '성취주의자high achiever의 불안'이라고 생각하게 되었다. 그리고 이를 일종의 전염병으로 보고 있다.

나쁜 소식부터 말하자면 지금 당신은 아마 최상의 컨디션이 아닐 것이다. 아무리 노력해봐야 끝없이 나타나는 산더미 같은 일에 압도되고, 지치고, 좌절감을 느낄 수 있다. 사실, 이대로 계속 간다면 결국은 번아웃될 것이다.

하지만 그럴 필요는 없다.

당신의 생각은 어떨지 모르겠지만, 나는 당신에게 말하고 싶다. 당신의 불안은 성공을 위해 치러야 할 대가가 아니다. 당신은 스스로를 돌보고 좋은 기분을 유지하면서도, 날카롭고 경쟁력 있는 상태를 유지할 수 있다. 사실, 기분이 좋아질수록 당신이 하는 일도 번창할 것이다. 당신은 행복과 뛰어난 성과를 동시에 얻을 수 있다.

…

경력 초기에 나는 고객들과 상담을 하면서 이 성취주의자의 불안이라는 현상을 반복적으로 목격하게 되었다. 이 현상이 너무도 분명히 보이다 보니 차마 무시할 수도 없었다. 문을 열고 들어온 거의 모든 고객이 극도의 피로감에 시달리며 자신이 고된 일정과 끝없는 부담을 얼마나 더 감당할 수 있을지 모르겠다고 고개를 저었다. 그들은 아무리 고성과를 내도 충분하지 않다는 감정에 사로잡혀 있었다.

어떻게, 익숙한 이야기로 들리는가?

그런데 그들의 특징 중 많은 부분은 나 자신에게서도 발견할 수 있었다. 그도 그럴 게, 몇 년 전에야 비로소 나도 다른 사람을 만족시키려는 습관을 극복할 수 있었으니까.

커다란 성취 욕구와 더불어 불안으로 가득 찬 고객들과 10년이 넘는 시간을 보내며 이런 사람들이 겪는 고충에 이해는 넓어졌고, 그들이 성공과 기쁨을 찾도록 돕겠다는 결심은 굳어져만 갔다. 나를 처음 만날 때 상담자들은 너무나 멋진 사람들이었지만 본인의 탁월함을 즐기고 있지는 못했다. 그들은 스트레스에 너무 얽매인 나머지 자신이 잘 살고 있다는 사실을 즐길 수 없는 상태였다!

　이제 그들은 더 이상 그렇지 않다.

　그리고 이제 나는 당신과 함께 있다. 나는 과학에 기반한 전략을 통해 성취주의적인 사람들이 겪는 독특한 압박과 함정을 극복하고 잘 살 수 있도록 도와줄 준비가 되어 있다.

당신은 불안을 느끼는 성취주의자인가?

성취주의자들은 무엇보다도 생산적이고, 재능 있으며, 목표 지향적이고, 목록 작성을 정말로 좋아하는 숙련된 문제 해결사다. 이러한 특성들은 분명 장점이다! 어쩌면 당신은 이러한 특성 중 일부를 스스로에게서 발견할 수 있을 것이다. 혹은 아래와 같이, 불안한 성취주의자들에게서 찾아볼 수 있는 그리 유쾌하지 않은 특성에 공감할 수도 있다.

- 자기의심과 과도한 일정으로 압도감을 느낀다.
- 통제력을 느끼고 싶어 한다.

- 크고 원대한 목표를 계속 달성해야 한다는 엄청난 압박감을 느낀다.
- 확실성을 원한다.
- 실패하거나 실수하거나 무능한 모습을 보일까 두렵다.
- 내가 생각만큼 똑똑하거나 재능이 있지 않다는 것을 다른 사람들이 알게 될까 두렵다.
- 종종 과거에 '해야 했던' 일이나 미래에 '해야 할' 일에 대해 자기비판적으로 생각한다.
- 나의 성과와 다른 사람들이 내 성과를 어떻게 인식하는지를 놓고 걱정한다.
- '대부분의 사람들'과 같기보다는 내가 특별하다고 느끼곤 한다.
- 근육이 긴장되어 있고 종종 숨을 멈춘다.
- 수면 장애로 고통받는다.
- 사람들을 기쁘게 하려는 성향 때문에 '아니요'라고 잘 말하지 못한다.
- 자신, 가족, 친구들, 동료들에 관해 비현실적이거나 완벽주의적인 기대를 품고 있다.
- 도움 요청을 약점이나 실패로 본다.
- 불필요하게 길게 느껴지는 일들에 대해 조급해하거나 짜증을 내며, 핵심을 빠르게 전달하는 간단한 지혜를

선호한다. (이 리스트를 보고 짜증을 냈을지도 모른다)

위의 내용 중 어느 하나에라도 공감한다면 당신은 지금 올바른 책을 찾은 것이다. 이 책은 불필요한 것에 너무 예민하고, 상사에게 '아니요'라고 말하기 싫어하고, 만성적인 스트레스와 자기비판을 동반하는 정신없는 삶의 속도가 성공을 위한 필수적인 대가라고 생각하는 당신에게 꼭 필요한 책이다.

…

어릴 때부터 타인을 위한 봉사와 노력의 가치를 배우며 자라온 나는 가능한 한 많은 사람을 열심히 돕고 있다. 플로리다 대학교에서 건강심리학 전공으로 임상심리학 박사 학위를 취득한 후, 미국 보훈부 산하 보스턴 보건 의료 시스템에서 인턴십과 박사 후 과정을 이수하고 하버드 의대와 보스턴 대학교 의과대학에 임용되었으며, 지금은 보스턴에 있는 그룹 상담실의 행동의학 책임자로 일하고 있다.

이러한 경력 중에 나는 자연스럽게 지나친 성취 욕망에 시달리는 사람들을 만나게 되었다. 이 도시는 만성적인 불안, 극심한 걱정, 임포스터 증후군imposter syndrome(자신의 성공이나 능력을 인정하지 못하고, 스스로를 속이고 있다고 느끼는 심리적 상태. - 옮긴이)으로 고통을 겪는 성공한 사업가와 의료 전문가, 대학원생 그리고 운동선수로 가득했기 때문이다. 이후 캘리포니아에서 일할 때, 살기 좋은 곳에 사는 사람들이라도 성취주의적이라면 역시 같은 어려움을 겪는다는 사실을 발견했다. 팬데믹을 겪으면서 실력을 쌓아 삶의 균형이라는 가치를 깨달은 사람도 일부 있다. 그러나 여전히 자신이 부족하다고 느끼며 불안과 고립감에 사로잡혀 자신을 입증하기 위해 건강과 행복을 희생하고 있는 사람도 많다.

다행히도, 나는 성취주의적인 사람들이 겪는 특정한 어려움을 헤쳐나가는 데 도움이 되는 인지 행동 치료CBT(cognitive behavioral therapy)에 기반한 접근법을 개발했다. 이 접근법은 내가 '8가지 핵심 원칙'이라고 부르는 개념을 중심으로 구성되어 있으며, 임상 교육과 심리학 분야의 연구, 환자와의 직접적인 소통, 그리고 CBT 전문 지식을 통해 얻은 통찰을 바탕으로 만들어졌다. 이 핵심 원칙들은 지속적인 걱정과 압박으로 인해 움직이지도 못하는 상황에서 벗어나, 최적의 상태로 잘 살 수 있도록 도움을 주는 실용적인 원칙들이다.

이 원칙들은 당신 같은 사람들이 안도감, 균형, 기쁨을 찾도록 안내하며, 정신적·신체적 건강을 위한 더 나은 선택을 하도록 커다란 변화를 불러온다. 이들의 지원을 통해, 당신과 같은 성취주의자들도 자기의심을 떨쳐내고, 활력을 잃지 않으면서 계속해서 성공을 이어갈 수 있다

성취주의자들은 행동지향적이다. 그래서 일상에서 실천할

수 있는 구체적인 도구를 원한다. 하지만 수년간 이러한 연구 기반 전략들을 가르치면서도 성취주의자를 위해 특별히 맞춤 설계된 도구를 찾을 수 없었다. 8가지 핵심 원칙을 간결하고 실천 가능한 방식으로 강조하는 자료도 찾기 어려웠다. 그래서 내가 직접 만들기로 결심했다.

나의 방법은 우리의 생각, 감정 그리고 행동이 성공과 행복을 성취하고 유지하는 데 얼마나 중요한지를 깨닫는 데서 출발한다. 특히 내가 '골칫거리 삼총사'라고 부르는 생각을 먼저 파악해야 한다. 성취주의자의 행복을 가로막으며 지속적으로 나쁜 영향을 미치는 생각들. 그래야 당신이 빠르게 불안에서 벗어난다는 가장 중요한 작업을 시작할 수 있다!

우리는 기쁨과 성취를 방해하는, 비생산적이고 에너지를 고갈시키는 습관들과 맞서 싸워야 한다. 그런 다음, 당신이 탁월한 삶으로 나아가는 길을 가속화할 수 있는 로켓 연료를 제공할 것이다. 그리고 긍정적인 변화와 실천을 유지하는 방법을 익혀서, 남은 인생 동안 만성적인 불안 없이 잘 살 수 있게 될 것이다.

…

심리학을 전공한 친구들과 만나면 우리는 종종 상담 소파에 앉는 사람들과 우리가 비슷한 구석이 있는 것 같다는 이야기를 나눈다. 그들과 우리는 운명처럼 만날 수밖에 없었다는 말이다. 당신이 이 책을 집어 든 것도 그런 운명 때문이 아닌가 싶다. 당신은 도움이 필요하다. 당신은 정말로 도움이 필요하기에 이 책을 선택했다. 자, 이제 당신은 혼자가 아니다. 당신은 더 나은 기분을 느낄 자격이 있는 사람이다.

당신이 성취주의자라면, 아마도 시간 낭비를 싫어할 것이다. 그러니 시작해보자. 나는 정말 설렌다. 왜냐하면 나의 8가지 핵심 원칙들이 실제로 누군가를 변화시킨 놀라운 힘을 이미 보았기 때문이다. 기분, 수면, 관계 등을 개선하고 당신의 인지 및 행동 패턴에 변화가 일어나면서, 현재의 불안이 줄어들 뿐 아니라 미래에도 불안과 고통의 수준이 급격히 상승하지 않도록 예방해줄 것이다. 8가지 핵심 원칙은 당신이 목표를 달성하는 데 도움이 될 것이다.

자, 이제 상담실에서 편안한 소파에 앉아 나와 마주 보고 있는 스스로를 상상해보라. 어깨가 내려가고, 호흡이 고르게 이루어진다. 다리는 떨지 않고, 스트레스를 잠시 내려놓았다. 보라. 당신은 힘든 상황에서도 잘 견디고 있다. 아무도 당신을 무시하지 않는다.

당신은 자기 삶을 최적화하고 최고의 자신이 될 수 있는 능력과 힘을 가지고 있다. 행복하게 성공한 사람으로 변모하는 것은 당신 자신에게 달려 있다.

자, 이제 시작해보자.

THE HAPPY HIGH ACHIEVER

PART 1

성공을 위한 기반을 마련하라

Build Your Foundation For Success

성공을 위해
생각을 최적화하라

당신의 삶은 오로지 당신 생각의
한계에 의해서만 제약된다.

- 알베르트 아인슈타인 Albert Einstein

한번 상상해보라. 당신은 회의에 참석해 있다. 전체 직원회의도 아니고, 그다지 중요한 회의도 아니다. 그저 당신과 몇몇 동료들, 그리고 상급자들이 큰 회의 테이블 주변에 모여 있거나, 혹은 가상 회의를 위해 모였다. 모두 라테와 노트북으로 무장하고 있다. 가벼운 브레인스토밍 중에 갑자기 어떤 아이디어를 공유해야겠다는 생각이 든다. 심장이 두근두근 빠르게 뛰지만, 남들 앞에서 빛날 수 있는 기회다! 그러나 당신이 모든 사람에게서 환호와 찬사를 끌어내기도 전에 상사가 가로막는다.

"아니에요. 사실 그 문제는 어제 해결되었어요"라고 그녀가 말한다. "다른 이야기를 하죠."

아무도 개의치 않는 것 같다. 모두가 그냥 넘어간다. 모두가… 당신만 빼놓고. 당신은 그 자리에서 사라져버리고만 싶다. 작은 실수도 낙천적으로 받아들이지 못하는 당신의 마음은 수치심의 늪에 빠져 허우적거리고 있다.

나머지 회의 시간 내내, 혹은 회의가 끝난 후 그날 내내, 심지어는 한 주 내내(!). 당신은 그 민망한 순간에 자신이 얼마나 모자라게 굴었는지 생각한다. 그리고 어쩌면 앞으로도 계속 그렇게 모자란 인간으로 살게 될 거라고 생각한다. 능력을 보여줄 기회를 스스로 망쳤다는 생각에 사로잡혀 빠져나오지 못한다. 정말 당신이 모자라서일까? 열심히 일하지 않아서일까? 어쩌면 이제 모든 사람이 당신의 단점들을 뻔히 볼 수 있게 되어서일까? 당신이 이제까지 진짜 모습을 감추며 꾸며온 거짓은 모두 들통나는 걸까?

자, 이 이야기가 공감되는가?

나를 찾아오는 성취주의적인 고객들은 이 같은 시나리오에 항상 괴로워한다. 그들은 불안, 수치심, 임포스터 증후군 같은 감정에 압도되어 나를 찾아온다. 하지만 대화를 시작해 보면, 실제로 그들에게 문제가 되는 것은 말실수나 사소한 실수 자체가 아니라는 사실을 발견할 수 있다. 실제로는 그들을 괴롭히고 불안을 조장하는 건 아무런 도움이 되지 않는 생각들이다. 이러한 생각들이야말로 지속적인 성공으로 가는 길을 가로막고 있는 진정한 장애물이다.

생각, 감정 그리고 행동은 모두 상호 연결되어 있다

8가지 핵심 원칙을 만나기 전에 우리의 여정에서 가장 첫 번째 준비물로 생각, 감정, 행동은 강력한 관계를 맺고 있다는 이해를 챙겨야 한다. 이 세 가지 요소와 그들이 서로에게 영향을 미치는 방식에 따라 우리가 세상을 경험하는 방식도 근본적으로 달라진다.

    우리의 *생각*(우리 자신, 다른 사람, 세상에 대해 어떻게 생각하는지), *감정*(우리의 정서, 기분) 그리고 *행동*(우리의 행위, 선택, 세상을 헤쳐 나가는 방식)은 모두 서로에게 직접적인 영향을 미친다. 사실, 이 상호 연결된 관계는 우리가 살아가면서 무의식적으로 작동하다 보니 우리 대부분은 이 관계를 거의 알아차리지 못한 채 살아간다.

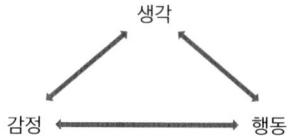

　예를 들어, 당신이 가까운 친구와 만날 계획을 생각하며 "토요일에 줄리를 만나는 게 정말 기대돼!"라고 즐거워한다고 하자. 당신은 아마 설렘을 느낄 것이다. 소파에 누워 좋은 책을 읽고 있다면(편안한 행동), 당신은 만족감과 여유를 느낄 것이다. 그리고 어떤 특별한 날 행복과 자신감을 느끼면서 직장에 도착하니 훨씬 더 생산적이었던(행동 효과) 경험을 해봤을지도 모른다.

　이번에는 당신이 정말 원하는 일자리 면접에 갔다고 가정해보자. 면접관과 악수하며 "긴장으로 몸이 굳어버리면 어쩌지?"라고 *생각*했더니, 실제로도 극도의 긴장이 느껴졌을 수 있다. 어쩌면 결국 당신은 짐짓 여유로운 듯 행동하고 눈 맞춤을 최소화한 결과, 정작 그 일자리에 그다지 관심 없는 사람으로 비치게 될 수 있다. 그리고 나중에 스스로에게 "봤지? 이따위로 망칠 줄 알았어!"라고 말하게 되는 것이다. 결국 그 생각은 스트레스와 불안을 느끼는 악순환을 계속 강화한다. 그러나 면접관과 악수하면서 "와우, 이 면접 기회를 얻다니 정말 기뻐! 최선을 다할 거야. 그리고 어떤 결과가 일어나더라도 내가 지금 여기 있다는 것만으로도 정말 근사한 일이야!"라고 *생각한다면* 어떨까? 동기가 부여되고, 자부심을 느끼고, 감사하는 마음이 든다면 얼마나 다른 기분을 느낄지 생각해보라. 그리고 그런 기분이 면접에서 당신의 태도나 행동 방식에 어떤 영향을 미칠지도 생각해보라. 아마도 적극적인 태도를 보이고, 질문을 던지고, 호기심을 드러내고, 관심과 에너지가 넘치는 모습으로 보일 가능성이 크다. 이렇게 세 가지 요소는 서로 직접 영향을 미치고, 당신의 삶에 심오한 영향을 미친다. 물론 당신의 직장 활동과 승진에서도 예외가 아니다.

사람들은 기분이 좋다고 느낄 때 행동도 더 좋아지기 마련이다. 실제로 연구에 따르면 행복을 더 크게 느낄수록 성공을 지속적으로 이어가는 데 더욱 도움이 된다. 숀 아처Shawn Achor는 세계적인 베스트셀러 《행복의 특권》에서, 하버드 시절 "긍정적인 생각 습관이 우리의 동기부여, 효율성, 회복력, 창의성, 생산성을 높여 성과를 향상시킨다"라는 연구 결과를 도출한 경험을 자세히 설명한다. 그는 이렇게 덧붙였다. "이 연구 결과는 수천 건에 달하는 과학 연구에서도 사실로 확인되었으며, 하버드 학생 1,600명과 전 세계의 포춘 500대 기업 중 수십 곳을 대상으로 한 나의 연구에서도 입증되었다."[1]

불안과 우울증에 대해 경험적으로 입증된 치료법이자 내

가 하는 일의 기반이라 할 수 있는 인지 행동 치료에서는 이러한 이유 때문에 사람들이 좋은 기분을 느끼도록 만들려면 그들의 *생각*과 *행동* 모두를 개선해야 한다고 본다. 불안하고 스트레스받고 불안정한 느낌은 최소한 불쾌한 감정이므로, 가능한 한 빠르게 이러한 압박감을 해소해야 한다. 하지만 우리의 목표가 감정의 완전한 제거가 아니라는 사실에 주목해야 한다. 인간에게는 감정이 필요하다. 예를 들어 분노는 부당함에 맞서는 감정이다. 슬픔은 상실감을 보여준다. 불안은 앞으로 다가올 잠재적인 도전이나 위험에 대비할 수 있게 한다. 따라서 우리의 목표는 감정의 강도를 조절하여 더 쉽게 제어 가능하다고 느끼게 만들고 이러한 감정의 조절을 통해 더 효과적으로 어려움을 극복하려는 것이지, 감정을 제거하려고 애쓰는 것이 아니다.

이러한 목표는 바로 이 책의 주요 목표로 이어진다. 제목만 보아도 알 수 있겠지만 이 책의 목표는 당신이 행복(감정)하면서도 높은 성취(행동)를 얻을 수 있게 만드는 것이다. 당신의 *생각*은 이 목표를 현실로 만드는 열쇠가 될 것이다. 따라서 이 책에서는 귀가 따갑게 당신의 생각을 언급하고 또 언급할 것이다. 생각은 자기대화와 동의어다. 우리가 인식하든 그렇지 않든 간에 우리는 끊임없이 스스로와 대화를 나누고 있다. 하지만 도움이 되지 않는 부정적인 자기대화는 우리의 기분을 나쁘게 하고 성과를 떨어뜨린다. 반면, 도움이 되는 균형 잡힌 자기대화는 우리 기분을 좋게 만들고, 우리가 최선을 다할 수 있는 상태로 만들어준다. 간단하다.

생각의 힘

자, 당황하지 마라. 당황해선 안 된다. '자기대화'란 지나치게 진지하고 비현실적인 긍정 확언positive affirmation(긍정적인 문장을 반복적으로 말하거나 생각함으로써 자신의 사고방식과 행동을 변화시키는 심리적 기술. - 옮긴이)이 아니다! 내가 말하는 자기대화는 그저 언제나 당신 마음을 스쳐 지나가는 생각들을 의미한다. 이 생각들은 당신의 감정을 자극하고 당신의 태도에까지 영향을 미친다. 자기대화는 내적 독백inner monologue이나 자동적 사고automatic thoughts(자극에 대한 반응으로 즉석에서 일어나는 생각. - 옮긴이)라고도 부를 수 있다.

부처Buddha에서 마르쿠스 아우렐리우스Marcus Aurelius, 마야 안젤루Maya Angelou(미국 시인이자 인권 운동가. - 옮긴이)에 이르기까지 역사상 가장 지혜롭다는 사람들 모두가 생각이 중요하다는 데 한목소리로 동의한다. 미국 심리학의 아버지로 널리 알려진 윌리엄 제임스William James는 "스트레스에 맞서는 가장 강력한 무기는 다른 생각을 선택할 수 있는 우리의 능력이다."라고 말했다. 그리고 우리의 생각에 입각한 선택들은 우리가 불안한 상태에서 행복한 성공을 이룬 사람으로 변화하는 기반이 된다.

따라서, 생각은 커다란 긍정적 발전을 이루는 데 도움이 될 수 있다. 특히 그 생각이 우리를 낙담시키는 대신 우리를 격려하고 도움이 될 때 말이다.

이 책에서 내가 도움이 되는 생각을 여러분에게 익숙한 '긍정적'이라는 낱말 대신 '균형 잡힌'이라고 표현하고 있는 것을 이미 눈치챘는지 모르겠다. 긍정심리학positive psychology(부정적인 감정보다는 긍정적 심리에 초점을 맞추자는 심리학의 경향. 유명한 주창자로 마틴 셀리그먼Martin Elias Peter Seligman이 있다. - 옮긴이)을 폄훼하려는 의도는 아니다. 오히려 긍정심리학은 매우 중요하고, 우리가 앞으로 이야기하게 될 많은 것들과 매우 밀접한 관계를 맺고 있다. 사실, 나 역시 믿기 힘들 정도로 긍정적인 사람이다. 사람들은 줌Zoom을 통한 화상회의에서마저 나의 열정을 느끼고, 그 열정을 영화 〈스타워즈〉의 포스와 비교할 정도다. 하지만 불안의 늪에서 허우적대고 있는 성취주의자들에게 긍정성을 바라는 것은 너무 지나친 요구로 느껴질 수 있다. 위기 상황에 빠진 사람에게 "긍정적으로 생각하세요!"라고 말하는 건 그 사람의 상황을 무시하고 있다는 오해를 불러 일으킬 수도 있다.

그래서 나는 이런 말을 자주 한다. "나는 낙관주의자이지만, 우리는 현실적이어야 한다." 우리는 두 가지 태도를 함께 유지할 수 있다. 그것이 바로 균형이다. 우리는 최선을 바라면서도 주어진 상황이라는 현실에 뿌리를 내릴 수 있다. 사람들을 도울 때마다 내가 제일 먼저 하는 말이 바로 이 균형을 찾으라는 충고다. 당신은 스스로 느끼는 감정을 좋아해야 할 필요는 없지만, 당신이 혼자가 아니며 도움이 될 도구들이 주변에 있다는 사실은 당연히 알아야 한다. 긍정적 생각이란 말은 때로는 너무도 엄청난 도전처럼 느껴질 수도 있다. 하지만 균형 잡힌 생각, 다시 말해 당신의 마음의 평화와 자신감을 해치는 대신 당신에게 도움이 되는 생각이란 말은 더 쉽고 편하게 느껴질 수 있다.

그래서 결론은 다음과 같다. 당신은 자기 마음의 주인이 될 수 있다. 당신은 스스로가 무슨 생각을 하고 있는지 더 깊이 들여다보고, 생각을 변화시키는 법을 배우며, 자신을 최고의 상태로 이끌 수 있다.

생각을 개선하면, 삶이 개선된다.

당신의 생각이 작동하는 방식

생각을 최적화하는 첫 번째 단계는 그 생각에 집중해보는 것이다. 당신이 실수한 다음날 직장에 출근했다고 가정해보자. 이전 회의에서 실수를 저질렀기에 이제는 의견을 제시하기 전부터 벌써 긴장하고 있다. 당신은 스스로 말한다. "내 말은 아마도 바보 같을 거야. 내가 말하면 사람들은 나를 아마추어라고 생각할 거야."

스스로에게 이렇게 말하면 어떤 기분이 들까? 좋지 않을 것이다. 당연하지 않은가? 점점 더 불안해지고, 스스로가 초라해지고, 좌절감을 느낄 것이다. 그리고 다른 사람 앞에서 말을 꺼내기가 더 어려워질 수 있다. 따라서 생각해볼 수 있는 시나리오 중 하나는 스스로 "아무 말도 하지 않는 편이 더 나아"라고 되뇌면서 회의 중 발언 차례가 올까 계속 스트레스를 받는 것이다. 물론 바람직하지 않다.

이것이 바로 인지왜곡의 예이다. 인지왜곡이란 잘못된 가정, 오해, 또는 부적응적 신념 maladaptive beliefs(개인의 행동과 정서에 부정적인 영향을 미치는 비현실적이고 왜곡된 믿음. - 옮긴이)에서 시작되는 도움이 되지 않는 생각들이다. 인지왜곡의 대표적인 예는 다음과 같다. "나는 회의에서 멍청한 말을 했으니 이제 모든 사람이 내가 일을 못한다고 생각할 거야. 그래서 나는 절대 승진하지 못할 거야."

이미 짐작했겠지만, 이런 생각은 스트레스와 불안을 심각할 정도로 증가시키며 모든 일을 더 어렵게 만든다. 인지왜곡의 특징은 모든 인간이 인지왜곡에서 자유롭지 못하다는 점이다. 많은 사람이 상당히 많은 인지왜곡을 한다. 특히 자기비판에 익숙하고 극단적으로 까마득히 높은 기준을 설정하는 성취주의적인 사람들이라면 더욱 그렇다.

도움이 되지 않는 생각은 도움이 되지 않는 감정(스트레스)과 도움이 되지 않는 행동(회의에 참여하지 않음)으로 이어질 수 있다. 결국 당신의 에너지는 고갈되고, 당신은 그 자리에 정체된다. 좋지 않은 생각, 즉 불균형한 생각이 계속 심화된다. 이는 끊임없이 기분을 망치는 순환이다. 우리가 깨야 할 순환이다.

여기까지 내 말을 듣고, 당신은 그럴듯하다고 수긍할 것이다. 그렇지 않은가? 당신은 나를 찾아오는 고객 대부분처럼 생각할 수 있다. "맞아요, 박사님. 그러면 어떻게 할까요?" 당연한 질문이다.

이제 우리의 과제는 우리의 인지왜곡을 파악하고 정복하는 것이다. 이 어디에서나 찾아볼 수 있는 괴물들을 찾아 해치우는 일은 쉽지 않다. 하지만 가능한 것은 분명하다. 첫 번째 단계로 당신은 무엇보다 이 녀석들을 발견하는 방법을 잘

터득해야 한다. 당신이 인지왜곡(때로는 '잘못된 생각'이라고도 하는데, 나는 앞으로 계속 불균형하거나 도움이 되지 않는 생각이라고 부를 것이다)을 하고 있을 때 그 왜곡을 인식하는 것, 다시 말해 알아차리는 데 능숙해져야 한다. 그런 다음 우리는 인식에서 행동으로 넘어갈 것이다. 당신이 오류에 빠져 있다는 것을 인식해야만 거기에서 빠져나오는 도전을 시작할 수 있다. 그러기 위해서는 먼저 손전등이 필요하다.

손전등을 어디에 비추고 있는가?

우리가 인지왜곡을 하고 있을 때 그 사실을 어떻게 인식할 수 있을까? 당신이 느끼는 감정을 통해 인식할 수 있다. 생각은 감정에 영향을 미친다. 그러니 역으로 추적할 수 있다. 그게 자신이 인지왜곡을 하고 있다는 사실을 알아차리는 가장 쉬운 방법이다. "지금 나는 무슨 생각을 하고 있지?"라고 말하며 걸어 다니는 일은 흔치 않겠지만, 우리가 어떤 기분을 느끼고 있는지는 쉽게 파악할 수 있기 때문이다.

혹시 불안하고 긴장되고 초조하고 압도된 느낌이 드는가? 자문해보라. 나는 지금 무슨 생각을 하고 있지? 나는 지금 나 자신에게 무슨 말을 하고 있지? 그곳이 바로 당신이 손전등을 비추고 있는 장소다!

　당신의 손전등은 당신의 주의력이다. 당신이 어디에 손전등을 비추느냐는 사실 방에서 손전등을 어디에 비출지 선택하는 것과 같다. 당신은 빛을 오른쪽이나 왼쪽, 위나 아래로 비출 수 있다. 빛이 향하는 곳이 바로 당신이 보게 될 장소다. 나머지는 배경으로 사라지고 어둠 속에 남게 될 것이다. 당신이 도움이 되는 생각, 아니면 도움이 되지 않는 생각 중 어디에 주의를 두느냐에 따라 당신은 거기에 정신을 집중하게 될 것이다. 이는 당신이 어떻게 느끼는지에 영향을 미치게 된다.

　당신이 불안, 공황, 또는 두려움을 느끼고 있다면 불필요하게 불안을 증폭시키는 생각에 집중하고 있기 때문이라는 사실을 알 수 있다. 따라서 자연스럽게 강렬한 감정을 유발하는 트라우마에 시달리는 게 아니라면, 당신이 통제할 수 없다고 느끼는 높은 수준의 불안은 인지왜곡이 그 원인일 가능성이 크다.

　나는 유달리 힘들어 보이는 고객을 보면 이렇게 묻는다. "지금 손전등을 어디에 비추고 있나요?" 성취주의자들은 흔히 다가오는 소송에서 이기거나, 새로운 역할을 맡거나, 최고 점수를 받거나, 최고의 프로젝트를 제출해야 한다는, 두려움과 자기의심에 휩싸인 불안한 생각들에 손전등을 비추고 있다. 또 성취주의자들은 다른 사람들이 이룬 성과에 손전등을 비추고 그들과 비교해보고 자신이 부족하다고 느낀다.

실천해보기

다음에 스트레스 상황이 끝나면 가능한 한 빨리(그래서 어떤 기분을 느꼈는지, 어떤 생각을 했는지 아직 기억이 쉬운 상태일 때) 아래의 체계를 활용하여 주어진 상황에 관한 당신의 생각과 그에 대한 반응 사이의 연관을 확인하라. 그 상황에서 당신은 스스로 뭐라고 말했는가? 전등은 어디에 비추었는가? 그랬더니 여러분의 감정은, 행동은 어떠했는가?

상황 → 생각 → 반응: 감정과 행동

예시를 보도록 하자.

상황: 회의나 수업에서 질문을 하고 싶다.

생각: 내 질문은 아마도 바보 같을 거야. 질문하면 사람들은 나를 무능하다고 여길 거야.

반응
감정: 불안, 긴장, 불안정
행동: 어리석어 보일까 두려워서 질문을 하지 않는다. 결국 당신은 참여하지 않는다. 다른 사람은 같은 질문을 하고 교수나 상사로부터 칭찬받는다.

자, 이제 아래 정보를 채워보라!

당신의 상황:

당신의 생각:

당신의 반응
감정:
행동:

정기적으로 이 훈련을 하면, 도움이 되지 않는 생각들이 가장 빈번하게 떠오르는 상황이 언제인지 명확하게 눈에 들어오기 시작할 것이다. 그리고 도움이 되지 않는 자기대화가 당신의 감정과 행동에 어떻게 부정적인 영향을 미쳐왔는지 알게 될 것이다.

왜곡된 생각에 구멍 뚫기

당신이 왜곡된 생각에 빛을 비출 수 있다면, 다음 문제는 그 생각을 어떻게 없앨 수 있을까가 된다(당신은 똑똑한 사람일 테니, 그저 생각을 말아야지 하고 다짐해봤지만 아무런 효과를 보지 못했을 것이다. 그래서 이 책을 읽고 있을 것이다). 좋은 소식부터 말하자면, 수없이 많은 당신의 생각을 멈추거나 사라지게 할 수는 없지만 그 생각에 구멍을 뚫을 수는 있다. 다시 말해 어떤 점에서 그 생각들에 허점이 있는지, 또 그 생각들이 왜 말도 안 되는 터무니없는 것들인지 파악할 수 있다. 시작해보자.

먼저, 자문해보라. 내 생각이 *반드시 사실은 아닐 수도 있는 이유는 무엇일까?* (아마도 당신은 당신의 생각이 사실이라고 믿는 이유는 수도 없이 나열할 수 있을 것이다. 그래야 애당초 도움이 되지 않는 생각이 존재할 수 있으니까.) 그런 다음, 당신의 생각 중 지나치게 단순화했거나, 부정확하거나, 가정에 기반을 두고 있거나, 지금 일어나고 있는 일이 아닌 과거에 일어났던 일에 바탕을 둔 부분은 없는지 찾아보라. 다시 말해 당신의 생각이 근거가 있느냐는 질문을 던져 당신의 인지왜곡에서 허점을 찾아야 한다. 당신의 생각이 부정확할 수도 있다는 증거가 될 만한 사실들을 찾아야 하는 것이다.

예를 들어, 당신이 회의에서 저지른 실수에 관해 고민하고 있다면, 다른 사람들도 회의에서 자주 실수를 저지른다는 사실을 인식할 수 있다. 그렇다면 동료들도 당신의 사소한 실수는 까맣게 잊지 않았을까? 상사가 지난주에 당신이 잘하고 있다고 말했으니, 단 한 번의 실수로 당신을 무능한 사람으로 낙인찍지는 않았을 것이다.

로스쿨에 다니는 나의 고객들이 수업 중 저지른 실수를 놓고 불안을 표현할 때마다 나는 이렇게 묻는다. "당신은 수업 시간에 다른 학생들의 말을 정말 주의 깊게 듣고 있나요?" 대체로 대답은 "아니요"이다. 우리 솔직해져 보자. 대체로 사람들은 다른 사람의 말에 집중하기보다는 나의 생각이나 걱정, 심지어 스마트폰에 집중하고 있다. 사실 전문가들은 '스포트라이트 효과'라고 불리는 현상, 즉 '다른 사람들이 우리에게 주목하는 정도를 실제보다 과대평가하려는 경향'을 알아차리고, 사람들이 생각보다 훨씬 남의 일에 덜 집중한다는 사실을 발견했다.[2] 아마 당신의 학우들도 당신이 하는 모든 말을 꼼꼼히 검토하고 있지는 않을 것이다.

도움이 되지 않는 생각들이 과연 진실인지에 의문을 제기하면, 현재의 기본 상태, 즉 모든 생각을 자동적으로 진실로 인식하는 경향을 극복하는 데 도움이 될 것이다. 우리의 생각이 감정에 직접적인 영향을 미치는 이유는 무엇일까? 바로 우리가 우리의 생각이 *사실*이라고 믿기 때문이다. 이제 우리는 생각이 흔히 인지왜곡에 기반한다는 사실을 알게 되었으므로 우리의 생각을 자동적으로 사실로 받아들이지는 않게 될 것이고, 그러면 그 생각들은 우리 감정에 그렇게 강렬한 영향을 미치지 못할 것이다.

최근에 불안을 느꼈던 상황을 생각해보라. 당신은 무슨 생각을 하고 있었는가? 가장 큰 불안을 낳는 생각이 무엇이었는지 확인하고 그 부정적인 생각에 심각한 구멍을 뚫으면, 남은 생각들을 정복하기도 훨씬 쉬워질 것이다. 물론 다른 모든 일이 그렇듯이 이 일에도 필요한 근육이 있다. 그러니 당신의 새로운 특징으로 자리 잡도록 열심히 훈련해 강화해야 한다.

다음은 이제 당신의 허점을 파고드는 질문들에 답해보자. 당신에게 유익한 도움을 줄 것이다.

- **전부 아니면 전무라 생각하고 있지는 않은가?** 회색 지대나 중간 영역이 있지 않을까? 예를 들어, 실수하더라도 모든 것이 끝났다는 의미는 아닐 수도 있지 않을까?
- **불필요한 가정을 하고 있지는 않은가?** 다른 사람의 생각이나 미래에 일어날 일을 추측하거나 예측하려고 애쓰고 있지는 않은가?
- **다른 가능성은 없는가?** 일어난 일에 다른 해석이나 설명이 있을 수 있는가?
- **시야가 너무 좁아지지는 않았는가?** 어떤 일의 중요성을 과장하고 있지는 않은가? 내 강점을 깎아내리고 있지는 않은가? 생사가 걸린 상황인가? 그렇지 않다면, 이 상황의 실제 결과는 무엇인가?
- **믿을 만한 친구나 멘토라면 내 생각을 뭐라고 말할까?** 다른 사람이라면 나의 도움이 되지 않는 생각에 어떻게 반박할까?

당신에게 좋은 소식이 있다. 인지왜곡을 더 자주 포착하고 거기에서 허점을 발견할수록, 인지왜곡이 당신에게 행사하는 영향력은 줄어들 것이다. 계속해서 질문을 던지고 또 던지며 도전하다 보면 좋은 생각을 하는 일이 더욱 쉬워질 것이다. 또 당신의 기분도 나아질 것이다!

희망의 반전이 있는 새롭고 개선된 자기대화

일단 도움이 되지 않는 생각에 구멍을 뚫은 다음에는 당신이 수집한 증거를 이용하여 새롭고 개선된 자기대화를 생산할 수 있다.

여기 하나의 공식을 제시하겠다. 도움이 되는 생각은 먼저 현재 상황을 인정하고, 그다음엔 아주 중요한 낱말인 '하지만'이 이어지고, 마지막에는 내가 '희망의 반전'이라고 부르는 것으로 균형을 잡는다. 이 반전은 도움이 되지 않는 생각의 허점을 찾아내며 알게 된 사실들로 만들어진다. 그렇게 새롭고 개선된 자기대화를 나는 '증거 기반 생각'이라고 부른다.

> **의 조언**
>
> 믿을 수 있게 만들고 짧게 유지하라.

예를 들어보자. 어느날 30대 초반의 건축가 티나가 상담실에 찾아왔다. 티나는 프레젠테이션에 대한 걱정에 온통 정신이 쏠려 큰 부담을 느끼고 있었다. 그날 그녀의 상사가 다가오는 이사회 회의에서 발표를 해달라고 요청했기 때문이었다. "저는 할 수 없어요, 박사님." 티나는 크게 한숨을 내뱉었다. "다 망쳐버릴 거예요. 모두가 제가 얼마나 긴장했는지 알 거예요. 저는 사람들 앞에서 말을 잘 못하거든요. 더 잘해야 하는데." 티나의 걱정에 대해 터놓고 이야기를 나누다 보니, 티나가 특히 스트레스를 받는 이유는 가장 큰 불안의 원인이 되는 생각에 손전등을 비추고 있기 때문이라는 사실을 알게 되었다. 이게 바로 그 생각이다. "저는 할 수 없어요."

티나의 두려움이 느껴지는가? 가련한 티나는 겁에 질려 있었다.

그래서 우리는 질문을 통해 그 생각에 구멍을 뚫기 시작했다. 나는 물었다. "당신의 생각이 *사실이 아닐 수도 있지* 않나요? 그 이유가 있다면 무엇일까요? 당신은 할 수 없다고 말했어요. 그러나 이전에도 회의에서 발표한 적이 있지 않나요?"

사실, 티나는 그런 경험이 있었다. "음, 작년 회사 회의에서 제가 담당했던 중요한 프로젝트 일부를 발표한 적이 있어요." 그녀가 인정했다.

"그 회의 후에 부정적인 피드백을 받았나요?" 나는 물었다.

티나는 고개를 저었다. "아니요. 사실 상사는 잘했다고 말했고, 동료 중 한 명도 도움이 되었다고 말해줬어요. 하지만 저는 회의에서 발표하는 게 싫어요. 하고 싶지 않아요. 너무 스트레스받아요!"

그래서 우리는 티나를 위해 더 균형 잡힌 자기대화를 만들었다. "발표를 하는 건 너무 불안하고 무서워. 정말 하고 싶지 않아. 하지만 이전에도 한 적이 있고 긍정적인 피드백도 조금은 받았어. 다시 준비하고 많이 연습할 거야. 최선을 다해서 이 일 역시 해낼 거야."

티나에게 "나는 회의에서 발표하는 것을 좋아해. 모든 것이 완벽하게 될 거야"라고 말해보라고 격려하지 않았다는 점에 주목하라. 그런 지나친 낙관은 실제로 티나의 불안을 줄이는 데 전혀 도움이 되지 않는다. 왜 그럴까? 우리의 생각이 감정에 영향을 미치는 이유는 우리가 그 생각을 믿기 때문이다. 당신은 훌륭한 두뇌를 가진 상식적인 성취주의자다! 단순히 그럴듯하게 들린다고 해서 새로운 생각을 당연하다는 듯 받아들일 정도로 단순하지는 않다. 따라서 당신의 새롭고 개선된 자기대화는 무엇보다 믿을 만한 것이어야 한다. 그렇지 않다면 기분이 나아지는 데 아무런 도움도 되지 않을 것이다.

또한, 이상적인 균형 잡힌 생각은 *짧아야* 한다. 그래야 함부로 떨쳐버릴 수 없다. 마음이 이런저런 걱정으로 아무리 극단으로 달려가더라도 떨쳐낼 수 없어야 할 정도로 짧아야 한다. 예를 들어 상사의 급한 전화를 받는다거나 마감날이 하루 앞당겨지는 등 갑작스러운 스트레스 상황에 직면하더라도 머리에서 떨쳐낼 수 없어야 한다. 우리는 아무런 도움이 되지 않으면서도 마음을 온통 휘어잡고 머리에 달라붙어 도무지 떨어지려 들지 않는 생각들이 대체로 정말 간결한 형태라는 사실을 알고 있다. 이 중 일부는 당신도 익숙할 수 있다.

이 일은 감당할 수 없어.
내가 대체 무슨 생각을 한 거지?
나는 좀 모자라.
사람들은 나를 속속들이 꿰뚫어 볼 거야.
잘 안될 거야.
실패하면 어쩌지?
이건 내게 너무 과해.

짧고 떨쳐낼 수 없기에 기억할 수밖에 없는 말을 개발하여 이런 교활하고 악의적인 짧은 생각들과 싸워야 한다. 그러니 새롭고 개선된 자기대화를 가능한 한 적은 단어로 줄여야 한다. 티나는 다음과 같이 축약된 형태의 균형 잡힌 생각이 자신에게 커다란 도움이 된다고 판단했다. "나는 프레젠테이션을 좋아하지는 않아. 그러나 전에도 잘 해냈어." 그녀는 회의와 관련된 자기대화에 도움이 되지 않는 생각들이 스며들려고 할 때마다 이 말을 되뇌었다. 티나는 또한 컴퓨터 아래쪽에 "나는 이전에도 이걸 해냈어"라고 쓴 밝은 색상의 스티커 메모를 붙여놓고 프레젠테이션을 준비하고 연습하면서 계속 앞으로 나아갔다. 그리고 회의 당일이 되었을 때, 그녀는 충분한 준비가 되어 있었다.

나는 고객들에게 스스로의 불안을 달래주는 가장 진정성 있고 가장 효과적인 말을 선택하라고 권한다. 자신만큼 스스로에게 공감할 수 있는 사람은 이 세상에 아무도 없다! 이를 염두에 두고, 이제 당신이 시도하고 참조해볼 만한 편리하고 간결하며 건설적인 자기대화 표현을 몇 개 제시해보겠다. 그대로 사용해도 좋고, 당신만의 새로운 균형 잡힌 생각을 시작하는 데 참조해도 좋다. 어떤 말이 가장 믿을 만하게 느껴지는가? 자문해보라.

- 나는 이걸 해낼 수 있어.

- 나는 이걸 감당할 수 있어.
- 나는 이걸 통과할 수 있어.
- 나는 혼자가 아니야.
- 내가 모든 것을 통제할 수는 없어.
- 나는 최선을 다할 거야.
- 직접 경험하고 결과를 확인해볼 거야.
- 이건 생사가 달린 문제가 아니야.

우리는 불편할 수도 있지만 현실적으로 어느 정도의 불안을 겪는 건 정상이라는 사실을 받아들여야 한다. 사실 불안은 잠재적 위험을 경고하는 데 없어서는 안 되는 요소다. 문제는 성취주의자들이 일어나지도 않은 잠재적 시나리오를 미리 생각하는 초자연적인 재능이 있다는 점이다. 예를 들어 나의 변호사 고객들은 가능한 반론을 예상하고 그에 대한 전략을 짤 수 있다. 이러한 능력은 그들의 경력에는 도움이 되겠지만 개인 생활에서는 오히려 문제가 될 수 있다. 여러분도 문제가 무엇일지 짐작할 것이다. 살면서 근본적으로 불확실한 문제들을 지각하고 분석하며, 원대한 목표를 성취하려 자신을 밀어붙이려는 경향은 스트레스를 악화시키는 원인이 될 수 있다.

따라서 불안은 아무리 대비해도 없앨 수는 없다. 하지만 그 불안이 압도적으로 느껴지지 않도록 도움이 될 만한 도구를 만들 수는 있다. 새롭고 개선된 자기대화를 연습하면서 당신의 낡고 균형 잡히지 않은 생각들은 더 쉽게 극복할 수 있게 될 것이다.

따라서 당신에게 가장 많은 불안을 불러일으키는 생각은 무엇인지 확인하고, 질문을 던지며 그 생각의 허점을 발견하여 구멍을 내기 시작하라. 근거를 모아라. 짧고 믿을 수 있는 균형 잡힌 생각을 만들어 손전등을 거기에 비추어라. 우리는 인간이기에 도움이 되지 않는 생각으로 주의가 다시 쏠릴 수도 있다. 그럴 때는 다시 자신의 감정을 통제할 수 있다고 느끼게 만드는 균형 잡힌 생각에 초점을 맞추어라. 기억하라. 손전등은 당신이 들고 있다. 균형 잡힌 생각은 당신에게 에너지를 불어넣고, 성공적으로 목표를 성취할 수 있는 방향으로 계속 나아가도록 도와줄 것이다.

이제 우리는 생각의 힘을 이해하고 인지왜곡 극복 전략을 익혔다. 이제 다음 단계로 나아갈 차례다. 그 전에 먼저 성취주의적인 사람들이라면 흔히 겪는 세 가지 왜곡을 살펴보기로 하자. 행복을 느끼고, 최선의 자아가 되어, 진정으로 성과를 내기 위해서는 무엇을 극복하고 조심해야 하는지 사전에 알아야 할 필요가 있으니 말이다. 그리고 그다음에는 8가지 핵심 원칙이라는 본론이 기다리고 있다.

골칫거리 삼총사
이해하기

마음을 바로잡으면,
삶의 나머지 부분도 알아서 제자리를 찾을 것이다.

- **노자**老子

우리는 이미 당신이 목록을 좋아한다는 사실을 알고 있다(그렇다! 이미 당신을 잘 알고 있다!). 그래서 불안에 가득 찬 성취주의자가 상담실에 마주 앉아 내 거대한 물병 크기를 가늠해보며 셔츠 소매를 만지작거리고 있으면, 나는 그들에게 다양한 인지 오류 목록을 건네주곤 한다.

'오류'라는 낱말이 성취주의자인 당신을 불안하게 할 수도 있다. 하지만 모든 사람이 매일같이 이런 왜곡에 빠진다는 사실을 기억하라. 이러한 왜곡은 어디에나 있으며, 우리 뇌가 작동하는 방식이기도 하다. 그러니 이를 정상으로 받아들이

자. 문제는 우리가 이런 왜곡을 갖고 있다는 것이 아니다. 이렇게 우리 안에 자리 잡은 왜곡을 알아차리지 못하거나 그런 왜곡에 도전하지 않는 것이다.

정신과 의사 데이비드 D. 번스David D. Burns 박사[1]의 연구를 바탕으로 한 나의 왜곡 목록은 도움도 되지 않고 왜곡되어 있지만, 참으로 인간적인 생각들로 구성된 일종의 '자기 선택적인' 목록이다. 우리 모두가 갖는 생각들은 때로는 '감정적 추론(당신의 감정이 진실이나 사실을 반영하고 있음이 틀림없다는 가정. 예를 들어, 엘리베이터를 타면서 긴장감을 느낀다면 엘리베이터가 안전하지 않다고 가정하는 것)'부터 '긍정적인 것을 무시하기(긍정적인 경험을 마치 중요하지 않은 것처럼 거부하는 것. 예를 들어, 중요한 잡지에 글이 실렸지만 그 글이 '단지' 온라인에만 게재되었거나 편집자가 일부 수정을 가했다는 이유로 그 성공 전체를 무시하는 것)'에 이르기까지 다양하다. 하지만 스트레스가 심한 성취주의자들에게 목록을 살펴보고 공감되는 항목을 골라보라고 하니 압도적으로 특정한 세 가지 인지왜곡을 선택했다. 나는 이들을 '골칫거리 삼총사'라고 부르고 있다. 그것들은 다음과 같다.

1. 전부 아니면 전무라는 생각
2. 성급한 결론 내리기
3. '해야 한다'는 말

이 삼총사가 함께하면, 이들은 불필요하게 불안을 증폭시키고 에너지를 고갈시키며 높은 목표 달성을 어렵게 만든다. 요컨대 이들은 성공과 행복으로 가는 길에 놓여 있는 지속적인 장애물이다. 언제나 그렇듯이 이러한 문제적 사고방식을 해결하려면, 그 생각을 포착하고 극복하는 첫 번째 단계가 필요하다. 바로 그 문제가 되는 생각이 무엇인지 파악하고 내가 '삶의 세기둥'이라고 부르는 가정, 건강, 일 안에서 이 왜곡된 생각들이 어떻게 나타나는지 인식하는 것이다.

> **박사님께 물어보세요**
>
> **질문ㆍ인지왜곡을 완전히 멈출 수는 없나요?**
>
> **박사님의 대답ㆍ**모든 인간은 도움이 되지 않는 생각을 합니다. 당신 역시 예외는 아닙니다. 그리고 그것은 큰 문제가 되지 않습니다. 인지왜곡을 하고 있다고 해서 당신이 실패했다는 의미는 아닙니다. 그러니 질문에 대한 대답은 "네, 그런 생각들을 완전히 멈출 수는 없습니다"입니다. 하지만 그것들에 더 효과적으로 대응하는 법을 배우고 익힐 수는 있습니다. 신경가소성, 다시 말해 우리 뇌의 변화와 적응 능력[2] 덕분에 당신이 도움이 되는 자기대화를 반복적으로 한다면, 당신의 뇌는 더욱 건강한 생각을 하도록 신경 연결을 강화하게 됩니다. 인지왜곡에 구멍을 뚫고, 새롭고 개선된 자기대화를 실천하는 것은 당신의 뇌에 새로운 고속도로를 뚫는 작업과 같습니다. 결국 그런 실천

과 자기대화가 당신의 본모습이 될 것입니다. 당신의 낡아빠지고 도움이 되지 않는 생각은 결국 아무도 이용하지 않아 잡초로 덮인 시골길이 될 것입니다. 좋은 소식을 말씀드리자면, 새롭고 건강한 자기대화를 실천할수록 시간이 지나면서 도움이 되지 않는 생각들은 점차 줄어들게 될 것입니다. 그리고 도움이 되지 않고 불안만 유발하는 생각들이 갑자기 떠오르더라도, 당신은 그 생각에 최적으로 대응하고 앞으로 나아갈 수 있을 것입니다.

전부 아니면 전무라는 생각

전부 아니면 전무라는 생각은 말 그대로 절대적인 생각이다. 나는 이를 압력밥솥 생각이라고 부르는데, 이름처럼 압도적인 긴장을 만들기 때문이다. 이 생각은 인생을 오직 엄격한 이분법으로만 본다. 모든 것은 옳지 않으면 그르고, 좋지 않으면 나쁘고, 완벽한 성공 아니면 완전한 실패다. 모든 것이 흑과 백이다. 상담실에서 이 문제를 처음 접한 것은 조시라는 이름의 고객 덕분이었다. 그는 MBA 과정을 막 마친 야심 차고 활기찬 20대 후반의 사람으로, 누가 보더라도 앞날이 창창했다. 단정한 머리와 맞춤 셔츠 등 대단히 세련된 외모를 갖추었지만, 그는 개인적인 자기의심으로 가득 차 있었다. 성과에 목을 매는 사람들이 흔히 그렇듯이 그 역시 직장 스트레스, 특히 작업 중인 특정 프로젝트에 압도당하는 느낌을 설명했다. 하지만 그 감정을 이야기할 때, "저는 그저 일을 잘하고 싶어요!"라거나 "저는 정말 열심히 일하기 때문에 제가 최선을 다했다는 것을 알아요" 같은 말은 하지 않았다. 대신 그는 "저는 모든 사람이 제가 한 일을 보고 완벽하게 감동하기를 원해요"라고 말했다.

조시와 마찬가지로 성취주의자인 당신이라면 "그래서요? 그게 뭐가 잘못인가요?"라고 생각할 수 있다.

물론이다. 충분히 이해할 만하다. 그 누가 동료와 상사에게서 감탄사를 불러내고 싶지 않겠는가?

문제는 유일한 성공의 척도가 절대적인 최고이길 바란 점이다. 그저 일을 잘 해내어 상사에게 깊은 인상을 남기는 데서 그치는 것이 아니라, 빈틈없이 완벽한 성과를 거두어 그들의 말문을 막히게 해야 한다고 느낄 때 말이다. 그 외의 모든 것은 실패가 된다.

익숙한 이야기로 들리는가?

스스로에 대해 높은 기준을 설정하는 것은 좋은 일이다. 다만 그 기준이 건강에 좋지 않고 비현실적이며, 심지어 실현 불가능한 극단으로 치닫지 않는 한에서 말이다. 지나치게 높게 설정한 기준들은 파괴적 완벽주의로 돌변한다. 결국 불필요하게 상황의 열기를 높이고 아무런 도움이 되지 않는 생각과 감정만 낳는다. 예를 들어 다음과 같은 생각과 감정이다.

- 불안
- 걱정
- 자기의심
- 압도감
- 실망
- 탈진

예를 들어, 조시와 같이 아직 업무 경력이 일천한 사람이 한 번도 해본 적 없는 유형의 프로젝트를 완벽하게 조율할 수 있을까? 여러 면에서 위험한 기대다. 우선, 이러한 기대는 혁신의 여지를 거의 남기지 않는다. 일단 평가와 판단을 시작하는 순간 창의성을 위한 공간은 좁아진다.[3] 그리고 자신을 의식하면서 동시에 실험과 반복적인 탐구의 여지를 사전에 봉쇄하는 경직성이 생겨난다. 하지만 탁월성excellence을 위해서는 경직성의 반대인 개방성이 필수적이다.[4]

둘째, 모든 것이 최고가 아니면 최악이라는 생각, 다시 말해 단 하나의 흠도 없고, 최정점에 서는 성취가 아니라면 그 성취는 아무런 소용이 없다는 생각은 사실상 성공으로 향해

가는 궤적에 방해만 된다. 비현실적인 기대를 설정하여 너무도 뻔한 실패를 자초하는 성취주의적인 사람들은 무능해 보일까 두려운 나머지 아예 아무런 시도조차 하지 않게 된다. 충족할 수 없는 기준은 완벽주의적 마비를 초래하거나, 시간 낭비로 이어지는 지연행동을 불러올 뿐이다. 조시와 같은 사람들은 단 하나의 실수도 하기 두려워 이메일을 고치고 또 고치며 지나치게 생각하느라 쓸데없이 많은 시간을 낭비할 수 있다.

  셋째, 그런 장시간 노동은 건강에 좋지 않을 뿐만 아니라 탈진으로 이어진다. 휴식이란 조금도 없이 밤늦게까지 오랜 시간을 일하고 나면 사람이 얼마나 멍해지는지 굳이 말하지 않아도 알고 있으리라 믿는다. 당신은 성취주의자다! 당연히 그 비용은 이미 직접 체험해보았을 것이다. 장시간 노동은 우리를 지치게 한다. 결국 당신이 다른 사람들과 잘 어울리거나 업무를 완수하거나 인생을 즐기기 어렵게 만든다.

  그리고 언제나 항상 불안해하고 실패자라고 느끼며 전전긍긍하는 정서적인 비용은 어떻게 할 것인가? 자기의심과 실망의 악순환이 초래하는 정서적 비용은? 항상 모든 것을 해내려고 노력하느라 탈진하고 압도되는 정서적 비용은? 이러한 비용을 치러야 하는 삶은 고통스러울 뿐 아니라 지속 가능하지도 않다. 결국은 한계에 부딪힐 수밖에 없다.

이러한 문제는 삶의 여러 영역에서 쉽게 찾아볼 수 있다.

가정에서 찾아보자. 만약 당신이 소중한 사람을 위해 파티를 열고자 한다면, 그 파티가 세기의 축제가 되어 손님들이 퍼붓는 찬사를 만끽하고 앞으로 몇 년 동안은 두고두고 사람들 입에 회자되어야 비로소 잘했다는 느낌에 만족할 것이다. 단순히 만나서 재미있게 즐기는 것만으로는 충분치 않다.

건강에서도 찾아볼 수 있다. 당신은 아마도 일주일에 7일 고강도 인터벌트레이닝을 하겠다는 계획을 세울 수 있다. 하지만 하루의 휴식마저 실패처럼 느끼는 사람이라면, 다치거나 아파서 완벽한 기록에 흠집이 났다고 생각할 것이다. 그리고 잠시 운동을 멈췄다가 다시 시작하는 대신 운동을 완전히 그만둘 가능성이 크다(다른 자기돌봄은 말할 것도 없다). 어찌어찌해서 운동을 다시 한다고 해도 부족함을 더욱 크게 느끼고 몸이 감당하지 못할 정도로 무리하게 할 수도 있다.

모 아니면 도라는 생각은 직장에서 어떤 일을 해보기도 전에 미리 패배감을 느끼게 할 수 있다. 당신이 중요한 재판을 준비하는 변호사이든, 시험을 앞둔 학생이든, 발표를 준비하는 마케팅 전문가이든, 뭐든 상관없다. 절대적인 최고가 되어야 한다는 강박은 일을 계속 미루게 한다. 다시 말해 지연행동을 유발할 수 있다. 이는 완벽히 준비할 수 없다면 아예 시작하지 않겠다는 생각이 작동하기 때문이다. 하지만 지연을 원하는 사람은 아무도 없다.

 당신이 모든 것을 근사하거나 끔찍하다고, 최고이거나 최악이라고, 언제나 항상이거나 절대 아니라고 생각하고 있다면, 당신은 아마도 흑백논리에 빠져 있을 가능성이 크다.

 나의 상담실에는 고작 25살의 나이에도 '뒤처졌다'고 말하는 사람들이 제법 찾아온다! 그들은 그 나이에도 이미 파트

실천해보기

일상생활에서 다음과 같은 과장된 표현을 사용하지는 않는지 생각해 보라.

- 항상/절대로
- 모두가/아무도
- 모든 것/아무것도
- 절대적인/절대적으로
- 완전한/완전히
- 망쳤다
- 할 수 없다
- 완벽한
- 실패
- 패배자
- 전부
- 전체의/전적으로

너를 찾아 사업을 시작하고, 집을 사고, 제1저자로 논문을 발표하고, 더 높은 직위를 얻어야 한다고 생각한다. 최고가 아니라면 무슨 의미가 있는가? 성취주의자인 우리는 가치있는 사람으로 대접받고 사랑받는다고 느끼기 위해 반드시 최고가 되려고 노력하도록 조건화되어 있다. 게다가 우리 문화는 무의식적으로 이 문제를 악화시킨다. 걸보스GirlBoss(소피아 아모루소Sophia Amoruso가 쓴 책 《#걸보스 Girlboss》에서 유래했으며 여성들에게 자신감과 자율성을 가지고 비즈니스와 커리어에서 성공을 쟁취하라고 격려한 운동. - 옮긴이) 같은 운동이 설정했던 기대치는 여성들의 역량 강화를 위한 것이었다. 하지만 이 운동은 압력솥의 압력을 높이기만 했다. 다시 말해 사회적 기대치를 불필요할 정도로 더 높이는 결과만을 낳았다. 게다가 우리는 항상 스마트폰을 통해 연결되어 있고 접속 가능한 상태에 있다. 편리하게 느껴질 수도 있지만, 실제로는 생산성을 저해하고 번아웃을 초래할 수 있다. 결국 우리는 만성 불안과 더불어 살게 되기 때문이다.

성급한 결론 내리기

진부한 옛날 영화에나 등장할 법한 점쟁이 앞에 앉아 있는 자신을 상상해보라. 조명은 어둡고, 문에는 구슬 커튼이 걸려 있으며, 진한 향냄새가 방 전체에 배어 있다.

"제 미래에 무엇이 보이나요?" 당신이 묻는다.

점쟁이는 눈을 가늘게 뜨고 흐릿한 수정 구슬을 들여다본다. "당신은 절대 승진하지 못할 테고, 절대 사랑을 찾지 못할 것이며, 콜레스테롤 수치는 매우 높을 거예요. 그리고…." 그녀는 당신의 눈을 바라보며 계속 주절거린다. "당신이 여기에 온 까닭을 이해할 수가 없군요. 인생 계획을 세우며 대체 왜 점쟁이 따위에게 의존하려 들죠?"

당신은 이 점집을 다시 찾을까? 점쟁이의 예언은 믿겠는가? 아마도 아닐 것이다. 그러나 정작 우리는 자기 자신에게 자주 점쟁이의 예언처럼 말한다.

골칫거리 삼총사 중 두 번째, 성급한 결론 내리기는 말 그대로 성급하게 결론부터 내리고 보는 행위를 말한다. 우리는 앞으로 일어날 수 있는 일이나 다른 사람의 생각에 부정적인 예측부터 먼저 하고 보기에 불확실성에 대처하는 데는 아무런 도움이 되지 않는 방법이다. 이러한 인지왜곡은 다시 두 가지 하위 유형으로 나눌 수 있다.

- **부정적 예언**: 아직 일어나지 않은 미래의 일이 잘되지 않을 것이라는 믿음

- **마음추측**: 확인된 게 전혀 없지만 어떤 사람이나 집단이 당신을 싫어하거나 부정적으로 반응한다는 추측

성급한 결론은 문제가 된다. 왜냐하면 미래처럼 우리가 통제할 수 없는 요소들에 집중하는 것은 우리의 행복뿐만 아니라 성공으로 가는 길에도 해로울 수 있기 때문이다. 나는 고객들이 내 앞에 앉아 손을 비비며 변호사 시험에 떨어질 것이라고, 데이트가 망할 것이라고, 프레젠테이션이 엉망이 될 수밖에 없는 운명이라고 고집스럽게 말하는 것을 너무도 자주 목격한다. 고작 20대에 불과한데도 걱정을 담은 눈으로 노화에 대한 두려움을 표현하는 고객의 수는 대체 몇 명인지 헤아릴 엄두도 내지 못할 지경이다.

물론, 미래에 대한 걱정에 빠져 허우적대는 사람은 흔하디흔하다. 특히 성취주의자라면 당연히 확실성과 통제를 갈망하기에 모호함과 실패 및 실망의 가능성을 가만히 앉아 받아들이려 하지 않는다. 사실 인생은 우리의 예상대로 흘러가는 경우가 많지 않기에 부정적인 결과를 예측하여 자신을 보호하려는 시도는 충분히 이해할 수 있다. 그러나 문제는 그 시도들이 오히려 역효과를 낳는다는 점이다. 우리가 특히 골치 아파하고 씨름하는 문제 중 상당수는 실제로는 절대로 일어나지 않는다. 오히려 실제로 발생하는 진짜 문제들은 대체로

우리가 스트레스받았던 것들과는 무관하다. 결국 부정적 예언은 그저 시간과 에너지 낭비일 뿐이다.

내가 이 사실을 잘 알고 있는 이유는 고객들에게서 이러한 현상을 워낙 자주 목격했을 뿐만 아니라 나 자신도 이 현상의 희생양이 된 적이 있었기 때문이다. 나는 수년 동안 이 책을 쓰지 못했다. 이유는 "사람들이 이 책을 좋아하지 않으면 어쩌지?"라는 내 안의 작은 목소리 때문이었다. 내용이 형편없으면 어떡하지? 마음 깊숙한 곳에서 나는 이 책과 책을 쓰는 나 자신이 부족하다고 생각했다. 심지어 내가 이 분야에서는 누구보다도 전문적인 지식을 가지고 있다는 사실을 알고 있는데도 말이다.

부정적 예언은 당신이 아무런 행동도 하지 못 하게 만들 수 있다. 나의 고객 로라를 예로 들어보겠다. 그녀는 진심으로 인생의 파트너를 찾고 싶어 했다. 다가오는 데이트에 관해 이야기하던 그녀는 깊은 한숨을 쉬며 말했다. "이번에도 다른 데이트와 똑같을 거예요. 서로 어색해하고 잘 맞지 않을 거예요. 그저 데이트가 끝나기만을 기다리게 되겠죠." 부정적 예언의 효과로 그녀는 데이트 내내 불안해했고, 심지어 데이트를 두려워하게 되었다. 그러면서 새로운 사람들을 만나거나 데이팅 앱을 체크하는 동기가 크게 줄어들어버렸다. 그녀의 중요한 인생 목표인 의미 있는 파트너를 찾는 작업을 위해서는 이러한 행동이 더 필요한데도 말이다.

이러한 유형의 성급한 결론은 쉽게 사람을 탈진시킨다. 걱정은 사람을 집중하지 못하게 만드는 데서 그치지 않고 사람을 지치게 하기 때문이다. 미래에 관한 걱정이 그렇다. 예를 들어 잘못될 수 있는 일, 잘 안 풀릴 수 있는 일, 중요한 일들의 부정적인 결과에 손전등을 비추면서 현재 순간에 집중하여 업무를 수행하고 최선을 다하기는 어렵다. 만약 당신이 청구서나 집안 갈등에 걱정하거나, 검진 결과를 통보하는 의사의 전화를 기다린다거나, 사랑하는 사람의 문자가 오지 않았나 수시로 스마트폰을 계속 들여다보며 일해본 경험이 있다면, 걱정 상황에서 집중하기란 얼마나 어려운지 알 것이다.

따라서 성급한 결론은 여러모로 성공을 쟁취하는 능력에 방해가 된다. 하지만 나는 이를 극복할 수 있었다. 가능한 선에서 많은 사람을 돕겠다는 목표를 설정해 미래에 대한 두려움을 넘어설 수 있었던 것이다. 나는 '목표'에 집중했다. 처음에는 부정적 예언을 했지만, 결국 행동에 나섰다. 의자에 앉아 글쓰는 작업을 하면서 이 책을 완성할 용기를 얻었다. 그리고 인간은 실천에 옮기길 두려워했던 행동을 실제로 실천함으로써 용기를 얻는다는 사실도 덤으로 깨달았다.

애초에 우리는 무엇을 두려워하는가? 보통은 다른 사람의 기대를 충족시키지 못하리라는 두려움이다. 내가 했던 걱정

중 하나 역시 "사람들이 나를 우습게 보면 어떡하지?"였다. 성취주의자라면 다른 사람들의 생각, 당신에 대한 외부 세계의 인식에 신경을 많이 쓰기 마련이다. 이러한 걱정과 근심은 당신이 다른 사람들의 평가나 감정을 정말 중요하게 여기고, 그들로부터 거절당하는 두려움이 분석적으로 생각하는 당신의 능력을 압도할 때 가장 극단적으로 나타난다. 따라서 로맨틱한 상황에서, 직장 인터뷰에서, 상사(혹은 당신이 의견을 중시하는 누구나)와의 회의에서, 당신은 정확하지 않은 생각과 도움이 되지 않는 자기대화에 빠질 가능성이 더 크다.

불행한 일이지만, 다른 사람의 인정을 받으려는 욕망은 필연적으로 불안과 불안정을 불러일으킨다. 마음추측이 작동하는 지점도 바로 여기다. 사실 우리가 아무리 간절히 원해도 다른 사람들이 무엇을 생각하는지 알 도리가 없다. 그런데도 우리는 사람들이 우리를 부정적으로 판단하고 그에 따라 부정적으로 반응한다고 추측한다. 사실은 그저 우리가 다른 사람이 아닌 우리 자신을 판단하고 있을 뿐인데 말이다. 어떤 사람이나 집단이 당신을 좋아하지 않는다고 추측했다가 나중에 오히려 당신이 그들을 좋아하지 않는다는 사실을 알게 된 적은 없는가? 아니면 그 사람들은 아예 당신을 생각해보지도 않았다는 사실을 알게 된 적은? 이러한 인지왜곡은 개인적으로나 직업적으로 중요한 관계를 구축하는 데 방해만 된다. 게다가 당신은 잠재적으로 아무런 문제도 아닌 것에 그냥 기분 나쁜 감정만 갖게 된다.

문제는 걱정이 문제 해결의 반대라는 점이다. 성급한 결론을 내리고 나면 우리는 실제로 앞으로 나아가지 못하고 오히려 악순환의 고리에 갇혀버린다. 그렇게 되면 불필요하게 에너지가 고갈되어버리고, 심지어 자기실현적 예언self-fulfilling prophecy(상황에 대한 잘못된 판단 및 정의에 기반한 행동으로 인해 그 잘못된 생각이 현실화되는 현상. - 옮긴이)에 빠질 수 있다. 예를 들어 취업 인터뷰에서 인적 관리 담당자가 당신을 마음에 들지 않아 한다고 생각한 당신이 덜 적극적으로 행동한 결과, 그들이 정말 당신을 탐탁지 않게 여기게 될 수 있다(다시 한번 말하지만, 당신의 생각은 당신의 감정과 행동에 영향을 미친다). 당신이 시험에 떨어지리라 생각하고 그 생각에 압도된 나머지 공부를 차일피일 미루어 결국 공부량이 부족하게 되면, 원했던 만큼의 성적이 나오지 않는 것도 당연하다. 성급한 결론 내리기란 일종의 '일요일 공포증Sunday Scaries(많은 사람이 일요일 밤에 느끼는 새로운 한 주에 대한 두려움 혹은 불안. - 옮긴이)'을 품은 채 매일을 사는 것과 같다. 아무도 그것을 원하지 않는다!

'해야 한다'는 말

아마 당신은 이 책을 읽어야만 한다고 느낄 수 있다. 혹은 다른 사람들이 당신보다 먼저, 더 빨리 읽었다고 생각할 수도 있다! 아마도 당신은 불안을 어떻게든 '해야 한다'고 생각할 수도 있다. 하지만 나는 오히려 당신이 '해야 해서'가 아니라, 스스로 원하고 더 나은 느낌을 가질 자격이 있는 사람이기 때문에 이 책을 읽었으면 한다.

스스로에게 '해야 한다'고 말하는 의미는 이렇게 복잡하다. 하지만 근본적으로는 아마도 당신이 다른 사람들은 당연히 하고 있다고 생각하는 일이거나, 아직 자신이 부족하다고 느낀 당신이 무조건 해야 한다고 스스로를 압박하고 채찍질하는 것을 의미한다.

감당하기 힘든 비현실적인 기준을 설정하는 것으로 악명 높은 성취주의자들에게 '해야 한다'는 생각과 말은 안타깝게도 고질적인 주요 특징이다. 나를 찾아오는 사람들은 나태해지고 안주하며 자신의 강점을 잃지 않기 위해서 스스로에게 엄격한 태도를 유지해야 하는데 그러지 못할까 종종 두려워한다. 당신도 물론 알고 있는 이야기다. 우리는 자주 이렇게 말한다. 더 크게 성공해야 한다, 체육관에 매일 가야 한다, 실제로는 원하지 않지만 명망이 있는 회사니까, 근사한 직함 때문에라도 어떤 일자리에 지원해야 한다. 우리는 항상 성취를 원해야 한다. 그렇지 않은가? 가능하면 가장 높은 수준에 올라야 한다. 그게 우리에게 아무런 성취감이나 의미가 없더라도 상관없다. 불행하게도 끝없이 이어지는 '해야 한다'는 우리의 행복과 마음의 평화뿐만 아니라 우리를 앞으로 나아가게 만드는 동력 그 자체에도 해로운 영향을 미친다.

스스로에게 '해야 한다'고 할 때, 정작 우리는 그 자리에서 더 나아갈 수 없게 된다. 이러한 생각은 우리를 패배감에 빠지게 하고, 자기비판을 불러일으키며, 우리의 주도권을 빼앗아 스스로를 개선하려는 동기를 잃게 만들기 때문이다. 집에서 우리는 "완벽하게 정돈된 공간을 유지해야 해"라고 생각할 수 있지만, 정작 그런 기대에 직면하면 모두 포기하고 그저 자신이 부족한 사람이라고 느끼게 된다. 건강과 관련해서는 케일을 더 먹어야 하고, 더 날씬해야 하고, 더 젊어 보이거나 다른 누군가처럼 보여야 한다고 생각할 수 있다. 학교나 직장에서는 모든 과제를 완벽하게 처리해야 하고, 별다른 도움 없이도 강도 높은 업무를 잘 처리해야 한다고 생각한다. 이런 생각은 우리를 불안하게 하고, 죄책감을 느끼게 하며, 불안정한 느낌이 들게 할 수 있다. 사실 '해야 한다'에 기반한 목표는 충족되기 힘들다.

그리고 우리가 그 '해야 한다' 영역에 있을 때, 우리는 흔히 우리 자신을 넘어 다른 사람들에게까지 '해야 한다'고 강요한다. 절대로 충족시킬 수 없는 기준의 렌즈를 끼고, 우리는 다른 사람들의 단점을 감지해내어 손전등을 비춘다. 그러곤 그들 역시 더 잘해야 한다고 느낀다. 그들이 우리의 로맨틱한 파트너든, 동료든, 친구든 상관없다. 나는 늘 나를 찾아온 고객들에게 사람들은 다른 누구에게 해를 끼치지 않는 한 자신이 원하는 대로 살 권리가 있다고 상기시킨다. 하지만 성취주의자인 우리는 흔히 일이 어느 특정한 방식으로 처리되길 원한다. 또 다른 사람들이 어떻게 행동해야 하는가에 강한 의견을 가지고 있다. 예를 들어, 나는 고객들이 사무실 관리 방식부터 룸메이트나 연인이 식기세척기에 그릇을 '잘못' 채우는 방식, 그리고 지역 카페의 형편없는 서비스에 이르기까지 모든 일들에서 다른 사람들의 비효율성에 얼마나 실망했는지를 표현하는 이야기들을 자주 듣는다. 그러나 불만만 품고 앉아 있어 봐야 그 어떤 것도 해결되지 않는다. 그렇다고 다른 사람들에게 '해야 한다'를 적용하는 것은 우리를 스트레스받게 하고, 좌절감을 느끼게 하거나, 분노를 느끼게 할 수 있다.

사실 가장 중요한 점은 이것이다. 우리의 '해야 한다'는 왜곡된 생각이기 때문에 역설적으로 우리가 바꾸고 싶은 부분(그것이 우리 자신과 관련된 것이든, 다른 사람들과 관련된 것이든, 상황에 관련된 것이든)을 실제로 해결하려는 노력을 더 *회피*하게 만들고, 사전에 효과적으로 목표를 설정하지도, 그 목표를 달성하지도 못하도록 만든다. '해야 한다'에 집중하면 문제를 어떻게 해결할지보다는 무엇이 잘못된 것인지에 더 집중하게 된다. *생각*이 잘못된 것에 고착되어버리면 우리는 *기분*이 나빠지고, 죄책감을 느끼며, 동기부여가 약해지면서 우리의 행동에도 부정적인 영향이 온다. 따라서 우리는 습관을 개선하기 위한 행동을 취할 동력을 얻지 못하게 된다.

잡을 수 있으면 잡아라

때때로 나는 성취주의자들이 불안한 상태에서 '골칫거리 삼총사'를 한꺼번에 구현하는 것을 볼 때가 있다(물론, 이런 '성취'는 당신에게 아무런 도움이 되지 않는다!). "나는 이 모든 것을 감당할 수 있어야 해"라고 그들은 말한다. "그러지 못하면 모든 사람들이 나를 실패자라고 생각할 거야." 그런 순간이면, 그들이 어깨에 짊어진 무게를 실제로 볼 수 있다는 느낌마저 든다. 나는 그들에게 그 모든 무겁고 아무런 도움도 되지 않는 압박감 따윈 내려놓고 한쪽으로 치워버리라고 말하고 싶다.

이제 당신은 언제 '전부 아니면 전무라는 생각', '성급한 결론 내리기', '해야 한다는 말'에 빠질 수 있는지 경각심이 높아

졌으니, 2부의 8가지 핵심 원칙으로 들어가 불안과 스트레스라는 부담을 덜어내고 행동을 취할 준비가 되었다고 믿는다.

기억하라. 당신이 인지왜곡을 느낄 때, 그것들을 포착할 때, 자책 대신 스스로를 칭찬하라! 인지왜곡은 붙잡기 힘든 작은 악마들이다! 그것들을 잡아냈다는 것은 정말 대단한 일이다.

이제 이러한 왜곡을 특별히 맞춤화된 전략으로 극복하는 방법을 이야기해볼까 한다. 시간을 낭비하긴 싫으니, 바로 시작해보기로 하자!

THE HAPPY
HIGH ACHIEVER

PART 2

8가지 핵심 원칙

Meet the 8 Essentials

완벽이 아닌,
탁월성을 추구하라

핵심 원칙 #1

꽃은 곁에 핀 꽃과 경쟁하려고 생각하지 않는다.
그저 피어날 뿐이다.

- 선불교의 가르침

당신이 매우 구체적인 비전을 갖고 어떤 프로젝트를 진행하고 있다고 상상해보자. 하지만 실제로 작업할 때마다, 당신의 실제는 이상에 미치지 못한다. 당신의 마음에 있는 완벽한 이미지와, 작업을 통해 그 개념을 현실로 만들 수 있는 능력 사이에는 격차가 있다. 거듭 시도할수록 더더욱 좌절하게 되고, 결국은 마지막 남은 종이를 구겨 쓰레기통에 던져버리고 쿵쾅거리고 뛰쳐나가며 완전히 포기한다.

문자 그대로든 비유적이든 간에, 이 장면이 공감이 가는가? 높은 성과를 추구하는 사람들이라면 모두가 아마도 어린 시절부터 느껴온 이런 종류의 불안과 좌절감이 기억날 것이다. 패배감에 빠져 그 장소를 떠나면서 뒤에는 얼마나 많은 구겨진 종이 뭉치들을 남겼는가?

완벽주의를 한마디로 정의하면 다음과 같다. 당신이 하는 모든 일이 최고여야 하며, 그러지 못하면 나쁘다는 믿음이다. 사실상, 완벽하지 않다면 아예 의미가 없고 시도할 만한 가치도 없다. 문제는, 이렇게 애초에 달성할 수 없는 지나치게 높은 기준을 세울 때, 우리는 추진력을 잃고 우리의 노력뿐만 아니라 우리 자신에 대한 신뢰마저 잃게 된다는 것이다. 성공하고, 목표를 이루고, 혹은 지속적으로 최고의 자아가 되려는 충동은 전혀 문제가 아니다. 다만 우리의 자기가치를 성취와 연결하여, 실수를 저지르거나 최고 이하의 모습을 보이지나 않을까 극도로 두려워하는 것이 문제다. 다시 말해, 우리는 완벽하지 않으면 무가치하다는 잘못된 믿음을 가질 수 있다.

그렇다면 당신이 불안을 조장하는 완벽주의에 시달리고 있는지, 아니면 그저 너무 많은 일에 압도되고 있는지는 어떻게 구별할 수 있을까? 먼저, 자문해보라. 내 스트레스와 걱정이 내가 스스로를 생각하는 자아 이미지와 연결되어 있는가? 자기대화에 손전등을 비추어 보라. "해야 할 일이 정말 많아! 어떻게 다 해낼 수 있을까?"라고 생각하고 있는가, 아니면 "당연히 이 모든 일을 해낼 수 있어야 되는데. 난 정말 형편없는 놈이야. 나란 놈은 대체 뭐가 잘못된 거야?"라고 혼잣말하고 있는가? 하는 일이 엄청나게 많긴 하지만 당신이 당신의 본질적인 가치가 그것을 해내는지 여부에 달려 있지 않다는 것을 알고 있다면, 그저 일이 너무 많은 것일 뿐이다. 하지만 만약 끝없는 자기비판으로 스스로를 닦달하고 일에 관련되어 수치심이나 무능을 느낀다면, 그것은 건강하지 않은 완벽주의의 징후다.

삶의 모든 영역에서 완벽주의가 나타나지는 않는다. 성취주의자들은 대체로 잠재적으로 인정받을 가능성이 큰 부분, 다시 말해 외모, 성취, 대인 관계 등 외부로 드러나는 영역에 집중한다. 예를 들어, 나를 찾아오는 고객 중 열심히 일하기로는 둘째가라면 서러워할 리즈는 정기 치과 치료를 놓칠 정도로 바빠서 만성 치통에 시달렸지만, 단 한 번도 월간 미용실 예약은 놓친 적이 없다.

까마득히 높은 목표를 세우거나 남들에게 최고의 모습을 보이려는 태도 자체가 잘못이라고 할 수는 없다. 하지만 과거를 돌이켜보라. 완벽을 추구하다 보면 성공한 부분도 어느 정도 있었겠지만, 그에 따른 대가가 적지 않았을 것이다. 그러한 완벽주의적 성향은 당신에게 더는 도움이 되지 않는다. 당신은 아마도 불안하고, 부담을 느끼고, 스스로에 대해 부정적으로 생각하고 있을 것이며, 최근에는 원하는 만큼 목표를 달성하지 못했다고 느꼈을 수도 있다. 왜냐하면 완벽주의는 실제로 역효과를 낳기 때문이다. 물론 어느 정도까지는 바라는 바를 성취할 수도 있다. 하지만 계속해서 올려놓는 데 익숙한 가속페달에서 발을 떼고 속도를 늦추는 것이 두렵다면, 당신은 최고의 자신으로 성장하고 성공할 수 없다.

완벽주의의 문제는 그것이 달성할 수 없고, 지속 불가능할 뿐더러, 결국에는 성공의 걸림돌이 된다는 점이다. 《완벽주의를 위한 CBT 워크북The CBT Workbook for Perfectionism》의 저자 샤론 마틴Sharon Martin은 이렇게 말한다. "완벽주의는 우리가 절대 실수하지 않고 어떠한 결점도 없다는, 편협하고 관용성이라고는 티끌만큼도 없는 기대입니다. 우리는 단 하나의 실수만을 가지고도 우리 자신을 완벽히 실패했다거나 열등하다고 여깁니다…. 완벽을 기대한다면 우리는 실망할 수밖에 없습니다. 아무리 똑똑하고 아무리 열심히 일한다 해도, 우리는 모두 실수를 저지를 수밖에 없기 때문입니다."[1] 팀에서 절대 빼놓을 수 없는 일원이 되거나, 인정받는 신입 사원이 되거나, 승진 자격이 있는 직원으로 여겨지기 위해서 반드시 완벽해야만 한다고 생각한다면, 모든 것이 나에게 달려 있다는 부담감에 스트레스를 받을 수밖에 없게 된다. 충족할 수 없는 기준은 애초부터 실패로 향하게 만든다. 완벽이란 가까이 다가갈 수는 있더라도, 달성은 불가능한 것이기 때문이다. 그리고 우리의 현실이 우리의 기대와 괴리될수록, 우리는 더 많은 스트레스를 느낀다. 따라서 이룰 수 없는 기대는 만성적인 불안과 자기의심을 낳아, 성장과 발전을 방해한다.

선구적인 이론가 브레네 브라운Brené Brown 박사는 《나는 불완전한 나를 사랑한다》에서 완벽주의는 실제로 성공을 *저해하고*, 불안, 우울증, 그리고 그녀가 '삶의 마비life-paralysis'라고 부르는 현상을 초래할 수 있다는 연구 결과를 공개했다. 여기서 '삶의 마비'란 '불완전할 수도 있는 그 어떤 것도 세상에 내놓기 너무도 두렵다 보니 모든 기회를 놓친 상태이자 실패할까, 실수할까, 다른 이들을 실망시키지나 않을까 두려워 꿈을 추구하지 못하는 상태'이다.[2] 우리는 인간이기에 실수도 *당연하다*는 점을 반드시 기억해야 한다. 불가피한 현실이다. 그런 이유로, 목표를 달성하는 방향으로 계속 나아가고 싶다면, 반드시 우리의 현실을 고려하여 기대를 재조정해야만 한다.

그렇다고 해서 평범함에 안주하거나 끊임없는 걱정에서 벗어나지 못한 채 고립된 삶에 안주해야 한다는 의미는 아니다. *그건 정말 죽어라 재미없는 삶이 될 테니까!* 이 벗어나기 힘든 무거운 짐을 추구하는 늪에 빠져 허우적거리며 살아가지 않을 방법, 우리를 필연적으로 실패하게 만드는 불안과 지나치게 높은 기준이라는 자기파괴적 순환에서 벗어날 방법이 있다. 그 해독제는 성공에 대한 다른 기준이라는 형태로 등장한다. 그 해독제의 이름은 탁월성이다. 자, 기준은 여전히 매우 높다. 우리가 좋아하는 그대로라고 해도 좋다. 하지만 이번에는 우리의 현실적이고 인간적인 특성을 허용하는 기준이다.

탁월성 등식

탁월성은 당신 자신, 다시 말해 당신의 마음, 몸 그리고 정신을 존중하는 데 기반한다. 탁월성은 '완벽이 아니면 실패'라는 사고방식 대신 성공은 다양한 모습으로 등장할 수 있다고 인정한다.

모든 사람이 똑같지 않다. 누구는 하루, 누구는 일 년, 또 누구는 평생에 걸쳐 자신만의 방식으로 탁월성을 나타낸다. 모두 이해하기 쉽도록 실용적으로 '탁월성의 등식'을 정의해보겠다. 간단하게 전체 개념을 요약하자면 다음과 같다.

탁월성 = 행복+건강+높은 성취

- **행복**: 안정된 기분. 평화롭고 자유로운 느낌. 희망. 다양한 감정을 경험하는 것. 어떤 감정도 부정하지 않고,

재단하지 않는 것. 어떤 감정에만 고착되지 않는 것. 지속적인 불안, 걱정, 공황, 우울에서 벗어나기. 스트레스를 줄이고 웰빙을 위해 생각과 행동을 적극적으로 최적화하는 것.
- **건강**: 충분한 수면과 규칙적인 신체 활동. 음식 잘 먹기. 효과적인 스트레스 관리. 감각을 마비시키는 약물 금지. 꾸준한 병원 방문을 통해 자기 돌보기.
- **높은 성취**: 의미 있는 목표를 지속 가능하게 추구하기. 공동체에 소속되어 튼튼한 관계를 맺고 유지하기. 이미 가진 것에 감사하기. 안주하거나 정체되지 않고 계속해서 배우고 성장하기. 의미 있는 성취를 추구하며 발전하고 인내하기.

생각해보라. 당신이 만성적인 불안과 불만을 느끼고, 정신적·육체적 웰빙은 무시하고, 의미 있는 일을 성취하는 데 아무런 에너지도 사용하지 않는다. 또 관계를 맺지 않고 혼자서만 세상을 살아가며, 삶에 감사할 것이 아무것도 없다고 생각한다면 그 삶은 정말 훌륭한 삶이라고 할 수 있을까?

훌륭한 삶이란 당신의 마음(행복), 몸(건강) 그리고 정신(높은 성취)을 가장 중요하게 여기는 삶이다.

우리가 완벽을 추구하는 이유

우리 대부분은 세상에 완벽한 인간은 없다는 것을 안다. 따라서 완벽이란 실제 척도가 될 수 없다는 사실을 알고 있다. 사실 완벽이라는 개념 자체도 누가 정의하느냐에 따라 달라진다. 하지만 이 낱말이 워낙 우리에게 깊이 뿌리박혀 있어서 우리는 이 개념을 다른 사람들 모두가 동의하는 객관적인 기준이라고 가정해버린다. 따라서 아무런 비판의 여지도 없다고 생각한다. 하지만 진실은 그렇지 않다. 사람들은 '완벽'을 각자의 방식으로 정의한다. 우리는 다른 사람들의 판단과 믿음을 통제할 수 없다. 오직 우리 자신만을 통제할 수 있다. 그러니 우리가 아무리 '완벽'하게 어떤 일을 해낸다고 해도 다른 사람들의 지적을 피할 수 없다. 결국 누군가가 와서 결함을 찾아낼 것이다. 그렇게 누군가가 우리가 한 일이 왜 좋지 않은지, 우리가 왜 충분히 좋지 못한지 지적하더라도 그 행동을 막을 수 없다.

그렇다면 우리는 먼저 우리의 기준이 어디서 오는지 자문해보아야 한다.

개인적으로 '완벽'을 어떻게 정의하든 간에 완벽주의는 근본적으로 다른 사람으로부터 인정을 받는 것과 관련이 있다. 우리 성취주의자들이 흔히 추구하는 것이기도 하다. 완벽주의는 실패와 거절에 대한 두려움, 기준에 미치지 못하는 것에 대한 두려움을 먹고 자라며, 부적절하고 불충분하다는 느낌, 심지어 수치심을 초래한다. 완벽주의는 우리가 필요한 위험을 감수하고, 전진하고, 배운 끝에 탁월성을 성취하지 못하도록 사전에 차단한다. 그래서 나는 "완벽주의는 성취주의자들의 아킬레스건입니다"라는 말을 고객들에게 자주 들려준다. 그렇다면 성취주의자들은 완벽 추구가 지평선을 쫓는 것과 다름없는, 허황된 일이라는 사실을 알면서도 왜 그것을 추구할까?

오랜 세월에 걸친 관찰 끝에, 나를 찾아오는 사람들은 세 가지 주요 원인으로 완벽이라는 환상에 빠진다는 사실을 발견했다. 비교함정, 치명적으로 보이는 실패, 그리고 가치 있게 여겨지고 싶은 욕망이다. 하나씩 살펴보기로 하자.

● 비교함정

토요일 아침, 인스타그램을 스크롤하다가 당신과 같은 분야에 있는 동료가 올린 게시물을 본다. 사진 속에서 동료(다시 말해, 경쟁자라고 느끼는 사람)는 완벽한 외모로 환한 미소를 지으며 어떤 유명인이나 업계 거물로부터 상을 받고 있다. 아래에 써놓은 글은 짐짓 겸손한 척하지만 사실은 대놓고 하는 자랑이다. "와우, 믿을 수가 없어요. 어젯밤 이렇게 멋진 분들에게 인정받다니 정말 영광이에요. 정말 마법 같은 밤이었어요! 우리 팀이 없었다면 절대 해낼 수 없었을 거예요. #팀워크"

반사적으로 솟아나는 구역질을 억누르자마자, 당신은 불안과 실패감의 소용돌이에 빠진다. 이 인간은 누가 보더라도 완벽한 삶을 살고 있구나! 그녀는 몸매도 좋고, 외모도 훌륭하고, 옷도 잘 입고, 일도 정말 말도 안 되게 잘하고 있구나. 문득 당신은 궁금해진다. "왜 나는 저런 성공을 거두지 못했을까? 왜 내 옷장에는 저렇게 멋진 옷이 없을까? 더 열심히 일했어야 해! 왜 나는 이따위로 문제가 많은 인간일까?"

성취주의자라면 흔히 빠지는 함정이다. 심지어 최고의 성공담이란 말을 들으면 당장 떠오르는 인물인 오프라 윈프리 Oprah Winfrey마저 경력 초기에 자신을 바버라 월터스Barbara Walters와 비교하며 스스로 함정에 빠진 적이 있다고 고백했다. 그리고 그녀는 2018년 서던 캘리포니아 대학교 졸업식 연설에서 이렇게 말했다. "그런 위험한 함정에서 빠져나올 방법을 알려드리겠습니다. 자신을 다른 사람들과 비교하지 마세요. 이 행성에서 당신이라는 존재는 오직 당신뿐입니다."[3]

물론 말은 쉽지만 실천은 쉽지 않다. 성취주의자들은 대체로 다른 사람들이 완벽하다고 믿기 때문에 자신도 완벽해야 한다고 생각한다. 상담실에서 나는 고객들에게 겉으로 보이는 사람들의 모습이 실제와 반드시 일치하지는 않는다고 거듭 상기시켜야 한다. 당신이 소셜 미디어에 필터를 적용한 이미지를 올리고, 가장 높은 수준의 성취를 암시하는 가장 멋진 사진들만 골라 올리고 있다면, 당신이 우상으로 섬기는 사람들도 같은 일을 하고 있다고 추측하는 것이 그리 큰 비약일까? 사람들은 최고의 모습만을 게시한다. 그렇다면 그들이 게시하지 않는 것은 무엇일까? 힘든 하루를 보내고 집에 돌아와 보니 냉장고에는 달랑 케첩밖에 없어 장보기를 잊었다는 사실을 깨닫는 순간, 인스타 사진으로는 기가 막히게 예쁜 아기가 실은 사흘 연속 한밤중에 깨어 자지러지게 우는 모습, 아기가 방금 자랑한 새 아기방의 사랑스러운 시트에 온통 토해 놓은 모습, 부럽게만 보이는 화려한 출장 이면에 숨은 불면증과 불규칙한 식사, 엉망이 되어버린 운동 일정에 힘들어하는 모습, 파트너와 싸울 때의 모습들이다. 이처럼 타인의 삶은 쉬워 보일 수 있다. 그들은 항상 승리하는 것처럼 보인다. 우리는 흔히 다른 사람들이 가치 있다고 생각하는 것을 그대로 믿는다. 즉 그들이 온라인에서 보여주고 싶어 하는 것이 중요한 것들이라고 믿도록 조건화된다. 그래서 다른 사람들은 그런 모습을 우리에게 계속해서 보여준다. 하지만 그들의 일상적인 실제 모습을 우리로서는 알 도리가 없다.

  이렇게 진실을 가리는 기준들, 그럴듯하게 만들어낸 가짜 현실들은 사실 꾸며낸 것이기 때문에 현실과는 거리가 멀다.

그저 다른 사람들과 자신에 대한 부정확하고 균형 잡히지 않은 인식만 낳을 따름이다. 이런 왜곡된 생각은 흔히 1부에서 논의한 '골칫거리 삼총사'의 '전부 아니면 전무라는 생각'과 연관되어 있다. 이런 생각을 하는 사람들은 다른 사람의 완벽해 보이는 부분과 자신의 모든 단점에만 손전등을 비춘다. "나는 완벽해야 해. 그렇지 않으면 사랑받지 못할 거야. 내가 저들처럼 완벽할 수 없다면, 나는 실패자야."

나는 종종 "누구든 제 상담실 소파에 앉혀보세요"라고 말한다. 아무리 겉으로는 더없이 완벽해 보이더라도 모든 사람들이 나 같은 사람에게 하고 싶은 이야깃거리를 갖고 있다. 어려운 가족 관계, 힘든 결혼 생활, 고치고 싶은 자신의 단점들, 과거의 트라우마, 또는 불확실한 미래 등이다. 흥미롭게도 겉으로 보기엔 정말 완벽한 삶을 살아가는 듯한 사람들이 실제로는 해결해야 할 여러 문제로 시달리는 사례가 대단히 많다. 상담실이라는 제법 안전한 공간에서 그들은 자기의심과 임포스터 증후군에 시달리고 있다고 고백한다. 그리고 소셜 미디어를 도배한 명예로운 성공을 거두는 순간에도 다음에 어떤 일이 일어날지 몰라 겁에 질리고 공황에 빠진다. 그들은 자신이 이제껏 확보한 그 명성에 진정 부응할 수 있을지 의문을 품는다. 그들은 본인이 정말 다음 단계를 위한 준비가 되어 있는지도 확신하지 못한다. 승진에 따른 책임이나, 졸업

후 직장에서 제시하는 요구 사항을 잘 감당할 수 있을까? 사실은 그들도 불안한 것이다, 당신처럼.

'당신의 사과는 얼마나 반짝이나요?'라는 게임에 참여하는 순간 모든 것이 자기검열과 비교의 대상이 된다. 당신의 월급, 논문 개수, 연애나 결혼 생활, 연구비 지원 금액, 얼굴 주름, 허리둘레, 마라톤 기록, 자동차 종류 등 갑자기 모든 것이 완벽하지 않게 보인다. 당신은 이상적이라고 여기는 사람과 비교해 자신이 모자라다고 느낀다. 그리고 누구도 이 게임에서 이기지 못한다. 항상 더 많은 돈을 벌고, 더 높은 지위를 얻고, 더 뛰어난 명예와 훈장을 받으며, 더 큰 집을 소유한 사람이 있기 마련이기 때문이다.

이러한 사회적 비교는 계속해서 완벽을 추구하는 건강하지 못한 욕구, '좋다'는 것만으로는 충분하지 않다는 생각을 더더욱 강화시킨다. "나는 너무 뒤처져 있어. 절대 따라잡지 못하면 어쩌지?"

실천해보기

비교함정이 당신의 삶에서 어떻게 나타나는지 생각해보라.

누군가가 당신보다 훨씬 뛰어나다는 생각에 주눅 든 적이 없는지 생각해보라. 인스타그램에서 상을 받았다고 자랑하는 동료, 승진한 동료, 중요한 학술지에 논문을 먼저 실은 동료, 높은 연봉을 받거나 먼저 약혼한 형제나 자매가 있는가?
주목해볼 사항: 당신은 스스로에게 무엇이라고 말했는가? 그 말이 당신의 기분을 어떻게 만들었는가? 당신의 행동에는 어떤 영향을 미쳤는가?

| 예시 |

생각: "저들이 얼마나 완벽한지[똑똑한지/성공적인지/나은지] 봐. 나도 저들처럼 되어야 해. 내가 생각했던 것만큼 나는 그렇게 괜찮지 않아. 나는 정말 실망스러운 인간이야."

감정: 불안정, 불안, 스트레스, 무가치함, 당황, 패배감.

행동: 완벽을 추구하는 행동으로 보상하려는 노력. 직장에서는 이미 과부하 상태임에도 자신의 가치를 증명하려고 더 많은 시간을 일하려 든다. 더 열심히 노력하고 잘 지내는 것처럼 보이는 사진을 소셜 미디어에 올리며, 남들에게 '뒤처지지 않으려' 하거나 더 많은 '좋아요'를 받으려 애쓴다. 이 모든 과정에서 최선을 다하는 자신이 아니라 다른 사람들이 하는 일에 손전등을 비춘다.

이제 당신이 해보라!

생각:

감정:

행동:

> **박사님께 물어보세요**
>
> **질문 · 사회적 비교는 항상 해로운가요?**
>
> **박사님의 대답 ·** 아니요. 그런 생각 자체가 전부 아니면 전무라는 생각입니다. 다른 사람과 자신의 비교가 영감을 주고, 격려해주고, 힘을 준다면 유익한 일입니다. 그들이 이룬 성취를 보고 당신도 위대한 일을 할 수 있다고 느낀다면 정말 훌륭한 거죠. 하지만 다른 사람들은 해냈지만 당신은 하지 못한 일에만 집중하여 압도되는 느낌, 질투, 좌절, 또는 자신감 결여를 느낀다면, 그것은 당신 내면의 GPS, 다시 말해 당신의 감정이 당신이 비교함정에 빠졌다는 것을 알려주는 신호입니다. 그때는 바로 방향을 바꿔야 합니다!

● **치명적으로 보이는 실패**

치명적으로 보이는 실패는 완벽주의의 두 번째 함정이다. 이 모 아니면 도라는 생각은 당신이 실패하면 꿈을 절대 이루지 못하고 이제까지의 모든 노력은 수포가 될 것이라 믿게 만든다. 잠깐의 차질에 불과한 것을 일시적인 실수, 헤쳐나갈 수 있는 도전, 심지어(그렇다!) 배움의 기회로 인식하는 대신, 이 극단적 생각은 어떤 실수라도 인생 자체를 완전히 끝내버리는 패배처럼 보이게 한다.

성취주의자로서 당신은 크고 야심만만한 목표를 세우고,

그것을 달성하기 위해서라면 할 수 있는 모든 것을 다하고 싶다. 훌륭하다! 하지만 그 결과, 당신은 조금도 방심할 여유가 없다고 스스로 설득하게 된다. 어떤 실수나 잘못, 심지어 약간만 마음이 풀어져도 견딜 수 없는 결과로 이어질 수 있다고 생각한다. 결과적으로 완벽이 문자 그대로 유일한 선택지가 되어버린다.

나의 고객 중 하나인 찰스는 이 문제로 특히 고심했다. 변호사였던 그는 중요한 사건을 맡은 후 압도감과 두려움으로 인해 손가락 하나 까딱할 수 없다고 고백했다. "박사님" 그는 말했다. "이 사건에서 이기지 못한다면, 그저 실망스러운 일로 끝나지 않을 겁니다. 제 경력 자체가 끝나버릴 거예요!" 찰스는 어떤 자그마한 실수라도 실패로 이어지리라 생각했고, 그에게 실패는 세상의 종말을 의미했다. 공감할 수 있는가?

소송에서 이기지 못하거나, 시험에서 B를 받거나, 중요한 경기에서 삼진을 당하면 때로는 부정적인 결과가 있을 수 있다는 현실을 인정해야 한다. 하지만 대체로 그 결과는 성취주의자들의 예상만큼 심각하거나 위험하지는 않다. 사실, 우리 머릿속에서의 일들은 실제보다 훨씬 더 나쁘게 전개되는 경향이 있다. 그리고 아무리 힘든 순간이라도 처음에 생각했던 것보다 훨씬 더 많은 해결책이 있다. 게다가 여기 나 같은 사람들이 당신이 그런 힘든 시기에 대처하는 방법을 가르쳐주기 위해 언제든 대기하고 있다.

● **가치 있게 여겨지고 싶은 욕망**

　우리는 모두 사랑받고 싶어 한다. 자신이 중요한 사람이라고 인정받고 싶어 한다. 이는 인간의 근본적인 본성이다. 또 성취주의자들이 완벽을 추구하는 숨은 이유이기도 하다. 성취주의자들은 반드시 그 사랑을 얻거나 자신의 가치를 증명해야 한다고 믿는다. 그들은 스스로의 가치가 그들이 어떤 사람인지가 아니라 무엇을 성취할 수 있는지와 연결되어 있다고 믿도록 길들여져왔다. 이 잘못된 믿음은 대체 어디에서 오는 걸까? 모두가 매일같이 융단폭격당하고 있는 사회적 메시지와 당신의 부모, 코치, 교사, 상사, 그리고 삶에서 영향력 있는 사람들이 의식적이든 무의식적이든 당신이 '완벽을 추구해야 한다'고 말했을 것이다. 그리고 그들은 당신도 그것을 바란다고 이야기했을 수 있다. 몇몇 성취주의자들은 최고가 되어야만 부모로부터 긍정적인 관심을 받을 수 있었다. 특히 그들의 부모가 정서적으로 자식과 멀거나, 자기애가 강하거나, 압도당하고 있거나, 본인이 성취주의적일 때 더더욱 그렇다. 그렇다면 당신은 아마도 부모의 칭찬, 인정, 애정을 완전한 성취나 승리와 동일시하기 시작했을 수 있다. 아니면 당신을 돌보는 사람들이나 당신이 존경하는 사람들이 일을 정확히 '올바르게' 하지 않는 사람들을 비판하거나 평가절하하는 말을 들었을 수도 있다. 그러한 경험은 당신에게 결과적으로 모 아니면 도라는 메시지를 가르쳤다. 오직 완벽한 사람만이 사랑받을 수 있다고.

많은 고객이 상담을 시작하면서 자신이 어떤 식으로든 '결함이 있는 사람', '하자가 있는 사람', '실망을 주는 사람'이라고 마음 깊은 곳에서 느끼고 있다고 인정한다. 그런 말은 몇 번을 들어도 늘 마음이 아프다. 그들이 자라면서 들었던 가혹한 판단의 말들을 몇 가지 옮겨보겠다. *너는 대체 왜 그 모양이니? 너는 왜 누구누구의 아들이나 딸처럼 되지 못하니?* 최고가 아니라고 해서 받았던 비판적인 반응들, 짜증 섞인 한숨, 수치심, 거부, 심지어는 처벌 등. 그들은 지금 있는 그대로는 부족하다는 메시지들, 즉 수많은 부정적인 신호를 받아왔다. 따라서 완벽주의는 다른 사람들의 사랑, 인정, 수용을 얻기 위한 보상 전략이 되어버렸다. 문제는 이 사랑, 인정, 수용은 쉽게 포기할 수 없는 인간의 기본적인 욕구라는 점이다. 그래서 완벽만이 이 기본적인 욕구들을 충족시키는 유일한 방법이라고 배운 사람들에게는 그것이 마치 생사가 걸린 문제로 느껴진다. 하지만 자신에게 긍정적인 감정을 느끼지 못하는 사람은 자기 잠재력을 극대화하지 못한다.

그렇다면 어떻게 자신에 대해 더 좋은 느낌을 가질 수 있을까? 어떻게 자기가치를 성취와 떼어놓고 생각할 수 있을까? 나는 몇몇 근본적 진실을 받아들이면서 사람들의 인생 전체가 바뀌는 일을 여러 번 보았다.

무엇보다도 중요한 사실은 내면의 가치를 외부에서 인정받아야만 한다면 당신은 만성적인 불안과 더불어 살게 될 거란 것이다.

다시 한번 읽어보라. 중요한 말이니까.

당신의 성취는 그 자체로 중요하다. 그러나 당신은 성취가 아니다. 당신은 당신이 받는 보상, 교육, 은행 계좌, 외모, 재산 등 그 어떤 성취로도 환원되지 않는다. 진부한 말로 들릴 수도 있지만, 당신은 인간이라는 이유만으로 행복할 자격이 있다. 많은 고객이 이 말을 믿기 힘들어한다. 그래서 나는 다음과 같이 극단적인 예를 들곤 한다. "당신의 집 밖에서 다섯 마리의 개미가 방금 죽었다고 해도 당신은 안타깝게 느낄 수는 있지만 일상을 계속할 것입니다. 그렇다면 다섯 명의 사람이 당신의 집 밖에서 방금 죽었다고 말한다면 어떻게 느껴질까요?" 우리는 본능적으로 인간의 존재가 중요하다고 알고 있다. 우리는 개미 이상의 존재다! 하지만 우리는 본능적으로 알고 있는 이 개념을 정작 자신에게는 제대로 적용하지 못하고 있다.

> ### 실천해보기
>
> 나를 따라 말해보라. *"나는 중요한 사람이다. 나는 가치가 있다. 나는 더 행복하게 살아갈 수 있는 인간이다."* 당신은 중요한 사람이다. 지금, 있는, 그대로. 그리고 앞으로도 항상 그럴 것이다. 그 누구도 당신에게서 그것을 빼앗아갈 수 없다. 당신의 상사, 가족, 연인, 선생님이나 코치, 청중, 동료, 비평가, 친구, 심지어 적이라고 하더라도. 물론 당신 자신조차도.

분명히 밝히고 싶다. 당신에게 당신의 욕망, 재능, 야망, 열정, 또는 헌신을 포기하라고 요구하는 게 아니다. 이 책을 읽고 있는 당신은 아마 목표지향적이고 열심히 일하며, 삶에서 자신이 하는 일에 정말 관심이 많은 사람일 것이다. 따라서 당신이 본질적으로 가치 있는 사람이라고 믿으면서 완벽 추구를 그만둔다고 해서 갑자기 당신이 무관심하거나 평범하거나 정체된 사람이 되지는 않는다. 당신은 그런 사람이 아니기 때문이다. 당신의 욕망은 어디로 사라지지 않는다. 다만 당신은 덜 불안해하고 두려움과 걱정에 덜 방해받는 사람이 되어야 한다. 당신은 완벽주의의 숨 막히는 압박, 가차 없는 요구, 떨쳐버릴 수 없는 부담을 느끼는 삶 대신에 자신이 어떤 사람인지를 받아들이고 자신을 잘 돌보면서 의미 있는 목표를 향해 나아가며 탁월성을 추구하는 자유로운 삶을 살 수 있다.

강력한 역설

나를 찾아오는 고객들은 흔히 완벽이라는 기준과 그에 따르는 불안을 놓아버리면 자신이 나태해지고, 경쟁력을 잃고, 목표에 도달하지 못할까 걱정한다. 그들은 마치 도달할 수 없는 기준과 불편함이 있기에 자신들이 뛰어난 성취를 추구하게 된다고 생각하는 것 같다.

  이는 어디에서나 찾아볼 수 있는 대단히 위험한 오해다. 사실은 완벽을 추구하는 대신 탁월성을 추구하는 전환이야말로 당신의 경쟁력을 보호하고 향상시킨다. 왜 그럴까? 완벽에 대한 고집은 결국은 번아웃으로 이어진다. 그 결과 당신은 보잘것없는 사람이 되어버린다. 누구나 알다시피, 지치고 과로하고 압박감에 시달릴 때에는 집중할 수도 없고, 생산성을 높일 수도 없으며, 의미 있는 성과를 내기도 어렵다. 게다가 당신은 그런 당신 자신에 대해서도 좋게 느끼지 못한다.

  결국은 당신의 마음이 중요하다. 어려움을 겪고 있는 친구와 대화하는 상황을 상상해보라. 당신은 그들이 완벽하지 못하다고 질책하지 않을 것이다! 오히려 그들을 격려하고 그들의 장점을 강조하며 그들에게 힘을 불어넣어주려고 할 것이다. 그것이야말로 도움이 되는 방법이니까. 성공을 원한다면, 당신 역시 이런 방식으로 자신과 대화해야 한다.

당신이 중요한 사람이며, 실수를 저지르더라도 가치가 떨어지지는 않는다는 사실을 알고 있다면, 당신은 나태하지 않은 사람이 된다. 나태하기는커녕 힘이 샘솟는다. 당신은 적극적으로 기회를 잡는다. 더 혁신적이고 근면해진다. 그리고 더 열심히 일한다. 이제는 좀 더 균형 잡힌 방식으로 일한다. 이제는 자신을 증명하지 못할까 봐 불안에 떨지 않는다. 처음부터 실패할 수밖에 없는 과도한 성공 기준을 만들지 않기 때문이다. 당신은 자유롭게 새로운 것을 시도하고, 실험하며, 좁은 기준을 벗어나 자신만의 기준에 따라 탁월성을 추구할 수 있다. 그와 동시에 과감하게 기회를 엿보고, 열정적으로 새로운 기술을 발견할 수 있다. 예를 들어, 나를 찾아온 고객 중 많은 이들이 부모에게 인정받기 위해 부모가 원하는 대로 대학 전공과 진로를 선택했다고 털어놓았다. 그러고는 정말 그 선택을 후회했다! 이들이 자신의 기준에 따라 탁월성을 추구하도록 자유롭게 해주자, 이들은 천체물리학에서 동물학에 이르기까지 신이 나서 원하는 분야를 탐구했고, 그 결과 환상적인 학문적 성공을 이루었다!

자, 이제 강력한 역설을 알려주겠다. 일단 당신의 자기가치를 당신의 성취로부터 떼어놓고, 스스로가 인간임을 인정하라(어쨌거나 당신은 인간이 맞으니까). 그러면 당신은 이전에 가능하다고 생각했던 것보다 훨씬 더 많은 것들을 성취할 수 있다. 이제는 두려워할 필요가 없기 때문이다. 당신은 믿지 못해 고개를 가로저을 수도 있다. 하지만 성취주의자인 당신에게 분명히 말한다. 이 역설은 사실이다! 그 만성적인 불안과 실패에 대한 두려움이 이제껏 당신의 에너지를 갉아먹고, 성장과 위대함으로 가는 길을 막고 있었다.

탁월성이라는 해결책

이 장 앞부분에 등장했던 유용한 등식을 기억하는가? 탁월성은 정신적(행복)·신체적(건강)으로 만족하면서 성취를 추구하는 것이다. 자기가치에 대한 믿음에 영향을 주지 않으면서 성공을 추구하는 것이다. 탁월성 추구와 완벽 추구의 근본적인 차이는, 탁월성은 우리에게 실수할 여지를 준다는 점이다. 그리고 우리는 그것이 필요하다. 우리가 이미 알고 있듯이, 사람들은 완벽해지려고 지나치게 열심히 애쓸 때, 다시 말해 가장 똑똑하고 가장 강하고 가장 큰 성취를 이루고 심지어 가장 근사해 보이려고 노력할 때, 엄청난 불안과 불안정에 시달리게 되고 결국은 생산성도 떨어진다. 이러한 기대치를 갖게 되면 당신은 새로운 것을 시도하거나 위험을 감수하거나 회의에서 자기 의견을 피력하거나 다른 사람에게 도움의 손길을 요청하는 게 두려워진다. 그랬다가는 당신이 무능하거나 어리석거나 약하거나 심지어는 '바보'같이 보일까 겁나기 때문이다. 더 나아가 중요한 순간에 실력을 발휘하지 못하거나 스스로 부과한 엄청난 압박감 때문에 일을 미룰 수도 있다. 혹은 좀처럼 방향을 전환하지 못하고 사소한 세부적인 일들에 얽매이며 피드백에 잘 대응하지 못하는 사람으로 낙인찍힐 수도 있다. 의심할 여지 없이 당신이 다른 사람들에게 보이고 싶은 모습과는 정반대의 모습이다.

탁월성은 실패에 대한 만성적인 두려움에서 벗어나서 빛나는 성공을 달성하기 위한 열쇠다. 그렇다고 해서 기준을 낮추라는 이야기가 아니다. 오히려 그 반대라고 할 수 있다. 목표는 높은 기대치를 유지하되, 그에 따른 모든 사소한 실수 때문에 스스로를 비하하지 않는 것이 중요하다.

하지만 완벽 추구에서 우리에게 더 유리한 탁월성 추구로 전환하려면 생각의 전환이 필요하다. 완벽은 엄격하고 경직되어 있지만, 탁월성은 유연하다. 완벽주의의 문제는 스스로에게 압박을 가한다거나 계속해서 최선의 자아가 되려고 꾸준히 노력하는 것 대신 반드시 변치 않는 최고가 되어야 한다고 생각한다는 점이다. 이에 반해 탁월성은 우리의 '최고'란 날마다 다를 수 있다는 사실을 받아들이라고 한다. 시차에 적응하는 중이라거나, 감기에 걸리거나, 실연을 겪는 상황을 생각해보라. 결국, 당신의 최선은 훌륭할 수는 있지만, 항상 100% 상태일 수는 없다. 절대로 실수하거나 패배하거나 실패하지 않을 것이라는 믿음은 당신을 스트레스받고 좌절하고 조급해하고 탈진하고 기가 꺾이게 할 뿐이다. 자신이 신이 아니라는 사실을 받아들이고 그 안에서 최선을 다하는 탁월성 추구는 더 적은 불안과 더불어 앞으로 나아갈 동기를 부여한다. 그리고 어떤 일을 하는 데는 '올바른' 방법이 하나 이상 있다는 사실을 인정하면서 혁신, 성장, 학습, 창의성, 확장의 길이 열린다. 탁월성은 다른 사람을 기쁘게 하기보다는 나의 발전을 우선시한다. 그래서 탁월성 추구란 결과에만 집중하는 대신 추가적인 지식, 전문성, 기술 습득 같은 과정상의 이익을 가치 있게 여기는 태도이기도 하다.

완벽주의의 경직성과 반대로, 탁월성은 더 유용하면서 균형 잡힌 입장을 갖게 해준다. 실수를 두려워하는 대신 실수란 일어날 수밖에 없다는 현실을 인정하며, 그 실수를 통찰력을 얻고, 문제를 해결하고, 생각을 전환하고, 성공을 위한 전략 개선의 기회로 활용할 수 있다. 아래 표를 사용하여 당신이 탁월성을 지향해왔는지 아니면 완벽을 추구했는지를 스스로 평가해보라.

완벽	탁월성
나는 나와 다른 사람들에 대해 비현실적인 기준과 기대치를 갖고 있다.	나는 나와 다른 사람들에 대해 실현 가능한 높은 기준과 기대치를 갖고 있다.
나는 다른 사람보다 끊임없이 뒤처진다고 느낀다. 그래서 늘 피곤하다.	나는 나의 발전에 끊임없이 활력을 얻는다.
나는 성공의 정의를 완벽이라 생각한다. 그래서 편협하고 경직되어 있는 성공의 정의 때문에 답답하다.	나는 성장할 무한한 가능성이 있다.
나는 실수를 절대 받아들일 수 없다고 생각한다.	나는 실수를 좋아하지 않는다. 하지만 실수를 배움의 기회라고 여긴다.
나는 어떤 목표에 이르지 못하는 나를 실패자라고 생각한다.	나는 어떤 목표에 이르지 못하는 것을 그 특정한 목표에서는 실패했다고 생각한다.
나는 결과에만 초점을 맞춘다.	나는 결과와 과정 모두를 중요하게 여긴다.
나는 매우 힘들고 지속 불가능한 리듬으로 살고 있다.	나는 지속 가능한 리듬으로 열심히 일하고 있다.
무엇이 '최고'인지에 대한 나의 생각은 확고하다.	나는 '최고'가 상황에 따라 다른 유동적인 개념이라고 생각한다.
압박을 받으면 동기와 창의성을 잃어버린다.	자유를 느끼면 동기, 창의성, 호기심이 극도로 향상된다.
나는 지금 번아웃으로 치닫고 있다.	나는 삶의 다양한 측면들에 대처할 만한 에너지가 충만한 상태다.
나의 사고방식은 경쟁과 분노를 낳는다.	나의 사고방식은 협력과 감사를 낳는다.
나의 가장 중요한 욕망은 다른 사람을 즐겁게 만드는 것이다.	나의 가장 중요한 욕망은 발전하는 것이다.
나는 보통 내 인생에 실망감을 느낀다.	나는 보통 내 인생에 만족감을 느낀다.

압력밥솥 사고의 허점 찾기

좋아요, 박사님. 그럼 제가 어떻게 완벽을 추구하는 마음에서 탁월성을 추구하는 방향으로 생각을 전환할 수 있을까요? 좋은 소식이다! 당신은 이미 그 기술을 개발하고 있다. 완벽주의에서 탁월성 추구로의 전환은 우리가 전부 아니면 전무라는 생각, 또는 내가 '압력밥솥 생각'이라고 부르는 것을 알아차리고 거기에 구멍을 낼 때 일어난다.

당신은 할 수 있다.

당신이 손전등을 모 아니면 도라는 생각(항상/절대로, 모든 것/아무것도, 완벽한/끔찍한)에 비추고 있다는 사실을 깨달을 때, 당신은 그것들에 초점을 맞추어라. 질문을 통해 그것들의 허점을 찾아내고, 그런 다음 새로이 개선된 자기대화를 이용해야 한다. 이것이 바로 탁월성으로 가는 길이다!

완벽주의와 관련해서 구체적인 단계를 살펴보기로 하자.

우선, 당신이 어디에 손전등을 비추고 있는지 깨달아야 한다.

당신이 여러 가지를 생각하고 있다면, 그중 가장 중요한 것은 무엇인지 파악해보라. 어떤 생각이 당신을 가장 불안하게 만드는가? 예를 들어, 나의 고객 중 하나인 사라는 일에서는 엄청난 성공을 거뒀지만 아직도 독신이라는 사실에 매우 힘들어했다. 대단한 성취를 거두었지만, 사라는 인간관계를 이유로 스스로를 깎아내렸다. 사라는 자신이 '완벽한 커플'이 아니라는 이유로 실패자라고 느꼈다. "제 친구들은 모두 진지한 관계를 유지하고 있어요." 사라는 긴장으로 어깨가 딱딱하게 굳은 채 말했다. "그중 일부는 벌써 결혼했고요. 근데 제게는 아무도 없어요! 저는 완벽한 패배자예요." 세상 모든 사람들이 완벽한 짝을 찾아내는 데 성공했다. 사라 자신만 빼고. 그렇다면 대체 왜 사라만 혼자일까? 나는 사라와 불안에 대해 이야기하면서, 사라를 가장 기분 나쁘게 하는 생각이 무엇인지 알아냈다. 그건 바로 "나는 완벽한 패배자야"라는 생각이었다. 이 전부 아니면 전무라는 생각이 사라의 자신감을 떨어뜨리고 발전을 가로막고 있었다. 사라는 데이팅 앱을 사용하면서 불안을 느끼기 시작했고, 자신이 아직 싱글이라고 밝혀야 하는 대학 동창회 행사 참석도 회피하게 되었다. 자신이 부족하다는 생각에 집착하며 온전한 자신을 부정하는 한, 사라가 사람들 앞에 최고의 자아를 선보일 방도는 없었다.

그래서 우리는 그 완벽주의적인 흑백논리의 허점을 찾아내는 작업을 했다. 이 생각이 *바꿀 수 없는 사실인가?* 아닐 수도 있는 이유는 무엇일까? 그렇다, 사라는 싱글이었다. 그것은 사실이다. 하지만 사라는 이분법을 강요하고 있었다. 파트너가 있거나, 아니면 무가치하거나. 무조건 둘 중 하나였다.

일단 이러한 흑백논리라는 함정에 빠져 있다는 사실을 깨달으면, 다음과 같은 특정 질문들이 그 함정에서 빠져나오는 데 도움이 될 수 있다.

- **내가 고려할 수 있는 더 균형 잡힌 선택지가 있을까?**
- **극단적인 내 생각을 반박하는 다른 사례가 있을까?**
- **나는 스스로 비현실적인 기준을 적용하고 있는 게 아닐까?**

사라는 이 질문들을 심사숙고하면서 더 균형 잡힌 선택지가 있다는 사실을 깨달았다. 사라는 그저 아직 '이상적인 사람'을 만나지 못했을 뿐이다. 또 사라의 인생이 반드시 어떤 정해진 나이까지 사라가 바라는 '완벽'한 상태로 정리되어야 할 필요는 없었다. 친구들에게서 찾아볼 수 있는 열정적인 관계가 겉으로는 완벽해 보일 수 있지만, 많은 진심 어린 대화를 통해서 사라는 그 관계가 눈에 보는 것과 다를 수도 있다는 현실도 잘 알았다. 그리고 사라는 절대 '완벽한 패배자'가 아니었다. 화려한 경력, 든든한 친구들, 그리고 사라가 사랑하는 집을 포함한 다른 많은 놀라운 것들로 가득 찬 삶을 누리고 있었기 때문이다. 사라는 비록 열정적인 관계는 없다 해도 자신이 존경해 마지않는 사람들과 친밀하게 잘 지내고 있다는 사실 또한 깨달았다. 그리고 마지막으로 사라는 비현실적인 기준에 스스로 묶여 있었다. 연애 상대를 찾는 건 오랜 시간이 걸릴 수 있는 일이다. 게다가 어떤 상대를 얻어 '우리'라는 사회적 무장을 한다고 해서, 그 이유만으로 가치 있는 사람이라고 사회적으로 인정받는 것도 아니다. 사라는 그런 '우리' 없이도 이미 충분히 가치 있는 존재다.

이제 얼굴에 안도감이 떠오른 사라가 말했다. "저는 연애 상태를 제 인생에서 가장 중요한 특징으로 생각하고, 항상 그럴 것이라 스스로 되뇌어왔어요. 하지만 이제야 비로소 그게 사실이 아니라는 걸 깨달았어요."

이제 사라가 자기의심과 완벽주의에 불현듯 사로잡힐 때, 그 불행한 상황으로 돌아가지 않도록 인지왜곡을 대체할 믿을 수 있는 좋은 생각을 만들어야 할 차례가 왔다. 사라는 희망의 전환이 필요했다. 다시 말해, 도움이 되지 않는 생각의 실체를 제대로 직시하고, 현실적이며 긍정적인 생각을 더하는 일이 필요했다.

그래서 나와 사라는 브레인스토밍을 통해 "나는 완벽한 패배자야"라는 말 대신 사라의 걱정을 존중하면서도 개선된 내적 독백, 다시 말해 긍정적인 자기대화를 만들었다. "나는 정말로 행복하고 열정적인 관계를 갖고 싶어. 그러나 나는 싱글이면서도 멋지게 사는 사람들을 알고 있어. 지금 내 삶에도 좋은 면들이 많아. 그러니 어떤 한 가지만으로 내가 '완전한 패배자'가 되지는 않아. *언젠가는* 혼자가 아니게 될 수도 있겠지. 어쨌거나 나의 가치는 나의 연애 상태에 따라 규정되는 것이 아니야." 그러곤 가장 기억하기 쉽고 가장 공감되는 점에 초점을 맞추어 메모지에 적어도 될 정도로 짧은 문장을 만들었다. "나의 연애 상태가 나를 정의하지는 않는다."

자, 이제 당신 차례다. 당신의 모 아니면 도라는 완벽주의적 생각 중 하나의 허점을 찾아 극복해보라. 방금 배운 3단계 과정을 사용하여 당신의 압력밥솥 생각을 성공적으로 정복하라. 여기 '실천해보기'에서 직접 해보라.

실천해보기

최근에 겪은 전부 아니면 전무라는 생각을 하나 찾아보라. 그 생각을 했던 상황을 떠올려보라. 그 생각으로 인해 어떤 감정을 느꼈는가? 그리고 그 생각이 어떤 면에서 당신을 멈춰 서게 했는지 생각해보라. 그런 다음, 다음과 같은 질문을 스스로 던져 나만의 근거를 수집하라.

- 내 생각이 *반드시* 사실은 *아닐* 수도 있는 이유는 무엇인가?
- 더 균형 잡힌 선택지는 없을까?
- 인간적인 실수를 두고, 나 자신을 너무 몰아세우고 있지는 않은가?
- 내 자존감을 성과, 외모, 또는 업적과 연결 짓고 있지는 않은가?
- 나 자신에게 비현실적인 기준을 적용하고 있지는 않은가?
- 이 생각은 도달할 수 없는 완벽함에 관련된 것인가, 아니면 탁월성

과 관련된 것인가?
- 내 '항상/절대로' 생각을 반박하는, 다른 일이 일어났던 예외가 있는가?
- 균형 잡힌 시각을 잃은 것은 아닌가?
- 신뢰하는 친구나 멘토라면 내 생각에 대해 뭐라고 말할까?

새롭게 개선된 자기대화를 만들어보고, 하루에 적어도 세 번은 소리 내어 말해보라. 그리고 모 아니면 도 같은 생각이 떠오를 때마다 마음속으로, 또는 소리 내어 새로운 생각을 말하라. 새로운 생각을 말한 후 어떤 감정을 느끼는지 주목하라. 새로운 생각이 믿을 만하고 균형 잡힌 것이라면 기분이 좋아지기 시작할 것이다. 그렇지 않다면, 정확하면서도 도움이 되는 자기대화를 만들 때까지 계속 노력하라.

당신의 행동이 중요하다

훌륭한 삶을 위해서는 생각과 더불어 행동 역시 지속적으로 최적화해야 한다. 기억하라. 감정, 생각, 행동은 서로 떼어놓을 수 없게 연결되어 있다. 따라서 최상의 기분을 느끼고 최선을 다하기 위해서는 우리의 생각과 행동이 반드시 우리를 지지해야 한다. 예를 들어, 만약 사라가 누군가를 만나고 싶어 했다고 하자. 그래서 사라가 자신의 생각을 더 생산적이고 훌륭한 기준으로 대체했다면, 사라는 단계를 밟아 그 생각을 현실로 만들 수 있다. 사라는 데이팅 앱에 가입하거나, 중단했던 앱을 다시 사용할 수 있고, 친구들에게 소개해 달라고 부탁할 수도 있으며, 심지어 커피숍에서 계속 마주치는 귀여운 남성에게 말을 걸 수도 있다.

반대의 경우도 마찬가지다. 사라가 생각을 바꾸지 않고 여전히 자신을 '완벽한 패배자'라고 말하고 있다면, 스스로를 드러낼 자신감이나 에너지가 풍부할 가능성은 매우 적다. 결국, 스스로가 가치 있는 사람이라고 여기지 않는다면, 다른 사람들이 자신을 가치 있는 사람이라고 믿으리라 생각이나 할 수 있겠는가?

자기대화를 재구성하여 완벽주의라는 함정을 피하는 것만으로는 충분치 않다. 우리는 우리의 행동 또한 고려해야 한다. 그런데 성취주의자들에게 가장 흔하고 도움이 되지 않으며 불안을 조장하는 대표적인 행동이 있다. 바로 *회피*다.

회피는 불안의 원인에 직면하지 않으려는 행동이다. 물론 그 결과 당신의 불안은 더욱 악화된다. 회피는 두려움에 직면하여 두려움을 관리하는 방법을 배울 기회를 사전에 앗아가고, 도움이 되지 않는 생각이나 유발할 뿐이다. 예를 들어, 당신은 몇 권의 저서가 있는 유명 작가가 되는 꿈을 꾼다. 하지만 당신은 "내 글이 좋지 않으면 어떡하지? 사람들이 나를 형편없다고 평가할 거야"라고 생각한다. 이런 생각은 당신을 불안하게 만들어 글쓰기를 중단하거나 작품 발표를 주저하게 한다. 아마도 당신은 원고를 구겨 던지며, 이제까지의 모든 시도를 쓰레기통에 던져버릴 수도 있다. 이처럼 당신의 회피 행동은 악순환을 그리며 다시 당신의 생각에 부정적인 영향을 미친다. "나는 작가도 아니야. 여태까지 나는 책 한 권도 내지 못했잖아. 앞으로도 나는 책 한 권조차 내지 못할 거야." 이러한 생각들은 당신의 불안을 계속 증폭시키고 목표를 향해 나아가는 데 필요한 행동을 취할 가능성을 계속 감소시킨다. 종종 일을 뒤로 미루는 모습, 다시 말해 지연행동으로 나타나기도 하는 회피는 당신을 아무런 발전 없이 계속 정체된 상태에 묶어둔다.

직면이야말로 회피에 대한 가장 효율적인 해독제다. 듣기에는 간단하지만 성취주의자들에게는 오히려 어렵게 느껴질 수 있다. 불안을 느끼게 만드는 상황을 오히려 이용하라는 해결 방안은 터무니없어 보일 수도 있다. 하지만 불행히도, 방안의 괴물을 회피한다고 해서 문제가 해결되지는 않는다. 오히려 당신의 불안은 악화될 수 있다. 불안은 마음 깊은 곳에 자리 잡고 점점 더 커져만 간다. "아마도 다시는 글을 쓰지 못할 거야!" 두려움의 대상을 계속 회피만 한다면, 당신은 계속 두려움을 느낄 수밖에 없다.

박사님께 물어보세요

질문 · 저는 정말 최선을 다하고 싶은데요. 대체 왜 이렇게 일을 미루는 걸까요?

박사님의 대답 · 솔직히 말해서, 저는 고객들에게 이런 질문을 많이 듣습니다. 당신과 같은 성취주의자들은 일을 너무도 '제대로' 혹은 완벽하게 하고 싶어 하다 보니, 스스로 심리적으로 불안해합니다. 과제나 프로젝트는 당신의 마음속에서 거대한 괴물이 되어버립니다. 너무나 크고, 너무나 중요해 보이다 보니 어디서부터 시작해야 할지 모릅니다. 그래서 시작조차 못 하고 그냥 미루게만 되는데, 이는 완벽주의, 능력에 대한 자기의심, 그리고 고조된 불안이 결합하여 당신을 마비시키고 있는 결과입니다. 제가 흔히 하는 말이지만, "완벽은 완성의 적입니다!" 다음에도 일을 미루고 있는 자신을 발견하면 이렇게 해보세요.

- 압력솥을 끄세요! 당신은 완벽이 아닌 탁월성을 추구하고 있다는 사실을 떠올리세요. 당신의 프로젝트는 완벽하지는 않아도 훌륭할 수 있습니다.
- 너무도 커다란 하나의 프로젝트라면 전략적으로 더 편하게 접근할 수 있는 작은 조각들로 '쪼개세요'.
- 무엇이든 지금 당장 하세요. 문서를 만들거나 몇 가지 요점을 브레인스토밍해 보세요. 작은 것이라도 성취해내서 빠르게 무기력을 극복할수록, 더 빨리 자신감을 느끼고, 미루기를 극복하고, 마감 시간보다 훨씬 *빠르게* 작업을 완료할 수 있습니다.

다시 말해서, 회피는 불안을 영속화한다. 그와 반대로 직면은 불안을 극복한다.

심리학자로서 오랜 관찰에 따르면 사람들은 두려움에 직면했을 때 느끼는 불편을 *크게* 과장하려는 경향이 있다. 특히 회피로 인해 자초한 불안에 대해서는 더욱 그렇다. 알베르트 아인슈타인은 "지식의 유일한 원천은 경험입니다"라고 말한 적이 있다. 두려움에 맞서고 불편함을 견딜 수 있는지 파악하기 위해서는 실제로 직접 부딪쳐 봐야 한다. 그저 상상만 하고 있을 때가 가장 힘든 법이다! 어쨌든 멈춰 있는 상태에서 벗어나고, 덜 불안해하고, 앞으로 나아가기 위해서는 행동하려는 의지가 있어야 한다. 그리고 완벽하지 않을 가능성을 수용하는 것도 이 행동을 추진하는 의지의 중요한 부분이다.

농구의 전설 마이클 조던Michael Jordan은 "실패를 두려워하지 마세요. 시도조차 하지 않는 것을 두려워하세요"라고 말했다. 완벽이 아닌 탁월성의 영향을 누리기 위해서는 일단 실수를 받아들여야 한다. 로마는 하루아침에 세워지지 않았다. 그러니 그저 무언가를 일단 시도해보아야 한다! 이제까지의 작업을 구겨버리고 화를 내며 자리를 박차고 떠나는 대신, 다시 한번 읽어보면서 스스로 질문을 던져라. 이 부분은 잘되지 않았나? 그리고 다시 시도해볼까 생각도 해보고, 그러면서 당신의 생각을 조금씩 바꿔나가보라. 당신이 편안한 영역에서 순식간에 저 멀리 벗어나 행동해야 할 필요는 없다. 다시 말하지만, 전부 아니면 전무 접근법을 취해서는 안 된다. 일단 작은 단계부터 시작하라. 다음으로 할 수 있다고 편하게 느끼는 단계는 무엇인가? 같은 수준에 있는 동료에게 이메일을 보내되 너무 애써 열심히 쓰지는 마라. 오타가 있더라도 괜찮다고 받아들여라. 정체되어 있거나 작품 제출이 두렵다면, 수업을 등록하거나 글쓰기 코치를 고용하는 방법도 있다. 천천히 조금씩 변화를 만들어갈 수 있다.

    행동을 취한다고 해서 모든 것이 정확히 당신이 원하는 대로 이루어지리라는 보장은 없지만, 적어도 불안으로 인한 마비 상태는 끝낼 수 있다. 아무것도 하지 않는 것보다는, 원하는 것과 다르더라도 어떤 결과든 나오게 만드는 편이 낫다. 완벽하지 않으리라는 두려움에 해야 할 일을 시도조차 하지 않는 것에는 실제적인 부정적 결과가 있기 마련이다. 게다가 자신과 자신의 작업을 세상에 내놓는 데에는 실제로 많은 잠재적 이점이 있다. 시도하지 않으면 결과를 결코 알 수 없으며, 이는 후회와 기회의 상실을 의미한다. 두려움을 회피하는 대신 당당하게 직면하면, 당신은 다음에 올 상황에 대한 대처 능력이 훨씬 향상될 수 있다. 성취주의자인 당신은 동기부여가 되어 있고, 확고한 의지를 갖고 있으며, 열심히 일한다. 당신은 그런 능력을 타고난 사람이다. 그러니 일단 두려움을 직면하고 도전할 수 있으면, 당신의 탁월성에는 한계가 없을 것이다.

실천해보기

완벽함이 아니면 실패라는 사고방식을 진정으로 극복하려면, 새로운 것을 배우는 과정에서 실수를 저지를 수도 있다는 생각을 경험으로 익혀야 한다. 그래서 이번 실천 과제로는, 당신이 이제껏 미루어왔거나 멍청해 보이지 않을까, 어색해 보이지 않을까, 또는 미숙해 보이지 않을까 두려워했던 한 가지를 선택해 직접 해보기를 권하는 바이다.

어떤 활동이든 상관없다! 도예, 댄스, 코딩, 또는 즉흥극 수업, 다 괜찮다. 오픈 마이크open mic(누구나 무대에 올라서 자신이 준비한 공연을 자유롭게 펼칠 수 있는 이벤트. - 옮긴이) 공연, 노래방에서의 열창도 좋다(⟨아이 오브 더 타이거Eye of the Tiger⟩가 어떨까?)! 이전에는 어려워 보였던 콘퍼런스나 워크숍에 참여하거나, 온라인 외국어 클럽에 가입해보라. 요트, 플라이 피싱, 골프, 또는 서핑을 해보라. 피클볼이나 악기 연주를 배워보라.

나는 개인적으로 새로운 장소를 여행하고, 낯선 길을 찾아다니며, 현지인들에게 맛있는 음식점과 재미있는 장소를 추천받는 것을 좋아한다. 이런 상황에서는 아무리 노력해도 세련되고 박학하고 완벽해 보일 방법이 없다. 무엇을 선택하든, 당신이 즉시 능숙해지지 않는 어떤 새로운 일을 해도 견딜 수 있다는 것(어쩌면 즐길 수도 있다는 것!)을 스스로 경험하는 것이 목표임을 잊지 마라.

> **전문가의 조언**
>
> 새로운 활동을 하는 그 순간이 힘들다면, 당신 자신이 아니라 지금 당신이 하고 있는 그 활동에 집중해보라. 당신의 실력 수준을 판단하거나 다른 사람의 시선을 생각하거나, 다른 사람들과 비교하는 데 손전등을 비추지 말고, 그저 당신의 행동에 초점을 맞춰라. 새로운 어떤 것을 배우다 보면 누구나 초보가 될 수밖에 없다는 사실을 받아들여라(당신에게 늘 익숙했던 전문가 역할이 아니다). 이것이 **훌륭한 삶으로 가는 길이다!**

핵심 원칙 #1의 목표는 완벽주의를 버리고 탁월성을 추구하여 우리를 옥죄는 불안감을 해소하고 당신의 여정을 가로막는 근본 원인을 찾는 것이다. 이는 다른 사람과 자신을 비교하는 대신 자신의 가치를 받아들이고, 아무런 도움이 되지 않는 전부 아니면 전무 자기대화의 허점을 찾아내며, 미지의 것에 접근 또는 직면하는 것을 의미한다. 당신은 이미 *훌륭하게 해내고 있다!*

주요 요점

- 완벽주의는 야심에 가득 찬 사람들의 아킬레스건이다.
- 비교의 함정에 빠지지 마라.
- 당신의 내적 가치를 외부의 인정에 기반을 두고 평가한다면, 만성적인 불안 속에서 살게 될 것이다.
- 기억하라. 당신은 개미가 아니다! 당신은 인간으로서 근본적인 가치를 지니고 있다. 그 가치는 당신의 성취, 외모, 성과와는 상관없다.
- 탁월성은 높은 성취와 *더불어* 당신의 인간적인 속성의 여지를 허용한다.
- 직면은 회피에 대한 가장 효과적인 해독제다. 초보자가 되는 것을 두려워 마라!

궁극의 자산인
당신의 에너지에 투자하라

핵심 원칙 #2

건강이 가장 커다란 재산이다.

- 버질 Virgil

당신은 이제 완벽주의는 묻어버리고 훌륭한 모험을 시작했다. 이는 지속 가능한 높은 성취를 달성하는 여정에서 중요한 단계다.

이제 당신은 탁월성을 지속시켜줄 에너지가 있는지 확인해야 한다. 에너지를 지속시키기 위해서는 무엇보다 자기돌봄을 우선시해야 한다.

물론, 알고 있다. 지금 당신은 눈을 굴리며 "정말이세요, 박사님? 자기돌봄이라고요?"라고 중얼거리고 있을지도 모르겠다.

그렇다, 나는 진심으로 자기돌봄이 중요한 일이라고 생각한다. 자기돌봄은 절대 불필요한 일이 아니며, 오히려 단기적으로 높은 성과를 내고 장기적으로 가장 훌륭한 자신이 되는 데 필요한 힘과 체력을 제공하는 연료다. 그렇다, 자기돌봄은 당신의 탁월성 등식에서 건강이라는 요소를 다루고 최적화하는 방법이다.

말문이 막힌다고? 이해한다. 정말이다. 최근 몇 년간 자기돌봄은 거품 목욕이나 차크라 정렬chakra alignment(신체의 주요 에너지 중심으로 여겨지는 7개의 차크라를 균형 있게 조절하는 과정. - 옮긴이) 같은 자기방종self-indulgence과 유사한 뉘앙스의 말로 사용되었기 때문이다. 내가 말하는 자기돌봄은 반드시 그런 종류는 아니다(물론 당신에게 도움이 되는 것이라면 무엇이든 괜찮다). 나는 그저 규칙적으로 자신을 돌봐서 에너지 넘치고, 집중력 있고, 동기부여된 상태를 유지하는 것을 말하고 있다. 아무리 당신이 1리터의 커피만 있다면 잠이 필요 없다고 자랑스럽게 떠벌리는 사람이어도 말이다. 사실 당신의 에너지는 유한하며 결국에는 한계에 부딪히는 때가 오기 마련이다. 따라서 양질의 수면, 운동, 휴식, 즐거운 활동, 건강에 좋은 음식, 충분한 수분 섭취로 활력을 재충전하고 에너지 저장고를 보충해야 한다. 그것이 최상의 상태로 움직이는 방법이다.

번아웃은 현실이다

당신은 지치고 집중력이 떨어진다. 모든 일이 힘겨운 싸움으로 느껴진다. 열정보다는 고갈되었다는 느낌이 들고 조급해진다.

익숙한 이야기로 들리는가? 아마도 그럴 것이다.

그저 남의 이야기로만 들리는가? 그럴 리가.

불안을 느끼는 성취주의자 대부분은 자신에게 항상 생산적이어야 하고, 항상 스스로를 증명해야 하며, '완벽해야' 한다고 되뇌기 때문에(그렇다, 또 그 짜증나는 완벽주의!), 번아웃에 취약하다. 만성 스트레스가 축적되면서 이들은 진이 빠지고, 무기력해지며, 압도감을 느끼게 된다. 나를 찾아오는 고객들은 한목소리로 이렇게 말한다.

"늘 너무 지쳐 있어요."
"지금은 출근이 두려워요."
"그저 일이 짜증 나요."
"평소만큼 생산적이지 않은 것 같아요."
"제가 일을 제대로 하고 있는지도 모르겠어요."

이 말을 정리해보면 이들은 기력이 쇠했다고 할 수 있다.

과도하게 사용한 에너지를 공급해주지 않으면, 결국 전기가 방전된 전자 제품처럼 전원이 꺼질 수도 있다.

번아웃은 극복할 수 있다. 그러나 그보다 먼저 분명히 밝히고 싶은 것이 있다. 자기돌봄 실천과 일상만으로 번아웃을 예방하거나 치유할 수 없을 때도 있다. 캘리포니아 대학교 버클리 캠퍼스 심리학 명예교수 크리스티나 마슬라크Christina Maslach 박사에 따르면 때때로 직장에서의 번아웃은 '개인과 직무 환경 사이의 불일치' 때문에 일어날 수도 있다.[1] 직장에서 관리자의 비현실적인 기대, 동료 간 소통 부족, 자기 업무에 대한 통제력 부족, 불충분한 인력이나 자원 등의 문제를 겪고 있는가? 이럴 때 실천 가능한 자기돌봄은 직장에서 전략적 변화를 만들거나, 더 나은 새로운 직장을 찾는 것을 의미할 수도 있다. 어떤 경우든, 번아웃은 혼자 감당해야 할 문제가 아니다. 과도한 스트레스를 받고 있다면, 반드시 숙달된 정신 건강 전문가의 도움을 받아야 한다.

"네, 하지만…"

성취주의적인 고객들에게 자기돌봄의 이점을 설명하면, 그들은 자기돌봄에 좀 더 마음을 열기는 한다. 하지만 자기돌봄이 경쟁력을 높이고 긍정적인 파급효과가 있으며 번아웃에 대한 강력한 방어책이라는 사실을 알더라도 여전히 그들은 "네, 하지만…" 식의 답변을 제시한다. 그들이 망설이는 이유가 설득력 있고 합리적인 변명처럼 보일 수도 있다. "정말 휴가를 갈 수 없어요. 마감일이 코앞이에요!" "시간에 맞춰 잠자리에 들 여유가 없어요. 오늘 밤 제안서를 마무리해야 해요!"

아마도 당신 역시 자기도 모르게 "네, 하지만…" 식의 합리화를 하고 있을 것이다! 이제까지 우리는 어떤 '생각'이 있으면 먼저 그 생각을 파악하고, 검토하고, 그 생각이 반드시 사실이 아닐 수도 있다고 생각해보라고 배웠다. 당신의 일상에 자기돌봄 행동을 추가하는 방법에 관한 실제적인 이야기를 하기 전에, 먼저 그 "네, 하지만…" 생각의 허점을 찾아내보기로 하자. 손전등을 꺼내라! 그리고 가장 흔한 네 가지 자기돌봄 변명 범주들을 살펴보기로 하자.

● **시간이 없어요**

나는 이 말을 자주 듣는다. 이해한다. 수많은 과제를 수행하거나 달성하기 위해 과도한 스트레스를 받고 있다면, 휴식은 생각조차 못할 일이다! 동력을 잃으면 어쩌나? 또는 상사가 보고 있으면 어쩌나? 아무리 사람들이 휴식이 당신의 건강에 중요하다고 말해도, 지금 당장은 할 일이 너무 많아서

도저히 할 수 없다고 느낀다면 어떻게 해야 할까? 사실, 산책처럼 간단하지만 짧은 자기돌봄이어도 실제로 경쟁력 향상에 도움이 된다. 2014년 스탠퍼드 대학교 연구에 따르면,[2] 산책은 창의적 결과를 '평균 60퍼센트 증가' 시켰다. 게다가 "이 창의적 생각은 산책 후 곧바로 앉아도 계속 흘러나왔다."[3] 물론 그렇다고 해서 회의 사이마다 무조건 한 시간 산책을 끼워 넣어야 한다는 말은 아니다. 건물 블록 주변을 15분 산책하거나 트레드밀 위에서의 짧은 산책 역시 주목할 만한 결과를 보였다.[4] 그러니 계속 움직여서 계속 혁신하라!

실천해보기

꽉 짜인 일정이 자기돌봄에 걸림돌이 되어선 안 된다! 과도하게 바쁠 때라면 일상적인 병원 진료 예약, 운동, 심지어 식료품 쇼핑 계획조차 버거운 일이 될 수 있다.

치아 위생보다 머리 염색이 중요했던 리즈는 거의 2년 동안 치과에 가지 않았다고 수줍은 듯이 내게 고백했다. 마침내 치과에 가보니 두 개의 새로운 충치가 발견되었고, 그 결과 치료에 상당한 시간이 필요했다. 리즈처럼 성취욕이 강하면서 바쁜 사람들은 흔히 건강 문제가 불거질 때까지 자기돌봄을 미루는 경향이 있다. 하지만 사전에 대비함으로써 불필요한 고통을 예방할 수 있다.

필요한 병원과 치과를 미리미리 예약해 두고, 명확한 목적에 따라 시간을 전략적으로 할당하라.

이제는 자문해볼 때이다. 올해 연례 건강검진을 받았는가? 지난 6개월에서 12개월 사이에 치과를 방문했는가? 그렇지 않다면, 당장 전화기를 들어 예약하라.

● **자기돌봄은 이기적인 것 아닌가요?**

아니다. 전혀, 그렇지 않다. 자기돌봄은 모든 인간에게 필요하다. 특히 지속적인 탁월성을 추구하는 사람들에게는 더욱 그렇다. 결국, 연료 없이는 F1에서 이길 수 없지 않은가!

이기심과 자기돌봄 사이에는 중요한 차이가 있다. 이기적인 행동은 다른 사람들에게 해를 끼치면서 자신에게는 이익을 준다. 반대로, 자기돌봄은 당신과 더불어 다른 사람들에게도 이익이 된다. 자신의 산소마스크를 먼저 착용해야 다른 사람들을 더 잘 도울 수 있다는 비유가 있다. 하지만 나는 여기에 고려해야 할 점 한 가지를 늘 놓치고 있다고 생각해왔다. 이 비유에서 가장 중요한 사실은 우리가 숨 쉴 *자격이 있기에* 우리 자신의 산소마스크를 먼저 착용해야 한다는 점이다! 이는 성취주의자들에게는 특히 중요한 개념이다. 이런 사람들은 자신이 노력을 통해 성취를 거두고 결국 그 자격을 얻었다고 믿지 않으면, 자신에게 산소마스크가 필요하다는 사실부터 인정하지 않는다. 더 나아가 애당초 자신이 숨을 쉴 자격이 없다고 느낄 가능성이 높다.

마찬가지로, 당신은 자신의 건강을 존중할 자격이 있다. 게다가 사랑하는 사람들부터 동료, 이웃에 이르기까지 모든 관계에 에너지를 쏟기 위해서는 먼저 자기돌봄이 필요하다. 스스로를 돌보는 것은 단순히 개인적인 행위에 그치지 않고, 주변 환경과 사람들에게도 긍정적인 영향을 확산시킨다.

● **아직 자기돌봄을 할 만큼 "이루어낸 것"이 없어요**

정말 큰 문제다. 나의 상담실을 찾는 정신없이 바쁜 사람들은 아직 휴식을 누릴 만큼 충분히 성취하지 못했다고 생각하며, "이번 일을 끝내고 난 다음에는 반드시 나를 우선시하기 시작할 거예요"라는 식으로 말한다. 그리고 다음 상담에서는 어떤 일이 일어날지 충분히 그림이 그려질 것이다. 그 사람에게는 끝없이 프로젝트가 이어진다. 성취주의자는 불안에 시달리면서도 성공을 위해서라면 고통은 겪어야 하고, 자신이 대체 불가능한 존재라는 것을 증명하기 위해서라면 웰빙 따위는 희생해야 한다고 믿을 수도 있다. 이는 자기돌봄을 미루는 경향을 영속화하는 악순환이다. 점점 악화되기만 하는 악순환인 것이다.

그리고 목표를 달성한 *다음*에나 자기돌봄을 실천하겠다는 태도에는 문제가 있다. 우선, 목표는 항상 움직인다. 최고의 성과를 추구하는 사람인 당신은 항상 오르고 싶은 새로운 언덕을 찾으려 든다. 하지만 정작 당신이 스스로를 돌보지 않으면, 당신의 성취 능력이 가장 큰 피해를 본다. 그리고 아무리 효율이 뛰어난 배터리라도, 단 한 번 충전만으로는 능력을 지속할 수 없다. 실제로 뇌를 깨우는 간식, 물 한 잔, 산책, 또는 친구와의 짧은 대화 등을 통한 잠깐의 재충전은 당신의 에너지를 보충하고 건강하고 튼튼한 상태로 프로젝트를 마무리할 수 있게 해준다. 나는 개인적으로 일과를 시작하기 전 단백질 음료, 큰 머그잔에 가득 채운 녹차, 그리고 다크 초콜릿을 준비한다.

가장 중요한 진실을 다시 한번 말하겠다. 당신은 개미가 아니다. 기억하는가? 당신은 자기돌봄을 '힘들여 얻어내야 하는' 것으로 여겨야 할 필요가 없다. 당신은 인간이기에 이미 자신을 잘 돌볼 자격이 있다. 당신의 건강과 행복은 중요하다. 당신은 소중한 사람이기 때문이다.

행동은 생각에 영향을 미친다. 그래서 자기돌봄을 통해 당신이 중요한 사람이라는 사실을 스스로에게 보여줌으로써 자신에 대한 생각을 개선할 수 있다. 자기돌봄이야말로 자신을 위해 시간을 낼 수 있다는 구체적인 증거다. 병원 예약 시간에 맞춰 가거나 몸에 좋은 음식을 사러 슈퍼마켓에 가거나, 고대할 만한 일을 만들기 위해 좋아하는 밴드의 공연 티켓을 구매하는 행동은 당신이 자신의 행복과 웰빙을 위해 시간,

돈, 에너지를 쓸 가치가 있는 사람임을 보여준다. 이러한 행동들은 당신이 본래 가지고 있는 가치를 적극적으로 존중하는 방식이며, 스스로에 대한 생각에 긍정적인 영향을 미친다.

이제 모두 함께해보자! 더 나은 자기돌봄은 더 나은 자기대화로 이어진다.

● **필요 없어요, 전 괜찮아요**

성취주의자들은 흔히 자신의 탈진과 압도된 상태를 별것 아니라고 생각한다. 그러한 상황이 불가피했다거나, 같은 압박을 받으면서도 '쉽게' 버티는 다른 사람을 가리키며 자신도 버틸 수 있다고 한다. "괜찮을 거예요, 박사님" 그들은 말한다. "이 프로젝트만 끝나면요." 하지만, 때로는 번아웃이 당신의 기분, 에너지, 지속력에 부정적인 영향을 미칠 때까지도 그 경고신호를 알아차리지 못할 때가 있다. 그러니, 주의하라! 실행 가능하고 즐길 수 있는 자기돌봄을 지속적으로 추구하는 게 바로 번아웃을 예방하는 백신이다.

좋다! 이제 당신은 "네, 하지만…" 생각을 정복했으니, 당신의 성공과 웰빙에 가장 큰 보상을 주는 자기돌봄의 기본 사항들에 전략적으로 투자할 시간이다.

자기돌봄에 S.E.L.F. 넣기

그러면 자기돌봄을 어디에서부터 시작해야 할까? 간단히 S.E.L.F.로 시작해보자. 수면Sleep, 운동Exercise, 기대할 거리Look Forward 그리고 연료Fuel의 줄임말이다. 이 기본 요소들은 에너지를 최대한 높게 유지하여 당신이 건강하고 행복하며 높은 성과를 낼 수 있도록 만들어준다. 분명 이전에도 이런 주제들에 관한 이야기들을 수없이 들어봤을 것이다. 하지만 나를 찾아오는 많은 고객들은 여전히 이 주제를 자신들의 삶에 쉽게 적용하지 못하고 있다. 나는 더 창의적이고 도전적인 자기돌봄 전략보다는, 당신의 일상적인 습관을 건강하고 실행 가능하며 지속 가능한 것으로 만드는 데 집중하기를 바란다. 그럼 시작해보자!

● **수면**

최고의 성공을 추구하는 사람들에게 충분한 수면은 절대적으로 중요하다. 연구에 따르면 만성적인 수면 부족은 기억력, 주의력, 집중력 그리고 의사결정 능력에 부정적인 영향을 미친다. 충분한 휴식을 취하지 않으면 업무 성과 저하, 건강 문제(고혈압, 당뇨병, 비만 등) 증가 위험 그리고 기분 문제와 인간관계 문제가 발생할 수 있다.[5] 성인의 경우 하루 최소 7시

간 정도의 충분한 수면[6]은 생산성, 문제 해결 능력, 기억력, 집중력 향상에 도움이 된다.[7]

바라는 목표는 각자 다를지 모르지만, 어쨌든 좋은 수면은 필수적이다.

나의 고객 중에는 다니엘이란 사람이 있었다. 그녀는 불과 4~5시간을 자다가 일관성 있게 잠자는 시간을 7시간으로 늘린 후, 사무실에서 더 효과적으로 일할 수 있었을 뿐만 아니라 룸메이트들과 다투는 빈도가 눈에 띄게 줄어들었다고 놀라워했다. 이는 모두에게 이익이 되는 결과였다.

> **전문가의 조언**
>
> 고정된 기상 시간을 정하라. 매일 같은 시간에(혹은 30분 이내의 범위 안에서) 일어나면서 많은 사람의 수면의 질이 바뀌었다. 정해진 기상 시간을 지키면 더 쉽게 잠들고, 더 깊은 수면을 즐기며, 밤중에 깨는 횟수도 줄일 수 있다.[8] 특별한 커피 한 잔이나 아침 샤워와 같은 보상으로 이 습관을 유지하도록 스스로를 유혹해보라.

● 운동

그렇다, 나는 알고 있다. 사실 우리는 모두 초등학교 때부터 규칙적인 신체 활동이 얼마나 중요한지 들어왔다. 하지만 그렇다고 해서 이 부분을 건너뛰지는 않았으면 한다. 당신은 운동이 번아웃 극복에 가장 큰 효과가 있다는 사실을 알고 있었는가? 에밀리 나고스키Emily Nagoski 박사와 아멜리아 나고스키Amelia Nagoski 박사가 〈뉴욕타임스New York Times〉 베스트셀러 《재가 된 여자들》에서 지적했듯이, "말 그대로 몸의 모든 움직임을 포함하는 신체 활동은 번아웃과의 싸움에서 당신이 기댈 수 있는 첫 번째 대응책이다."[9] 스트레스 반응(일명 '투쟁-도피 반응fight-or-flight(인간이나 동물이 위협적인 상황에 직면했을 때 나타나는 본능적인 생리적 반응. - 옮긴이)')을 보일 때, 우리 몸에서는 스트레스 호르몬인 코르티솔과 아드레날린 분비가 증가한다.[10] 운동은 이러한 호르몬 수치를 낮추는 효과적인 방법이다.[11] 실제로, 《재가 된 여자들》의 저자들에 따르면 "신체 활동은 스트레스 반응 주기를 끝내는 가장 효율적인 전략이다."[12] 안타깝게도 만성적인 스트레스 반응 활성화와 코르티솔 수치 상승은 두통, 소화 문제, 근육긴장 및 통증, 체중 증가, 기억력과 집중력 문제, 수면 문제, 불안, 우울증을 포함한 다양한 정신·신체적 건강 문제를 일으킨다.[13] 따라서 스트레스를 관리하고 코르티솔을 억제하기 위해서라도 매일 신체 활동을 우선시해야 한다.

하루에 30분 이상 자신에게 맞는 방식으로 몸을 움직이다 보면 기분과 마음의 전체적인 변화를 느낄 수 있다. 장기적으로는 경력 초반에 번아웃되느냐, 아니면 일할 만큼 일하고 평생 공로상을 받느냐의 차이를 만들어낼 수도 있다. 저는 운동화와 덤벨에 감사하고 싶습니다! 여러분 없이는 해낼 수 없었을 거예요. (평생 공로상을 받는다고 가정하고 사람들 앞에서 하는 연설을 패러디하고 있다. - 옮긴이)

> **전문가의 조언**
>
> 당장 운동을 위한 구체적인 방법 중 하나로 '걸으며 대화하기'를 시도해보라. 일주일에 한 번 친구와 통화하고 산책하면서 근황을 나눠보라. 날씨가 좋지 않으면 집 주변을 걸어 다닐 수도 있다! 사전에 걸음 수를 확인해 두면, 짧은 시간 동안 얼마나 많은 걸음을 걸을 수 있는지 알게 되어 깜짝 놀랄 것이다.

● **기대할 거리**

친구들과의 저녁 식사, 영화 관람, 고풍스러운 거리에서의 윈도쇼핑. 손꼽아 기다릴 만한 즐거운 활동들을 계획하고, 실제로 그 정해진 일을 수행하는 것은 우리의 삶을 더 만족스럽고 더 힘이 나고 더 풍성하게 만들 수 있다. 긍정적인 어떤 것에 대한 *기대*만으로도 강력한 효과가 있다. 실제로 숀 아처가 《행복의 특권》에서 설명하듯이, "미래의 보상은 기대만으로도 실제 보상받을 때와 마찬가지로 뇌의 쾌락 중추를 활성화시킬 수 있다."[14] 따라서 "이 멋진 콘서트에 갈 거야" 혹은 "퇴근 후 마사지를 예약했어. 정말 기대돼!"라고 자꾸 스스로 상기하다 보면 당신의 생각, 감정, 행동에 긍정적인 영향을 미쳐 더 균형 잡힌 생각을 촉진하고 스트레스 관리에도 도움을 줄 수 있다. 매일 아침 무언가를 기대하며 일어나는 삶이란 얼마나 좋은가!

그렇다면 무엇이 즐거운 활동일까? 당신이 즐겁게 하는 모든 것이다. 때로 나의 고객 중에서는 자신이 무엇을 즐기는지 떠올리는 것마저 힘들어하는 사람이 있다. 아마 당신도 그럴 수 있다. 어쩌면 당신은 당신에 대한 성공 기대치가 높았던 가정에서, 항상 빡빡한 일정 속에서 자라났을 수도 있다. 그렇다면 아마도 성취와 관련 없는 것 중에서 당신은 무엇을 하고 싶은지, 또는 좋아하는지 단 한 번도 질문받아본 적이 없었을 수도 있다. 그런 당신이 이제야 혼자 앉아서, 마음의 속도를 늦추고, 내가 좋아하는 게 무엇이었더라 생각해내기란 어려울 수도 있다. 괜찮다! 사실은 아주 작고 사소한 즐거움도 커다란 차이를 만들 수 있다. 그래서 처음에 즐거운 활동 계획이 부담스럽게 느껴진다면, 내가 '일상의 작은 기쁨'이라고 부르는 것부터 시작해보라. 하루 내내 짧은 즐거움을 줄 수 있는 것들이다. 예를 들어, 라벤더 향 핸드 로션 바르기, 좋은 펜 사용하기, 아침에 단 5분만이라도 일과 상관없는 책을 들고 즐겁게 읽기, 심지어 다크 초콜릿 한두 조각 먹기

등. 오, 세상에! 생각만 해도 좋다! 이 모든 것은 당신의 관점을 개선하고 번아웃을 완화하는 데 도움이 된다. 이상적으로는, 이 '작은 기쁨'과 즐거운 활동 모두를 주간 일정에 통합하는 것이 좋지만, 일단 어느 하나라도 시작하고 보라.

> **전문가의 조언**
>
> 이러한 활동들은 실제로 즐거운 일이어야 한다. 성취주의자들은 즐거운 일 대신 생산적인 일에 끌리는 경향이 있다. 하지만 우리의 목표는 당신에게 하고픈 일을 주는 것이기 때문에, 그 활동은 당신이 해야 할 *필요가 있거나 해야만 하는* 것이 아니라 당신이 하고 싶은 것이어야 한다. 나의 고객 루시에게 일주일에 어떤 일을 넣을 수 있는지 물었을 때, 루시는 "음, 진공청소기를 돌릴 시간을 내야겠다고 생각하고 있었어요"라고 말했다. 청소가 좋다면 그것도 좋은 일이다. 그래서 나는 루시에게 스스로 물어보라고 권했다. "이 일이 내가 정말 손꼽아 기다리며 하고픈 일인가요?" 이 질문에 대한 그녀의 대답은 단호한 "아니요"였다. "그렇다면 그건 즐거운 활동이 아닙니다" 나는 설명했다. "그 활동은 할 *만하고, 즐겁게* 느껴지는 일이어야 하며, 어떤 식으로든 스트레스가 되지 않아야 합니다."

스트레스를 받고 기진맥진한 상태에서 누군가가 당신 기분을 좋게 만들어줄 모든 일을 나열하고 있다면, 그건 또 그것대로 힘든 일이다. 그러한 행동은 오히려 긴장을 더할 따름이다. 그래서 나는 매주 당신이 손꼽아 기대할 만한 구체적인 *하나*를 계획하라고 권한다. 단 한 가지다.

고객들은 이 전략을 실천한 후 나에게 결과를 이야기하며, 그냥 뭔가 좋은 것을 *기대하는* 것만으로도 에너지가 상승하는 데 놀랐다고 했다. 바로 이것이야말로 자기돌봄을 진지하게 고려하는 데 필요한 작은 시작점, 다시 말해 첫 한 걸음이다.

즐거운 활동을 위한 시간을 내다보면 불안도 덜 느끼고, 더 많은 에너지를 얻는 데 도움이 될 것이다. 정말이다.

실천해보기

이번 주에 실천에 옮길 적어도 한 가지의 즐거운 활동을 선택하라. 당신이 손꼽아 고대할 만한 것이어야 한다. 달력에 표시하고, 그 일을 하겠다고 약속하라. 그리고 즐겨라!

보너스 충고: 고대하는 활동이 예정된 며칠 전, 적어도 두 번의 일정 알림을 추가하라. 그래서 계획한 일을 *기대하는* 데서 오는 부가적인 에너지 상승효과도 누려라.

● **연료**

일은 바쁘고 마감일은 다가오면 수분 섭취와 규칙적인 식사마저 기억하기 어려울 때가 있다. 하물며 건강에 좋은 음식 선택은 말할 것도 없다. 하지만, 재충전은 정말 필요하다. 당신의 몸과 그리고 마음을 위해서. 《역설계》의 저자인 심리학자 론 프리드먼Ron Friedman 박사는 〈하버드비즈니스리뷰Harvard Business Review〉에서, "음식은 우리의 인지능력에 직접적인 영향을 미칩니다…. 우리가 먹는 대부분은 몸에서 포도당으로 전환되며, 이 포도당은 뇌가 각성 상태를 유지하는 데 필요한 에너지를 공급합니다. 이 포도당이 부족할 때, 집중력을 유지하기 어렵고 주의력이 흐트러집니다. 우리가 빈속에 집중하기 어려운 이유는 바로 이 때문입니다"라고 말한다.[15] 그래서 프리드먼 박사는 더 적은 양을, 더 자주 섭취하는 식사가 도움이 된다고 강조한다. 이러한 유형의 식사는 급격한 혈당 저하나 상승을 막아준다. 혈당이 중요한 이유는 생산성과 밀접한 관련이 있기 때문이다. 프리드먼 박사는 여기에 더하여 사람을 '혼미하게' 만드는 (예를 들어 고지방) 음식이나 설탕 섭취 후 '기운 빠짐'을 유발하는 (시리얼이나 탄산음료 같은) 음식은 전략적으로 선택하지 말아야 한다고 제안한다.

따라서, 지속적으로 에너지를 활성화하는 고품질 음식으로 스스로에게 연료를 공급하는 행위의 투자 대비 수익률 ROI(return on investment. 특정 투자에 대해 발생한 이익이 얼마나 되는지를 평가하는 지표. - 옮긴이)은 매우 크다. 나의 고객 헬렌은 몇 가지 몸에 좋은 변화를 시도한 후, 집중력이 좋아지고 더 많은 에너지를 확보하여 공부한 결과 기말고사에서 더 좋은 성적을 받았다. 그녀가 한 일이라고는 그저 아침에 시간을 내어 단백질(계란과 채소 오믈렛이나 단백질 셰이크)을 먹고, 호두, 베리류, 아몬드 버터를 바른 슬라이스 사과 같은 영양가 있는 간식을 가방에 챙겨 다닌 것이 전부였다. 그녀의 건강한 행동은 친구들과 동급생들 일부에게까지 영향을 미쳐, 그들 역시 자기돌봄을 시작하는 계기가 되었다.

> **전문가의 조언**
>
> 마음에 평화로운 순간이라는 연료를 공급하는 것도 잊지 마라. 하루 중 조용한 시간은 당신의 뇌가 휴식하고 재충전할 수 있는 시간이다. 대체로 하루에 최소 5분 동안의 정신적 휴식을 목표로 하라. 조용히 앉아 있거나 걷기, 명상하기, 또는 깊은 호흡을 해라. 혹은 그저 자연 속에서 가만히 앉아 있거나 걷는 것도 좋다. 머리에는 여전히 여러 생각들이 스쳐 지나갈 것이다. 괜찮다. 그저 아무것도 증명하거나 판단하거나 생산하거나 평가하려 들지 말고 가만히 앉아만 있으면 된다.

몸과 마음 모두에 연료가 충만한 상태를 유지할 수 있다면 당신의 현재, 그리고 미래의 꿈과 목표를 달성하는 데 필요한 에너지 역시 충만할 것이다.

...

나 자신이 S.E.L.F.를 실천해야겠다고 생각할 때마다, 20대 후반이란 젊은 나이에 비영리단체에서 일하던 나의 고객 아그네스가 떠오르곤 한다.

어느 날 상담이 끝나갈 무렵 아그네스에게 질문을 던졌던 그 순간을, 나는 절대 잊지 못할 것이다. "끝내기 전에 하고픈 말이 있나요?"

아그네스는 끝도 없는 해야 할 일 목록에 압도된 상태에서, 애원하는 듯한 눈빛으로 나를 보며 대답했다. "오늘 하루 남은 시간을 어떻게 버텨야 할까요?"

아! 바로 그 순간, 나는 아그네스가 일로 인한 번아웃으로 얼마나 심하게 고군분투하고 있는지를 비로소 깨달았다. 아그네스의 가슴 아픈 질문은 성취주의자들의 문제를 인식하는 데 있어 중요한 전환점이 되었다. 문제 많은 업무 환경, 일주일 내내 즐겁거나 편안한 일이라고는 하나도 없는 상황, 그리고 만성적인 수면 장애는 아그네스를 탈진시키고 기력을 고갈시켰다. 나는 더 높은 수준의 인지적 개념 논의는 사치에 불과하니, 아그네스의 기분을 나아지게 할 수 있는 구체적인 행동에 집중해야 한다는 결론을 내렸다. 그것도 당장.

지금 이 순간 숨도 쉬지 못할 정도로 압도당하고 있지는 않은가? 이렇게 해보라!

이제까지 우리는 불안과 맞서 싸우기 위한 장기적인 전략을 열심히 찾아왔다. 하지만 때로는 순간순간의 스트레스를 처리해야 할 때도 있다. 특히 그 걱정이 당신의 생산성, 마음의 평온, 그리고 하루를 대처할 수 있는 능력을 방해할 때는 더더욱 그렇다.

다음은 필요할 때 사용할 수 있는 믿을 만한 전술들이다. 단순해 보일 수도 있지만, 정말 효과가 있다. 그리고 업무 스트레스가 최고조에 달했을 때는 이 간단한 사항들조차 기억하기 어려울 수도 있다. 따라서 다음에 어떤 일로 숨이 막혀온다면 다음과 같이 하라.

1. **깊은숨을 세 번 쉬어라.** 코로 천천히 숨을 들이마시고 입으로 내쉬면서 배가 오르내리는 것을 느껴보라. 스트레스 해소와 긴장 완화에 도움이 될 것이다.[16]

2. **목록을 작성하라!** 종이와 펜을 집어 들거나 스마트폰의 메모 앱을 사용해서 해야 할 일들을 적어보라. 이는 압도감에 집착하는 대신, 당장 구체적이고 유용한 활동으로 주의를 돌리는 데 도움이 될 것이다. 그리고 통제력, 집중력을 향상시키고, 마음의 평온을 촉진할 것이다.[17] 그런 다음, 스스로에게 물어보라. 무엇을 *해야 하는가?* 끝내야 할 가장 중요한 일이 무엇인지 파악하라. 오늘 모든 일을 다 할 수 없을 수도 있다는 사실을 받아들여라. 전략적인 계획이 있을 때 마음의 평화와 생산성 모두가 향상된다.

3. **소음을 줄여라.** 한 번에 한 가지 일을 끝내는 데 집중하라. 연구에 따르면 멀티태스킹보다는 모노태스킹이 훨씬 더 효과적이다. 우

리 두뇌는 하나의 초점에 맞춰 설계되어 있기 때문이다. 따라서 이리저리 주의를 전환하며 작업하다 보면 효율성은 떨어지고 실수도 더 자주 저지르게 될 수 있다. 특히 복잡한 작업일 경우에는 더욱 그렇다.[18] 작업 중에는 정신을 산만하게 만들 수 있는 방해 요소를 최소화하라. 전화기를 무음으로 설정하고, 소셜 미디어를 멀리하며, 주의를 분산시킬 수 있는 모든 것을 피하라.

4. **통제 가능한 것을 통제하라.** 자기돌봄과 자기대화를 당신의 지원군으로 이용하라. 스스로 점검해보라. 물이 필요한가? 음식은? 다음 일을 하기 전에 몸을 움직이거나 화장실에 갈 시간이 필요하지는 않은가? 손전등을 어디에 비추는지를 눈여겨보라. 간단하고 도움이 되는 자기대화를 이용하여 계속 앞으로 나아가라. 스스로 상기하라. 넌 할 수 있어!

5. **즐거운 활동을 계획하라.** 하루의 일이 끝날 때 손꼽아 고대할 수 있는 구체적인 보상 하나를 생각해보라. 친구와 어울리는 것도 좋고, 당신이 빠져 있는 드라마를 챙겨 보는 것도 상관없다. 스스로 터널 끝의 빛을 마련해주어라!

상담실을 떠나기 전 아그네스가 내 앞에 앉아 있을 때, 나는 아그네스에게 깊은숨을 몇 번 쉬게 하고, 호흡을 내쉴 때 길게 내쉬는 데 집중하라고 했다.

그러곤 아그네스를 안심시켰다. "이 어려운 순간을 이겨낼 거예요. 지금은 압도당한 느낌이지만, 정말로 괜찮을 거예요."

아그네스가 조금 차분해지자, 우리는 그날 남은 시간 동안 아그네스가 실천할 자기돌봄 계획을 짰다. 아그네스는 공원을 통과하는 먼 길을 선택하여 직장으로 돌아가면서 다리를 스트레칭하고, 갓 핀 꽃들을 구경하고, 직장 근처 카페에 잠깐 들러서는 좋아하는 아이스티를 한잔 사서 마실 것이다. 그리고 사무실로 돌아간 후에는, 나의 도움을 받아 아그네스가 우선순위에 따라 전략적으로 설정한 중요 업무 순으로 일을 할 것이다. 마지막으로 아그네스는 그날 밤 친구에게 연락해서 수다를 떨 계획을 세웠다.

아그네스는 그렇게 기분도 좋아지고 평소의 생산적인 자신으로 돌아가기 위해 무엇이든 해보고자 하는 원동력을 얻었다. 아그네스는 충분히 나쁜 상황에 빠져 있었기에 진정 변화를 바라고 있었다. 아그네스는 번아웃을 극복하기로 결심하고, 이후 몇 달에 걸쳐서 자신이 좋아하는 창의성 넘치는 취미를 되찾고 친구들과의 정기적인 만남을 계획하는 등 일상생활 속에서 자기돌봄 행동을 실천하기 시작했다.

실천해보기

많은 사람들이 번아웃을 정신적인 문제라고만 생각하지만, 성취주의자들은 실제로 상당수가 신체적인 증상으로도 번아웃을 겪는다. *파티는 끝나지 않는다!*(사람들의 육체적·정신적 피로와 고통은 끝나지 않는다. - 옮긴이) 나의 고객들은 일상적으로 다음과 같은 통증을 겪는다. 당신도 그런가? 이러한 문제들을 해결하는 데 도움이 될 만한 맞춤형 자기돌봄 방법들이 있다. 하나를 선택해 당장 시도해보라!

만성적으로 긴장된 근육. 당신은 아마도 이를 꽉 물고 있거나, 어깨가 귀에 닿을 정도까지 올라가 있거나, 목과 어깨가 뻣뻣하고 아플 수 있다. 긴장된 근육을 완하하고 싶다면 다음과 같이 하라.

- 하루 중 몇 번이고 5분씩은 일어나서 스트레칭하라. 시간을 내어 움직이는 행동은 매우 중요하다. 오랜 시간 앉아 있는 것은 위험하다!
- 최소 한 달에 한 번 마사지를 받거나 엡솜 소금Epsom salt(마그네슘과 황산염으로 구성된 천연 미네랄로, 피부를 통해 흡수되면 몸의 피로와 통증을 완화하는 데 도움이 된다고 한다. - 옮긴이) 목욕을 하라.[19]
- 정기적으로 자세를 확인하라. 구부정한 자세라면, 똑바로 앉거나 서라. 또한 목 긴장을 예방하기 위해 컴퓨터 화면은 반드시 눈높이에 맞춰라.[20]
- 근육을 긴장시켰다가 이완시키는 연습을 해보라. 점진적 근육 이완법PMR은 언제 근육긴장이 일어나는지를 파악하고, 긴장을 효과적으로 해소하는 데 도움이 될 수 있다. 이 강력한 긴장 해소법은 수면 개선에도 도움이 될 수 있다.[21] 헤드스페이스Headspace나 캄Calm 같은 명상 앱에서 PMR을 배울 수 있다.
- 하루에 최소 한 번은 산책하라.
- "떨쳐버려라!" 일어나서 최소 한 곡의 노래에 맞춰 춤을 춰보라. 말 그대로 몸에서 스트레스와 긴장을 흔들어 떨쳐버려라. 효과적이면서도 즐거운 시간이 될 것이다!

숨을 참거나 얕게 호흡하기. 숨을 참고 있거나, 한숨을 쉬거나, 다른 사람들에게 들릴 정도로 숨을 들이쉬거나, 배가 아닌 가슴으로 짧고 얕은 호흡을 하고 있지는 않은가? 아마도 또 불안감 때문이다! 더 쉽게 호흡하고 몸과 마음을 편히 하려면 다음과 같이 해보라.

- 호흡에 주목하라. 하루 중 여러 번 짬을 내어 숨을 참고 있는지 확인하라.
- 노래하라. 매일 샤워할 때, 혹은 가능한 곳 어디에서든 좋아하는 노래를 목청껏 불러라. 폐 용량을 늘리고, 호흡 조절을 연습하며, 기분이 좋아지는 예상외의 소득도 누릴 수 있다.
- 웃는 시간을 계획하라. 유치한 이야기로 들릴 수도 있다. 알고 있다. 의심스러운 표정을 짓고 있는 것도 알고 있다! 하지만, 웃음은 정말 훌륭한 스트레스 해소제이며 폐 건강에도 도움이 된다.[22] 그러니 하루에 적어도 한 번, 재미있는 릴스를 보거나, 유머러스한 글을 읽거나, 재치 있는 팟캐스트를 들어라. 시간 낭비가 걱정된다면, 5분 알람을 설정하고 알람이 들리면 다시 일로 돌아가면 된다.
- 매일 복식호흡(횡격막 호흡)을 연습하여, 횡격막을 이용해 폐에 더 많은 공기를 넣을 수 있게 하라.[23] 몇 가지 간단한 단계는 다음과 같다.
    1. 편안한 자세로 앉아, 한 손은 가슴에, 다른 한 손은 배에 올려놓는다.
    2. 코로 천천히 깊게 숨을 들이쉬며, 공기가 배 쪽으로 내려가도록 한다. 배가 팽창하는 것을 느끼고 배에 올려놓은 손이 올라가는 것을 느껴라.
    3. 입으로 천천히 숨을 내쉰다. 숨을 내쉴 때 배가 내려가면서 손이 몸 쪽으로 움직이는 것을 느껴라.
    4. 처음에는 하루에 한 번, 위의 순서를 몇 번 연습하는 것으로 시작하라. 천천히 늘려나가 하루에 1~4번, 5~10분씩 연습하라.

실천 가능하게 유지하기

당신의 하루는 바쁘다. 이것도 그나마 절제된 표현이다. 그래서 이미 이야기했듯이, 당신은 자기돌봄을 위한 시간을 *내야만* 한다. 중요한 회의를 위해 시간을 내는 것처럼 말이다. 처음에는 어렵게 느껴질 수도 있다. 당신에겐 자신의 웰빙보다 다른 모든 것(일, 수업, 행사, 활동, 친구들)을 우선시하는 습관이 있을 수도 있다. 그렇다면 어떻게 시간을 내어 훌륭하고 지속 가능한 습관을 들이고 잠재적인 능력을 발휘하여 자기돌봄 전문가가 될 수 있을까? 자기돌봄을 실천 가능하게 만들고 유지해야 한다.

알다시피, 달성 가능한 목표 설정은 완벽주의라는 덫에서 벗어나기 위해 필수적이다. 그리고 장기적으로 자기돌봄을 지속적으로 실천하는 데에도 없어선 안 된다. 일관성 있는 자기돌봄이야말로 불안을 극복하고 피로를 물리치며 지속적으로 높은 성과를 경험하고 훌륭한 삶을 살아가는 데 도움이 되기에, 매우 중요하다. 그렇다면 어떻게 자기돌봄을 실천 가능하게 만들고 유지할 수 있을까? 세 가지 방법이 있다. 선택지 간소화하기, 일정에 통합하기, 유연성 유지하기.

● **선택지 간소화하기**

결정피로decision fatigue는 실재한다! 그다지 놀라운 이야기도 아니다. 어디에서나 찾아볼 수 있는 문제이기 때문이다. 미국 성인은 평균적으로 하루에 무려 3만 5천 건에 달하는 결정을 하는 것으로 추정된다.[24] 그러나 연구에 따르면 인간의 결정 능력은 반복적인 의사결정 행위에 부정적인 영향을 받는다.[25] 《의지력의 재발견》의 공저자 존 티어니John Tierney는 이 현상을 잘 요약했다. "아무리 합리적이고 고결한 마음을 유지하려 노력해도, 계속해서 결정을 내리다 보면 생물학적 대가를 치르기 마련이다. 이 대가는 일반적인 육체적 피로와는 다르다. 의식적으로는 피곤을 느끼지 않지만, 정신적 에너지가 고갈되는 것이다."[26] 다시 말해, 하루에 선택을 많이 할수록 질 높은 선택은 더더욱 어려워지며, 당신의 행동과 하루의 궤적에도 부정적인 영향을 미칠 수 있다.

결정피로는 자기돌봄의 흔한 장애물이다. 결국, 자기돌봄이란 부분적으로는 에너지를 보존하여 전략적으로 원하는 방식으로 사용할 수 있도록 대비하는 행위다. 따라서 실시간으로 자잘한 내용들을 파악하는 데 추가로 시간을 써야만 한다면, 운동하고, 건강한 식사를 하고, 정해진 시간에 일어나고, 산책을 하는 등의 시간을 내기 어려워진다.

결정피로는 흔히 네 가지 행동 중 하나로 이어진다. 결정을 미루거나(지연), 깊이 생각하지 않고 결정을 내리거나(충동), 아예 결정을 피하거나(회피), 선택지 사이에서 계속 망설이는 것(우유부단)이다.[27] 따라서 결정피로를 최소화하는 것 자체가 자기돌봄 행위이며, 삶에서 스트레스를 줄이는 행동이 된다. 선택지 간소화는 매일 해야만 하는 결정의 수를 줄여, 자기돌봄을 위한 최선의 결정을 내릴 수 있도록 돕는다. 예를 들어, 나의 고객이 압도적인 해야 할 일 목록에 직면했을 때, 나는 보통 '개구리 먹기Eat the Frog'를 권한다. 이는 아무리 하기 싫은 일이라도 가장 먼저 *해야* 할 일을 해치우고 보라는 의미다(나는 이 개념을 심리학 수업에서 처음 접했다. 이 개념은 마크 트웨인Mark Twain의 말로 알려진 인용구에 기반을 두고 있다. "개구리를 먹어야 한다면, 아침에 가장 먼저 해치우는 편이 가장 좋다. 두 마리의 개구리를 먹어야 한다면, 큰 놈부터 먼저 먹는 편이 낫다."). 박사 학위논문이나 중요한 보고서 같은 장기 프로젝트를 작업 중이라면, 개구리 먹기는 상쾌한 아침 시간에 한 시간 정도(실행 가능한 만큼)를 따로 마련해 놓고 그 프로젝트의 한 측면에만 집중하는 것을 의미할 수 있다. 나는 흔히 "오늘 할 일 목록에서 개구리는 어디 있나요?"라고 묻는다. 그것을 먼저 하면 나머지는 더 쉬워 보일 것이다!

> **전문가의 조언**
>
> 자기돌봄 행동의 일환으로 내가 간소화하는 한 가지 요소는 옷장이다. 옷장을 간소화하면 일상적인 의사결정 스트레스가 줄어든다. 나는 매일 상담실에 갈 때 비슷한 옷차림을 한다. 흰색 상의 위에 캐시미어 카디건, 검은색 바지, 그리고 발레 플랫슈즈 차림이다. 나는 결코 옷차림에 에너지를 낭비하지 않는다. 저녁 식사도 간소화하기 좋은 영역이다. 건강하고 손쉬운 3~5가지 식사 옵션을 정하고, 재료나 음식을 항상 준비해 놓거나 배달 음식 번호를 단축키로 저장해 놓는다. 이렇게 하면 매일 밤 많은 시간을 절약할 수 있고, 더 건강한 음식 선택으로 이어질 가능성이 크다. 특히 매우 바쁜 주중이라면 일상 관리가 더 쉽게 느껴지기도 한다. 또 다른 꼼수도 있다. 독서 모임부터 게임 모임에 이르기까지 모든 모임에 만나는 시간을 미리 정해 놓고, 매번 일정을 새로 잡을 필요가 없게 하라. 정말 진심으로 하는 말인데, 지속 가능한 자기돌봄의 비결은 모든 것을 가능한 한 쉽고 편리하게 만드는 것이다.

● **일정에 통합하기**

자기돌봄 습관을 다른 약속과 마찬가지로 일정에 통합하라. 그러면 미리 확보한 시간을 계획하고 존중할 수 있다. 헬스장 운동, 친구들 모임, 그리고 평일 최소 15분 정도의 점심 시간을 일정에 넣어라. 나는 전략적으로 주요 자기돌봄 약속 하루 전과 한 시간 전에 알림을 설정한다. 고객들에게도 같은 방법을 권한다. 이렇게 해놓고 나머지는 마음 내키는 대로 행동해도 좋다. 건강한 활동을 조금이라도 미리 계획한다는 점이 중요하다.

일정에 계획으로 잡기 가장 어려운 자기돌봄으로는 휴식 시간을 들 수 있다. 휴식을 언급하는 것만으로도 나태하고 불편하게 느껴지지 않는가? 글쎄, 존중의 마음을 담아 말하자면, 당신은 전혀 나태하지 않다. 당신은 정말 열심히 일한다. 성취에 대해 매우 신경 쓰고 있을 뿐이다. 그런데 항상 '깨어 있는' 상태는 당신이나 다른 누구에게도 건강하지 않다. 두뇌와 육체는 재충전과 회복을 위한 시간이 필요하다.

휴식 시간은 사람을 나태하게 만드는 것이 아니라 *전략적으로* 만든다.[28] 레베카 주커Rebecca Zucker는 〈하버드비즈니스리뷰〉에 실린 '휴가가 어떻게 당신의 웰빙을 향상시키는가How Taking a Vacation Improves Your Well-Being'에서, "언스트 앤 영Ernst & Young의 연구에 따르면 직원들이 10시간의 휴가 시간을 추가로 사용할 때마다 연말 성과가 8% 향상되었고, 다른 연구에 따르면 권리로 주어진 모든 휴가를 사용한 사람이 승진이나 임금 인상 기회가 더 많았다"고 지적했다.[29]

운동 경기의 스타플레이어들은 경기 내내 뛰지 않는다. 그들은 경기장에서 잠깐잠깐 나와서 휴식을 취하며, 게토레이나 마시다가, 필요할 때 돌아가 멋진 경기를 펼친다. 당신의 직장 생활도 마찬가지다. 휴식 시간을 계획하라. 가끔은 점심 시간을 더 길게 가지고, 끊임없이 쏟아져 들어오는 이메일이나 문자 메시지에서 벗어나 잠시 스트레스를 해소하라. 자신을 위해 하루 전체를 쉬는 날로 잡아보라. 또는 항상 가보고 싶었던 장소로 휴가를 계획하라. 재충전 시간을 어떻게든 마련하라. 일에 압도되어 휴식이 필요하다고 느끼거나 무너질 것 같은 기분이 들 때까지 기다리지 마라. 신중하게 일정을 잡아라! 지속 가능한 성공을 위해 정말 중요한 일이다.

실전해보기

'포스트잇 챌린지'를 해보라. 오늘의 할 일 목록을 보라. 얼마나 많은 작업을 끝낼 예정인가? 하루에 얼마나 많은 소소한 일을 끼워 넣으려고 하는가? 할 일 목록에서 최소한 한 가지 항목을 선택해서, 굳이 오늘 하지 *않아도* 된다고 스스로에게 허락하라.

그런 다음, 모든 일을 끝내려고 하기보다는 오늘 정말 *해야* 할 일들을 포스트잇에 적어라. 포스트잇의 표준적인 사이즈는 실제로 해야 할 일과 하고 싶은 일에 대한 우리의 기대를 관리하는 데 도움이 된다. 오늘 할 일을 포스트잇에 다 적을 수 없다면, 대체 하루에 얼마나 많은 일을 하려고 욕심을 부렸는지 재평가해야 한다. 이 실천의 목적은 우선순위를 정하고, 오늘 모든 일을 다 하지 않아도 된다는 사실을 깨치기 위한 것이다. 압력밥솥식의 생각, 전부 아니면 전무라는 생각은 하루 안에 모든 일을 끝내지 못하면 실패라는 잘못된 믿음을 주입하려고 한다. 하지만 그런 왜곡된 자기대화는 당신을 과로하게 만들고 스트레스받게 할 뿐이다.

보너스 충고: 포스트잇을 다시 보라. 자기돌봄 활동이 포함되어 있는가? 점심 후 산책이라도 있는가? 보고 싶은 친구와의 만남이나 전화를 통한 수다는 들어가 있는가? 없다면, 당신의 하루 일정에 자기돌봄 요소를 넣어라. 당신은 그럴 자격이 있다.

● **유연성 유지하기**

성취주의자들은 높은 성과를 내고 싶어 한다. 그래서 그들은 종종 자기돌봄조차도 대단한 것이 아니면 의미가 없다고 믿는다. 그들은 마라톤을 배우고, 가장 무거운 무게의 덤벨을 들고, 일주일에 6일 고급 바레barre(발레의 바barre를 사용하고 발레 동작을 기반으로 필라테스, 요가, 그리고 근력 운동 요소를 결합한 운동. - 옮긴이) 클래스를 수강하며 자기돌봄에서도 '승리'하려 한다. 심지어 이 영역에서도 비교의 함정이 그 추한 머리를 들이밀고 있는 셈이다. 그런데 만약 하루를 빼먹거나 자신이 신청한 클래스가 마음에 들지 않을 때는 어떻게 될까? 아예 포기해 버리거나 자신이 부족하다는 끔찍한 기분을 느끼게 된다. 하지만 이것은 자기돌봄이 아니다. 전부 아니면 전무라는 생각이다. *전부 다 하거나 아니면 전혀 하지 않겠다는 태도다.*

유연성은 이와 반대로 어떤 일을 실행 가능하게 만들고 유지하며, 아무런 도움이 되지 않는 완벽주의적인 생각을 예방하는 가장 좋은 방법의 하나다. 자기돌봄의 정의와 습관에 대한 자기대화에서 유연하지 않고 경직된 태도를 보일수록, 건강한 행동을 우선시할 가능성은 줄어든다.

개인적인 경험을 말해보겠다. 몇 년 전, 달리기 코치가 내게 속도에는 너무 신경 쓰지 말고 천천히 달리라고 조언했다. 그는 '부드러운 끈기'를 실천해야 부상을 막을 수 있다고 했다. 지금 나는 고객들에게 똑같은 말을 하고 있다. 운동은 중요하다. 하지만 부상 방지를 위한 유연성 유지를 우선시해야 한다. 거리와 속도는 동시에 늘릴 수 없다는 사실을 깨달아야 한다. 부드러운 끈기는 균형 유지에도 도움이 된다. 완벽한 자기돌봄을 고집할수록, 훌륭한 자기돌봄을 달성할 수 있는 능력은 줄어든다.

특정한 날에 방향을 전환해보거나 자기돌봄 행동을 더 적게 혹은 더 많이 하더라도 괜찮아야 한다. 이렇게 열린 마음을 유지하는 게 자기돌봄이란 목표를 달성하는 데 있어 도움이 된다. 나는 고객들에게 인생에는 좋을 때와 나쁠 때가 있기 마련이라고 자주 상기시킨다. 우리의 일정은 변하고, 그것이 정상이다. 자기돌봄을 실천하면서 나의 고객들은 갑자기 먼저 처리해야 할 프로젝트가 생겨 일에 시간을 더 투자해야 할 때, 흔히 자신에게 매우 가혹하게 군다. "저는 잘하고 있었어요" 그들은 말한다. "근데 박사님, 왜 이럴까요? 저에겐 뭐가 문제일까요?" 자, 여기에 핵심이 있다. 건강한 자기대화와 자기돌봄이 쉽게 느껴지는 때도 있고, 거의 불가능하게 느껴지는 때도 있다. 상황이 어려울 때는, 당장 실행 가능해 보이는 작은 자기돌봄에 집중해보라. 다른 때보다 적은 양이라도 괜찮다! 계획에 있는 45분에 걸친 펠로톤Peloton(인터넷을 통한 실시간 피트니스 수업. - 옮긴이) 운동을 항상 할 수 있는 것은 아니다. 때로는 눈이 너무 많이 내려서 출근 전 일상이었던 5킬로미터 달리기를 할 수 없을 수도 있다. 그렇다고 해서 자기돌봄 연속성을 '망친' 것은 아니다. 아무것도 하지 않는 것보다는 무엇이라도 하는 편이 기분이 좋다. 기억하라. 완벽보다는 완료가 낫다. 그러니 할 수 있는 최선을 다하라. 단 5분의 운동이나 산책도 '운동이다'. 심지어 엘리베이터 대신 계단 이용도 운동이다. 모든 것이 중요하다.

자기돌봄에는 정해져 있는 우선순위가 없다. 짧은 시간을 할애하는 자기돌봄이라도 좋게 느껴지고 지속 가능하면 선택하라. 골프 연습장에 가서 공 100개를 치거나, 좋아하는 음악을 듣거나, 반려동물과 더 많은 시간을 보내거나, 편안한 양말을 신거나, 그림을 그리거나, 글을 쓰거나, 당신이 즐기는 어떤 창의적인 활동이라도 괜찮다. 심지어 꽃다발, 새 책, 또는 립밤 같은 저렴한 사치품을 사는 행동도 좋다. 이런 행동들은 정말 소소한 것으로 보일 수도 있지만, 그 긍정적인 효과는 쌓이고 쌓여서 당신의 삶을 덜 불안하고 더 풍성하게 만들어줄 것이다.

여유 시간 만들기

회의를 연달아 잡거나 이메일이 오자마자 답하려고 애쓰는 대신, 그저 단순히 일정에 여유를 두는 것도 자기돌봄일 수 있다. 하루를 마치고 그날이 어떻게 지나갔는지조차 모를 때가 얼마나 자주 있는가? 점심으로 무엇을 먹었는지 기억하는가? 점심을 먹을 시간이 있긴 했는가? 하루가 끝났는데도 시간이 없었던 것처럼 느낀다면, 당신은 일에 파묻혀 있다. 하루의 모든 순간이 빽빽하게 일정으로 꽉 차 있는 것이다.

거기에 가야 해, 늦으면 안 돼, 시간이 충분하지 않아 같은 만성적인 압박은 당신의 기분과 전반적인 웰빙에 대단히 해롭다. 서두르다 보면 균형 잡힌 방식으로 생각하고 느끼고 행동하기가 더욱 어렵다. 불안은 증폭되고 에너지는 고갈된다. 다시 말해, 이는 지속 가능하지 않다. 마틴 루서 킹 주니어Martin Luther King Jr.가 노벨 평화상 후보로 추천했던 존경받는 불교 승려 틱낫한Thich Nhat Hanh은 훌륭한 말을 했다. "우리가 항상 달리려는 습관을 내려놓고 잠시 멈춰 휴식을 취하고 스스로

를 재정비할 수 있다면, 모든 일에서 더 큰 성공을 거둘 수 있을 것입니다. 그리고 삶을 살아가며 더 많은 기쁨을 느끼게 될 것입니다."

누군가가 당신에게 "서두르지 마세요. 여유를 갖고 천천히 하세요"라고 진심으로 말할 때, 얼마나 기분이 좋은지 생각해 보라. 일정에 여유를 두어, 스트레스를 해소할 수 있는 짧은 시간을 스스로에게 선물하라. 두뇌에 끊임없이 해결해야 할 문제들을 쏟아붓는 대신, 작업과 작업 사이에 잠시 멈춰 숨을 고를 수 있는 시간을 주라는 의미다. 이렇게 스스로에게 약간의 여유를 줄 때 당신의 빠른 속도는 늦춰질 수 있고, 그럴 때 대체로 가장 좋은 아이디어들이 떠오른다. 아침 시간에 차나 커피를 마시며 창밖을 바라보는 데 조금 더 시간을 들이거나, 빨리 가려고 지름길을 찾는 대신 돌아가는 길을 선택하여 경치를 감상하는 편이 혁신을 자극할 수 있다.

가장 간단한 자기돌봄은 지금 이 순간을 인식할 수 있는 여유 공간을 만드는 것에서부터 시작된다.

당신은 활동과 활동 사이의 작은 여유를 활용할 자격이 있다. 그 여유는 길고 천천히 내쉬는 숨처럼, 몸과 마음을 위한 연료다.

자기돌봄을 지속하기 위한 자기대화

물론, 자기돌봄이 중요하다고 진심으로 *믿지* 않는다면 굳이 자기돌봄을 위한 시간을 내려 들지 않을 것이다. 따라서 자기대화를 최적화하여 자기돌봄이 스스로의 기분, 건강, 전반적인 업무 활동에 미치는 긍정적인 영향을 지속적으로 인식해야 한다. 잠시라도 마음의 평온이나 즐거운 순간을 위해 시간을 냈다면, 스스로를 칭찬하라. 그렇다, 이 글을 읽는 당신에게 하는 말이다! 스스로에게 "시간을 내다니, 좋다. 잘했어!"라고 하거나, "박사님과 하이 파이브!"라고 하며 자기돌봄이 어떻게 도움이 되었는지를 인식하라. 아마도 당신이 자기돌봄 삼아 한 일은 불안을 줄이고 신체 건강과 웰빙을 증진시키고 웃고 마음을 편히 하는 데 도움이 되거나 에너지를 충전해 줬을 것이다. 그래서 당신은 일이나 대인 관계에서 더 창의적이고 생산적이며 효과적으로 행동할 수 있었을 것이다. 만약 당신이 시간을 내어 자기돌봄의 이점을 되새기면, 이 습관을 유지할 가능성까지 높일 수 있다.

지금부터는 자기파괴적인 생각을 성공을 촉진하는 생각으로 바꾸는 데 도움이 되는 자기대화 전환법을 제시하겠다. 자기돌봄에 대한 *생각*을 바꾸면 더 많은 동기부여를 느낄 수 있어 더 많은 자기돌봄 행동을 실천할 것이다. 그러면 지속 가능한 탁월성으로 나아가게 만드는 에너지와 연료를 얻을 수 있다. 항상 그렇듯이, 당신이 가장 믿음직하게 느껴지는 자기대화를 선택하라. 가장 공감되는 것들이 가장 도움이 된다.

| 자기대화 전환법 |

자기파괴적인 대화	성공을 촉진하는 대화
"자기돌봄은 시간 낭비다."	"자기돌봄은 기분을 개선하고 에너지를 불어넣는다." "자기돌봄은 나를 더 생산적으로 만든다." "자기돌봄은 나의 성공을 가속화할 것이다."
"나는 자기돌봄이 필요하지 않아야 한다."	"자기돌봄은 모든 인간에게 필요하다." "자기돌봄은 전략적이다." "자기돌봄은 내가 최고가 되는 데 도움이 된다."
"산책으로 20분을 낭비했다."	"방금 나의 뇌를 재부팅했다." "방금 에너지를 활성화했다." "나의 창의성이 넘쳐흐르고 있다."
"자기돌봄은 이기적이다."	"나는 스스로를 잘 돌볼 자격이 있다." "나를 잘 돌봐야 다른 사람들을 더 잘 돌볼 수 있다." "자기돌봄은 긍정적인 파급효과가 있다."
"사교 활동 계획에 과도한 노력이 소모된다."	"나는 손꼽아 고대하는 계획이 있어서 좋다." "기대할 만큼 좋은 일이 있다는 것은 중요하다." "작게 시작하라. 자기돌봄은 할 수 있어야 한다."
"한 시간만 더 하고 그만해야겠다."	"지금 쉬어야 내일 더 집중할 수 있다." "전속력으로 달리려면 연료가 필요하다." "짧은 휴식이 새로운 활력을 줄 것이다."

| "일을 해야 한다." | "운동할 시간을 내야 건강을 유지할 수 있다."
"잠시 멈추고 숨을 깊게 쉬면 기분이 차분해지는 데 도움이 된다."
"자기돌봄은 시간을 들일 가치가 있다." |

에너지가 재충전되었는가? 이제 *실행 가능한* 자기돌봄을 시작했으니, 다음은 당신의 걱정을 호기심으로 바꾸는 방법을 다뤄보겠다.

주요 요점

- 자기돌봄은 자기방종이 아니다. 없어서는 안 되는, 전략적인 것이다.
- 긍정적인 무언가를 *기대하는* 것만으로도 강력한 효과가 있다.
- 당신에게는 스스로를 잘 돌볼 자격이 있다. 부드러운 끈기를 실천하라.
- 자기돌봄을 일정표에 넣어라. 여유 공간을 만들어라. 지속 가능한 성공을 즐겨라.
- 개구리를 먹어라! 가장 꺼려지는 일을 가장 먼저 처리하라.
- 오늘 포스트잇 할 일 목록에는 몇 개의 항목이 있는가?

호기심으로 불확실성을 헤쳐나가라

핵심 원칙 #3

지혜는 궁금해하는 데서 시작된다.

- **소크라테스**Socrates

불확실성이 없는 삶이란 존재하지 않는다. 모든 결과에 대해 확신하며 특정 상황에 임할 수 있다면 대단히 편리할 수 있겠지만, 실제로 현실은 아무리 계획하고 미지의 영역을 제거하려고 부단히 노력해도 알 수 없는 것들로 가득 차 있다. 미래는 본질적으로 미지의 영역이다. 그 일자리를 얻을 수 있을까, 승진할까, 임금이 오를까? 데이트가 잘될까? 청중이나 출판사, 교수는 내 말에 호의적일까? 내가 문자를 보내면 그 남자는 내게 답 문자를 보낼까? 날씨가 이대로 좋을까? 심지어 아주 중요한 상황에서도 우리는 어떤 복잡한 난관, 혹은 뜻밖의 행운이 기다리고 있을지 확신하지 못한 채 접근할 수밖에 없다. 결국 우리는 불확실성을 피할 수 없다. 하지만 불확실성과 공존하는 법을 배운다면, 불확실성이 삶에 과도한 불편함과 스트레스를 주거나 성공을 방해하지 않도록 만들 수 있다.

이번에도 역시 말은 쉽지만 실천하기는 어렵다. 특히 구체적인 답변과 예측 가능한 계획을 선호하며 결과에 집중 또 집중하는 사람들, 다시 말해 성취주의자들에게는 더욱 그렇다. 아무리 '과정을 즐겨라'라고 백번 천번을 말해도, 당신이 공황에 빠진다면 그 말은 지나친 요구가 되어버린다. 우리는 먼저 불확실성이 왜 그렇게 힘들게 느껴지는지 살펴보고, 그런 상황에서 당신을 괴롭히는 인지왜곡을 파악할 것이다. 그리고 마지막으로 이 모호함을 효과적으로 헤쳐나갈 수 있는 과학 기반 전략으로 당신을 무장시키려고 한다.

불확실성은 왜 그리 힘들게 느껴질까?

불확실성에 직면할 때, 인간의 뇌는 본능적으로 부정적인 결과를 예측하도록 설계되어 있다. 진화적으로 볼 때 이 부정성 편향은 인간에게 근본적인 죽느냐 사느냐의 결정을 내리는 데 도움이 되었다. 우리의 뇌는 수풀 사이 바스락거림이 위협인지 아니면 그저 바람 소리에 불과한지 결정을 기다리지 않는다. 우리의 뇌는 즉시 우리를 안전하게 지키려는 행동에 착수한다. 심리학자이자 〈뉴욕타임스〉 베스트셀러 작가 릭 핸슨Rick Hanson 박사가 《행복 뇌 접속》에서 지적했듯이, "야생에서의 규칙 #1은 점심을 먹되, 점심거리가 되지 마라"이다. 그는 부정성 편향이 "지금과는 매우 다른 혹독한 환경에서 등장했지만, 오늘날에도 여전히 우리 안에서 작동하고 있다. 예를 들어 교통 체증 속에서 운전하고, 회의에 뛰어 들어가고, 형제자매 간 다툼을 중재하고, 다이어트를 하려 노력하고, 뉴스를 보고, 집안일을 처리하고, 대금을 지불하고, 데이트할 때도 말이다. 우리의 뇌는 언제라도 부정적으로 반응할 준비가 되어 있다. 모두 당신의 생존을 돕기 위해서다"라고 설명한다.[1]

그렇다면 우리는 어떻게 최악의 상황을 가정하지 않을 수 있을까?

이러한 부정성 편향이 일상에 영향을 미치는 대표적인 사례가 바로 '일요일 공포'다. 높은 성취를 꿈꾸는 나의 고객들은 토요일이 일요일로 바뀌면서 업무 불안이 고조되기 시작하고, 주말의 해가 넘어갈 때쯤에는 해야 할 일 목록, 마감일, 수업이나 출근이 마구 떠오르면서 공황 상태까지 이어진다고 말한다.

그런 통제 불가능한 불안이나 두려움이라는 감정 외에도, 아마도 당신은 근육긴장, 위장 장애, 수면 장애 같은 신체적 증상을 이미 경험했을 수도 있다. 이들은 당신 몸이 위험에 대처하면서 자연스럽게 나타나는 투쟁-도피 반응의 일환이다(우리는 이미 스트레스 반응으로 코르티솔과 아드레날린의 분비를 언급한 적이 있다). 이러한 반응은 수풀 속에서 바스락거리는 것이 무엇이든 간에 거기에 대비가 필요했던 까마득한 옛날부터 시작되었다. 그래서 나는 일요일마다 나의 고객들을 너무도 괴롭히는 이 고대의 본능을 '털북숭이 매머드 월요일'이라고 부르기도 했다. 안타까운 일이지만, 인간의 두뇌는 월요일 아침 전체 회의에 예정된 프레젠테이션으로 인한 스트레스와 원시인인 당신에게 정면으로 다가오는 털북숭이 매머드가 주는 스트레스를 구별하지 못한다. 그래서 일단 다가오는 것에 집중하고, '잘 해내야 한다'는 생각에 빠져들기 시작하면, 곧바로 투쟁-도피 반응이 시작된다. 따라서 실제로는 나쁜 일이 일어나지 않았는데도 높은 수준의 불안을 느낄 수도 있다.

당신은 더 높은 임금을 위해 협상할 때, 제출한 보조금 제안서나 논문에 대한 소식을 기다릴 때, 제품을 출시할 때, 또는 새로운 일을 시작할 때 이러한 *예기불안*anticipatory anxiety을 이미 경험했을 수도 있다. 성취주의자인 당신이라면 다음에 무슨 일이 일어날지 참을성 있게 기다리지 못할 가능성이 크기 때문이다.

나는 종종 고객들에게 묻는다. "당신의 불안은 언제가 가장 심한가요? 프레젠테이션 전인가요, 프레젠테이션 중인가요, 아니면 프레젠테이션이 끝난 다음인가요?" 거의 만장일치의 답변은 '프레젠테이션 전'이다. 당신이 혼자 생각에 잠겨 다른 사람 앞에 설 때를 기다리는 그 순간, 바로 그때 걱정, 자기의심, 그 외 모든 해로운 인지왜곡이 머릿속으로 침투한다. 그리고 당신에게 "나는 이걸 할 수 없어. 왜 내가 할 수 있다고 생각했지? 나는 완전히 실패할 거야"라는 부정적인 믿음이 생겨나게 한다.

다시 한번... 성급한 결론 내리기

오, 또 보네요, 익숙한 인지왜곡 씨! 우리는 그 성가신 '골칫거리 삼총사' 중 하나인 성급한 결론 내리기로 다시 돌아왔다. 앞서 말했듯이 이 삼총사는 성취주의자들을 가장 많이 괴롭히는 생각 패턴이다. 성급한 결론 내리기는 앞으로 일어날 일이나 누군가가 우리를 어떻게 생각하는지를 추측하여 불확실성을 다루는 불균형한 생각 방식이다.

어김없이, 골칫거리가 다시 찾아왔다. 우리는 일요일이 되거나, 중요한 일을 앞두고 있을 때, 혹은 결과가 불확실한 날에 미래에 대한 불안과 스트레스를 느낀다. 그럴 때 우리는 종종 최악을 가정한다. "이번 주는 정말 끔찍할 거야! 나는 벌써 지쳤어. 절대 모든 일을 끝내지 못할 거야! 동료들은 나를 짜증 나게 할 거야! 상사는 다가오는 프로젝트에 나 아닌 다른 사람을 선택할 거야!"라고 생각한다. 요컨대, 털북숭이 매머드 월요일은 엉망이 될 것이다.

이는 성공적인 한 주를 준비하는 데 아무런 도움이 되지 않는, 또는 동기부여가 되지 않는 자기대화다.

이미 말한 바 있지만, 성급한 결론에 이르는 두 가지 일반적인 방식이 있다. 첫 번째는 부정적 예언이다. 흐릿한 수정구슬을 들여다보며 우울하고 또 우울한 미래를 예측하는 것이다. 아직 일어나지도 않은 어떤 상황이나 환경이 실패할 수밖에 없다고 믿는 것이다. 예를 들어, 나의 고객 윌슨은 변호사 시험에 합격해야만 원하는 일자리를 구할 수 있었다. 시험 날짜가 가까워질수록 그는 더 불안해했고, 떨어질 것이라는 확신은 더욱 커졌다.

불확실성에 직면한 윌슨은 결국 걱정이라는 늪에 빠졌다. 이러한 상황은 아무런 도움이 되지 않았을뿐더러 합격에 필요한 학습 의욕마저 꺾어버렸다. 게다가 도움이 되지 않는 생각들이 행동에 영향을 미치면서, 그는 예기마비anticipatory paralysis 상태에 빠졌다. 이 파괴적인 부정적 예언은 결국에는 자기실현적 예언이 되어버렸다. 두려움과 부정적인 가정으로 미래에 접근하다 보니 그의 에너지는 순식간에 고갈되었고, 사전에 패배감을 느꼈고, 제자리에서 한 걸음도 나아가지 못했다.

성급한 결론을 내리게 만드는 두 번째 방법은 무엇일까? 마음추측이다! 알다시피 이는 동료, 상사, 면접관, 또는 맞은편에 앉아 있는 매력적인 누군가가 당신을 마음에 들어 하지 않는다거나 부정적으로 반응한다고 아무런 근거도 없이 추측하는 것이다.

대체로 이러한 현상은 다른 사람이 우리를 어떻게 생각하거나 느끼는지에 지나치게 신경 쓸 때, 혹은 걱정으로 인해 상황을 객관적으로 인식할 수 있는 능력이 저해될 때 일어난다. 사실 다른 사람의 머릿속에서 무슨 일이 일어나고 있는지를 정확히 파악하기란 불가능하다. 하지만 걱정은 제멋대로 상상을 키워, 결국 최악의 결론으로 내달린다.

최악을 상상해서 부정적인 의견이나 결과에 미리 대비하는 것은 자기보호 작용처럼 느껴질 수 있다. 하지만 실제로 이러한 행위는 당신의 마음의 평온과 자신감을 갉아먹고 불행한 상호작용의 발판을 마련할 뿐이다. 나의 고객 톰의 경우를 보기로 하자. 어느 날 아침 일찍 사무실에 도착한 그가 커피를 마시며 하루를 준비하고 있을 때 상사가 나타났다. 보통은 그를 따뜻하게 대하던 그녀는 왠지 이날 아침에는 그냥 고개만 까딱하며 그를 스쳐 지나갔다. 그녀의 동기를 확신할 수 없었던 톰은 그 즉시 스트레스를 받기 시작했다. "나에게 화가 난 게 틀림없어!"

성급한 결론을 내린 톰은 어떤 기분을 느꼈을 것 같은가? 그렇다. 걱정되고 긴장되고 불안했다. 그날 온종일 그는 집중하기 힘들었다. 오후 회의에서는 실수가 두려워 감히 의견을 제시하지도 못했다. 결국, 마음추측은 실제로 그의 생산성과 협업을 방해했다.

당신의 문제 해결 능력을 기억하라!

명백한 사실을 말해주겠다. 앞날이 두렵게 느껴지고 걱정에 휘둘리면 지속 가능한 성취로 가는 길이 힘들게만 느껴질 것이다. 걱정은 상황에 대처할 수 있는 우리의 능력을 약화시키며, 이는 결국 도전을 극복해내는 역량에 대한 자신감의 결여로 이어진다.

아이러니한 일이지만, 성취주의자들은 대개 문제 해결에

뛰어난 사람들이다. 그렇다. 바로 당신 같은 사람 말이다! 하지만 불안이 스며들고 불확실성을 느끼기 시작하면, 우리는 일이나 문제를 관리하는 자신의 능력을 불신하게 된다. 불확실성과 함께할 때 우리는 스스로 결정하고 행동할 주체적인 능력이 있다는 사실을 종종 잊는다! 예를 들어, 나의 고객들은 중요한 회의나 행사 중에 복통에 대한 불안에 자주 시달린다. 하지만 화장실이 없을 가능성은 얼마나 될까? 혹시 모르니 먼저 위치를 파악해두면 안 될까? 그러면 미리 계획을 세울 수 있으니까. 정말 긴급 상황이 되더라도 제때 해결하지 못할 가능성은 얼마나 될까? 사전에 이런 가능성을 줄일 수 있는 약이나 진정 효과가 있는 차, 음식은 없을까? 반대로 생각해보면, 수많은 업무 위기가 당신 책상을 스쳐 지나가듯이, 당신에게는 이 정도 일은 처리할 수 있는 능력이 있지 않을까?

걱정이 우리를 지배할 때, 문제 해결 능력에 대한 우리의 자신감은 저 멀리 사라지는 것 같다. 이럴 때는 호기심 유지가 도움이 될 수 있다. 몇 년 전, 내가 원하던 직장 인터뷰를 위해 플로리다로 향했다. 나는 공항에서 컨버터블 차를 빌리고 있었다. 렌트 서류를 작성하면서 나는 긴장하기 시작했다. 판매 직원에게 질문을 쏟아냈다. "여기를 나가서 어떻게 제 차를 찾을 수 있나요? 공항은 어떻게 빠져나가죠?" 등등.

마침내 직원은 나를 바라보며 진중하게 말했다. "건물을 나가면 어디로 가야 할지 알게 될 거예요. 표지판이 있을 테니까요. 괜찮을 거예요. 그냥 *가면 돼요.*" 그 직원의 말은 내 기억에 언제나 자리 잡고 있다. 중요한 기회를 앞두고 불안에 사로잡혀 주의가 산만해진 나는 스스로의 문제 해결 능력을 믿지 못하고 있었다. 그 직원의 말은 있는 사실 그대로 말했을 뿐이지만, 의미심장한 구석이 있었다. 우리가 설정한 좁은 틀에서 벗어나야, 다시 말해서 우리의 머릿속에서 벗어나 주위를 둘러볼 때에야 비로소, 훨씬 더 명확하게 볼 수 있다.

  모든 것이 우리를 위해 계획되어 있든 아니든, 우리는 해낼 수 있다. 우리는 전체 경로를 비춰주는 등대를 원하지만, 보통 한 번에 조금씩 밝혀주는 손전등을 얻는다. 그래서 우리는 스스로에게 물어봐야 한다. "내가 훌륭한 문제 해결사라는 사실을 잊어버리고, 내 강점을 과소평가하고 있는 건 아닌가? 내가 나 자신의 행동 주체라는 사실을 잊고 있는 건 아닌가?" 세상엔 알 수 없는 것들이 있기 마련이다. 하지만 우리는 그 전등 빛과 우리의 문제 해결 능력으로 잘 헤쳐나갈 수 있다고 믿어야 한다. 그리고 일단 우리가 스스로를 믿고 행동에 나서고 호기심을 따라 해결책을 찾아내면, 보통은 두려움 대신 자신감이나 영감을 느끼게 된다.

호기심을 유지하라

다행히도 아직 모든 것을 잃지는 않았다.('판도라의 상자'의 비유다. - 옮긴이) 모든 문제 해결의 핵심에는 호기심, 다시 말해 '무언가를 알거나 배우고자 하는 강한 욕망'이 있기 때문이다.[2] 그리고 호기심은 불확실성에 직면할 때 빠질 수도 있는 공황 상태의 이상적인 대안이다. 호기심을 유지하면 '만약'에 대한 걱정에서 벗어나 '지금 무엇이 있는지'에 집중하고 '무엇이 가능한지'를 궁금해하는 방향으로 움직일 수 있다. 미래를 두려워하는 대신 불확실한 순간을 성장과 확장의 기회로, 성공에 도움이 될 새로운 기술을 배우는 기회로 바꿀 수 있다면, 그 불쾌하고 사람을 쇠약하게 만드는 걱정도 줄일 수 있다. 그렇게 할 수 있다면 삶의 모호함에 직면해서도 에너지를 소진하지 않고 대처할 수 있을 것이다.

예를 들어, 나의 고객 톰은 상사에게 무시를 당했다. 하지만 톰이 불안이라는 악순환에 빠지는 대신 호기심을 유지하기로 했다고 가정해보자. 상사가 화가 났다고 추측하는 대신, 상사의 특이한 행동이 무엇 때문인지 궁금해한다면 어떨까? 결국 마음추측이 도움이 되지 않는 이유 중 하나는 다른 사람이 자기 삶에서 무엇을 겪고 있는지 우리로서는 알 재간이 없기 때문이다. 하지만 스트레스를 받는 대신 톰이 나중에 잠시 시간을 내어 상사에게 기분이 어떤지 물어본다면 어떨까? 그 덕에 톰이, 어쩌면 톰의 상사까지도 얼마나 더 기분이 좋아질 지 상상해보라. 호기심 유지는 불안을 증폭시키는 대신 상황을 더 효과적으로 헤쳐나가는 데 도움이 된다. 걱정은 안녕, 생산성은 환영이다!

호기심 유지의 세 가지 이점

호기심 유지는 성급한 결론 내리기에 대한 환상적인 대안이다. 사실, 호기심 유지는 전반적으로 불확실성으로 인한 두려움을 극복하는 기반이 된다. 구체적으로는 다음과 같은 도움을 준다.

1. **문제 해결**. 이미 설명했듯이, 스스로가 만든 불안, 걱정, 부정적인 생각으로 문제 해결 능력을 저해하지 않게 되면, 성취주의적인 사람들은 최고의 해결책을 찾을 수 있다.
2. **기력 보호**. 핵심만 말하겠다. 걱정은 사람을 지치게 한다. 따라서 호기심 유지는 그 자체로 일종의 자기돌봄이다. 호기심 유지는 우리의 정신 에너지를 최적화하고 현재 순간과 우리가 통제할 수 있는 것에 주의를 집중시켜, 몰입할 수 있게 한다.
3. **불필요한 고통과 이중 고통 예방**. 불필요한 고통이란 아직 일어나지 않은 일에 대한 걱정에서 비롯된다. 하지만 그 일은 상상보다 더 잘 풀리거나 혹은 아예 일어나지 않을 수도 있다. 이중 고통은 어떤 일이 잘 안될 것이라고 확신했고, 그 확신이 맞았을 때이다. 때로는 어려운 일도 일어난다. 그렇다 하더라도, 부정적 예언의 상상

속에서 고통받고 *게다가* 현실에서도 이중으로 고통받는 것은 스스로에게 아무런 도움도 되지 않는다. 그 대신, 호기심을 유지하여 '만약에'가 아니라 '지금 무엇이 있는지'에 집중하고, 지금은 기다리며 지켜보는 것 외에는 딱히 할 수 있는 게 아무것도 없다는 사실을 기억하라. 결과가 긍정적이지 않더라도, 문제는 닥쳤을 때 해결하면 된다.

불확실성을 인정하라

그렇다, 호기심은 근사해 보인다. 하지만, 미지의 상황 앞에서 느끼는 깊고 깊은 불편을 어떻게 배우고자 하는 욕망으로 전환할 수 있을까? 결국, 성취주의자인 당신은 야심 찬 원대한 목표를 세우고, 달성하고 싶어 한다. 그래서 과정보다는 최종 결과에 엄청나게 집착한다. 그런데 원하는 대로 일이 풀리지 않을 가능성이 있다. 이를 받아들이는 것은 필연적으로 불안을 낳는다. 이러한 불안을 호기심으로 전환하기 위해서는 다음과 같은 방법을 시도해볼 수 있다.

흔히 그렇듯이, 첫 번째 단계는 문제를 인정하는 것이다. 삶이 본질적으로 예측 불가능하다는 사실을 받아들이고 알 수 없는 것들에 대한 불편을 견디는 법을 배우지 않는 한 당신은 왜곡된 생각에 더 취약해진다. 따라서 더욱 불안해할 수

밖에 없다. 아무도 그러한 상황을 원하지 않는다. 실제로 나는 고객들에게 흔히 이렇게 말한다. 불확실한 상황은 인지왜곡의 온상이다. 그러나 세상엔 당신이 알 수 없는 것들이 존재할 수밖에 없다. 불확실성은 항상 존재한다.

그렇다고 해서 이러한 상황을 좋아하란 말은 아니다. 솔직히, 나도 항상 좋아하지는 않는다! 무섭다. 하지만 그러한 상황을 받아들이고 견디게 되면 엄청난 힘을 얻을 수 있다.

그러므로 불확실한 상황을 회피하거나 저항하거나 부정하기보다는, 그 상황을 먼저 명확히 파악하라. 당신을 불안하게 만드는 원인이 무엇인지 명확해지면, 혼란의 악순환을 멈추고 더 높은 수준의 역량을 발휘할 수 있게 된다. 그저 스스로에게 "지금 모든 정보를 가지고 있지는 않다"라거나 "그 사람이 무슨 생각을 하는지, 또는 어떤 일이 일어날지 확실히 알 수 없다"라고 말하는 것 자체도 불확실성 인정일 수 있다. 이러한 자기대화는 성급한 결론을 내리고 걱정의 소용돌이에 빠질 가능성을 줄일 수 있다.

어떤 상황을 앞두고 스트레스를 받거나 미리 좌절감을 느낀다면, 스스로에게 물어보라. 지금 내 삶에서 부정적 예언이나 마음추측과 같은 왜곡에 빠지게 만드는 것이 있는가?

새로운 일을 시도하고 있는가? 결과를 기다리고 있는가? 더 많은 사람과 교류하고 있는가? 다가오는 업계 콘퍼런스에 참석

할 예정인가? 가정, 건강, 일 분야에서 기대하는 일이 있는가?

만약 그렇다면, 그 일에 구체적인 이름을 붙여보라. 그리고 스스로 성급한 결론에 도달하고 있는 건 아닌지 확인해보라. 어떤 모호함이든 일단 인정하라!

일단 그 불확실성이 무엇인지 파악하면, 불안을 완화하는 전략을 사용할 수 있다. 우선 크게 숨을 내쉬어보라. 이제 당신은 스트레스 대신 호기심을 유지하기 위한 네 가지 인지전략을 학습할 준비가 되었다. 걱정에서 궁금증으로, 틈새 찾아 구멍 내기, 상황 전개해보기, 중립적 예측하기.

● **걱정에서 궁금증으로**

미국 유머 작가 어마 봄벡Erma Bombeck은 "걱정은 흔들의자와 같다. 끊임없이 할 일을 주지만 어디로도 데려가지는 못한다"라고 말한 적이 있다. 걱정은 아직 일어나지 않은, 알 수 없는 미래에 집중하게 만든다. 하지만 그 걱정 가운데 우리가 당장 해결할 수 있는 일은 거의 없다. 걱정은 일어나지 않길 바라는 일에 주목하지만, 원하는 일로 나아가게 만들지는 못한다.

다음과 같은 생각을 해본 적이 있는가? "일이 잘 안되면 어쩌지? 그들이 나를 만나고 좋아하지 않으면 어쩌지? 내가 원하는 회사나 대학, 그룹에 초대받지 못하면 어쩌지? 이 목표를 절대 달성하지 못하면 어쩌지? 내 말이 완전 바보처럼 들리면 어쩌지? 내가 감당하지 못하면 어쩌지?"

이런 '만약'은 질문처럼 들릴 수도 있다. 하지만 이미 스스로 도달한 결론이나 다름없다. 결국 부정적 예언과 마음추측만 부추길 따름이다. 고객들이 '만약에…'라는 말을 시작하는 순간, 나는 이미 걱정의 토끼굴로 내려가고 있는 그들이 보인다. 나의 고객 카비타는 큰 프로젝트를 감독하며 승진을 노리고 있었다. "프로젝트가 잘되지 않으면 어쩌죠, 박사님?" 카비타는 걱정했다. "그러면 승진은 틀림없이 못 할 테죠. 게다가 모든 사람에게 해내지 못했다고 말해야 하겠죠. 그들은 제가 직장 일을 감당하지 못한다고 생각할 거예요. 내가 충분히 능력 있는 사람이 아니라고 생각하겠죠." 부정적인 가정에 어두워진 카비타는 아침부터 밤까지 일에 대해 걱정하기 시작했다.

'만약'을 포착하는 것이야말로 걱정을 완화하고 그것을 궁금증으로 바꾸는 강력한 방법의 출발점이다. 걱정이 두려움과 더불어 미래를 생각하는 것이라면, 궁금증은 호기심과 더불어 미래를 생각하는 것이다. 그리고 호기심은 새로운 무언가를 찾거나 얻고 싶은 욕망에서 시작된다. 불확실성에 직면했을 때, 그 상황에서 무엇을 배울 수 있을지 생각해봐도 좋다. 달리 말하자면 다음과 같다. "어떻게 전개될지 궁금해. 어떻게 될지 궁금해. 누가 거기 있을지 궁금해. 결과가 무엇일지 궁금해. 이와 관련해 누구에게 물어볼 수 있을까?"

불확실한 시기에 걱정 대신 궁금해하는 태도를 선택한다는 것은 실제로 무슨 일이 일어나는지 기다려 보고, 질문을 던져 더 많은 사실을 배우는 것을 의미한다. 나의 고객 톰이 가정을 하는 대신 상사에게 직접 어떻게 지내는지 물어봄으로써 상사의 실제 생각을 알아낸 것이 하나의 사례이다. 궁금증은 모호한 상황을 더 잘 헤쳐나갈 수 있도록 호기심을 유지하게 만든다. 이는 강력한 장점이다.[3] 자격증 시험에 합격하지 못하리라고 스트레스받는 대신, 시험에 무엇이 나올지 궁금해하고 어떻게 하면 가장 잘 준비할 수 있을지 질문을 던진다면 어떨까? 그러면 공부 시간을 계획하고 중요한 자료를 검토하거나 스터디 그룹 혹은 개인 교사와 만나게 될 테고, 결과적으로 시험을 잘 볼 수 있는 가능성이 더 커질 것이다. 궁금증을 키우는 것은 공황에 빠져 허우적대지 않고 앞으로 나아가는 데 큰 도움이 된다.

> **전문가의 조언**
>
> 자기대화를 전략적으로 바꾸어 걱정을 궁금증으로 바꿔라. '만약에…'라고 생각하는 자신을 발견할 때마다 그 대신 '나는 궁금해…'라고 말하도록 연습하라.

● 틈새 찾아 구멍 내기

궁금해하기가 불확실성에 직면한 우리가 걱정을 대체할 수 있는 유일한 방법은 아니다. 기존의 도구들을 사용하여, 균형 잡히지 않은 생각의 빈틈을 찾아 거기에 구멍을 내어 자기대화를 개선할 수도 있다. 이제 우리는 이 방면의 전문가가 되어가고 있다는 느낌이 든다. 그렇지 않은가?

이미 논의했던 부정성 편향 때문에 힘든 상황에 놓인 사람들이 긍정적인 결과를 예측하는 경우는 그리 많지 않다. 마지막으로 "이건 정말 잘될 거야!"라거나 "그들이 나를 있는 그대로 정말 좋아해줄 것 같아!"라고 생각한 것이 언제였는지 스스로 생각해보라! 우리 인간은 손실회피loss averse(이익을 얻는 것보다 손실을 피하려는 경향. - 옮긴이) 성향이 너무도 강하다 보니 불확실한 상황에서는 부정적이고 불쾌하거나 원치 않는 결과에 대해 더 많이 생각하는 경향이 있다.

그래서 인간은 본질적으로는 헛된 일이지만, 일이 잘못되리라 예측해 가능하면 실망으로부터 자신을 보호하고 책임에서 벗어나려고 한다. 그러나 사실 원하던 장학금, 일자리, 관계를 놓치면 어쨌든 속상할 것이다. 그렇다면 결국 우리가 부정성 편향으로 놓치게 되는 것은 희망, 설렘 그리고 호기심 같은 좋은 감정들을 느낄 기회다.

그렇다고 해서 장밋빛 안경이 해결책이 되지는 못한다. 사실, 가능하다면 모든 안경 따윈 없애버리고 싶다. 나의 목표는 당신이 상황을 있는 그대로, 어떤 부정적이거나 긍정적인 필터 없이 볼 수 있도록 돕는 것이다. 느낌이 아닌 사실에 집중하고, 마음이 왜곡한 현실 때문에 왜곡된 감정에 빠지지 않도록 하는 것이다. 그러한 인지왜곡에 휘둘려서 나쁜 일이 반드시 일어날 것이라는, 아무런 근거도 없는 예측 따위는 믿지 말아야 한다! 하지만 어떻게 인지왜곡을 극복할 수 있을까?

빈틈을 찾아라! 구멍을 내라! 일단 "내 생각이 *반드시 사실은 아닌* 이유는 무엇일까?"라는 질문으로 시작하라.

부정적 예언의 문제를 깨닫는 것은 그다지 어렵지 않다. 미래에 일어날 일에 대한 그 어떤 부정적인 생각도 필연적인 사실은 될 수 없다. 왜냐하면 *미래는 아직 일어나지 않았기* 때문이다. 따라서, 아무리 앞서 여러 번 정확하게 결과를 예상한 적이 있더라도, 어떤 예측도 결정적이라 할 수 없다. 이것이 당신이 가진 비장의 카드다. 그러므로 아무런 도움도 되지 않는 예언 왜곡에 진지한 의문을 제기하고 심각한 구멍을 내고 싶을 때마다, 스스로에게 상기시켜라. "이 일은 아직 일어나지 않았어."

다른 사람들이 무슨 생각을 하는지 알 수 없다. 그러니 당신이 사람 마음을 읽는 데 얼마나 능숙하다고 믿든, 누군가를 얼마나 잘 안다고 생각하든, 당신의 마음추측 생각 역시 반드시 사실이라곤 할 수 없다. 따라서 스스로에게 상기시켜라. "사람들이 오직 진실만 말하지 않는 이상 다른 누군가의 생각을 확실히 알 수는 없다."

최초의 질문에 답한 후에는 더 깊이 파고들어보라. 스스로에게 물어보라.

- **내가 가정을 하고 있지는 않은가?** 내 생각이 아직 일어나지 않은 일에 대한 예측은 아닌가? 나는 다른 사람이 무엇을 생각할지 그저 추정만 하고 있는 게 아닌가?
- **다른 가능성들은 없는가?** 내 생각 외에 어떤 다른 일이 일어날 수 있는가? 지금 벌어지고 있는 상황에 대한 대안적인 해석이나 설명으로는 무엇이 있을까?

● 상황 전개해보기

나는 성취주의자들을 상대로 수년간 일해왔다. 하지만 최고경영자, 영향력 있는 변호사, 성공한 학자, 그리고 아무리 자기 분야에서 최고라는 사람들조차 미래에 일어날 일에 효과적으로 대처할 수 없다고 자신의 능력을 의심한다는 사실은 여전히 흥미롭다. 그들이 얼마나 높은 지위에 있는 사람들인지, 과거에 얼마나 많은 스트레스 상황을 관리했는지는 중요하지 않다. 그들은 여전히 언제라도 부서질 수 있는 연약한 자신감으로 고통받는다.

　이런 사람들이 자기 분야에서 자기 능력을 인식하고, 동시에 잠재적 결과에 대해 균형 잡힌 관점을 유지하도록 돕는 방법의 하나로 나는 "상황을 전개해보죠"라고 말한다. 그런 다음 그들이 두려워하는 결과라 할 수 있는 최악의 시나리오가 실제로 현실이 된다면 어떤 일이 일어날까 상상의 나래를 펴보라고 한다. 그러면 그들은 상황을 전개해보면서, 몇 가지 중요한 사실을 깨닫는다. 첫째, 그 두려운 결과들이 일어날 가능성은 있지만, 일어날 확률은 높지 않다. 둘째, 설령 그 '실패'가 실제로 일어난다고 해도 그들은 괜찮을 것이다. 진정 어렵거나 좋지 않은 상황에 놓일 수도 있지만, 그들에겐 여전히 그 상황을 헤쳐나갈 능력이 있다. 예를 들어, 그들이 설립한 회사가 망하거나 관계가 끝나는 것을 걱정한다면, 나는 그들이 네트워크에 의지하거나 자원을 활용하여 문제를 파악하고 상황을 바꾸어 문제를 해결해 계속 앞으로 나아갈 방법을 찾을 수 있다고 이야기한다. 마지막으로, 나는 그들이 혼자가 아니라는 사실을 기억하라고 격려한다. 우리 중 혼자인 사람은 없다. 우리는 항상 친구, 치료사, 멘토, 의료 전문가 등 다른 사람에게 손을 내밀어 필요한 지원을 요청할 수 있다. 누구나 때로는 도움이 필요하기 마련이다. 그 사실을 부끄러워할 필요는 없다.

> **전문가의 조언**
>
> *가능성과 확률의 차이에 주목하라.* 이는 불안과 마음의 평화라는 차이를 낳을 수 있다. 예를 들어, 팀의 주간 회의에 참석하지 않았다는 이유로 해고될 가능성은 있을 수 있다. 그러나 상사가 단 한 번의 회의 불참으로 당신을 해고할 확률은 높지 않다.

● **중립적 예측하기**

다음은 중립적 예측이다. 이 전략은 당신이 부정적인 생각을 피하고, 편견 없이 현실에 기반한 태도를 유지하도록 돕는다. 구체적으로는, 불확실한 상황이나 환경, 또는 상호작용에 직면했을 때 부정적 또는 긍정적인 방향으로 예측하지 않고 중립을 유지하는 것을 의미한다. 당신은 그 순간에 불확실성이 존재한다는 것을 인식하고 어떤 것도 가정하지 말아야 한다. 다음 예시를 살펴보라.

- **상황**: 당신은 매우 인기 있는 동네에 살고 있다. 어느 날 집주인이 당신이 지금 살고 있는 집을 팔겠다고 말한다. 당신은 이사해야 한다.
- **부정적 예언**: "아, 이 동네에서 내 돈으로 감당할 수 있는 쓸 만한 아파트는 절대 찾지 못할 거야! 시끄럽고 지

저분한 룸메이트와 같이 살게 되거나, 수요가 많지 않은 인기 없는 동네로 이사해야 할 거야."
- **중립적 예측**: "부동산 중개인과 약속을 잡고 친구들에게 연락해서 당장 어떤 집을 구할 수 있을지 알아봐야겠다."
- **상황**: 한 자선사업가를 만나, 당신이 주최하는 모금 행사에 상당한 기부를 요청하려 한다.
- **마음추측**: "그가 나를 탐탁치 않게 생각하는 거 같아. 어쩌면 내가 자신이 주최하는 행사가 뭔지도 모르면서 그에게 요청한다고 생각하지 않을까."
- **중립적 예측**: "그는 나와 이 행사에 대해 어떻게 느끼는지 긍정·부정 어느 쪽으로도 표현하지 않았어. 지금은 그의 기부 여부를 알 수 없어."

그저 아무것도 가정하지 말고 앞으로 나아가라.

실전해보기

이제 당신 차례다. 당신 삶에서 스트레스를 주는 불확실한 상황을 생각해보라. 매우 중요한 일보다는 조금은 사소한 시나리오를 선택하라. 새로운 기술을 연습할 때는 약간 도전적이지만 압도적이지는 않게 느껴지는 소재가 이상적이다. 부정성 편향이 전혀 도움이 되지 않는 부정적인 예측을 가리킬 때 '*사전 생각*before thought'이 어떻게 들릴지 묘사해보라. 그런 다음 중립적 예측을 선택하여 '사후 생각$_{after\ thought}$'을 만들어보라. 이 변화가 당신의 에너지와 기분에 어떤 영향을 미치는지 주목하라.

당신의 상황:

부정적 예언 / 마음추측:

중립적 예측:

영향(중립적 예측 후 어떤 느낌이 들었는가?):

자기대화 수준을 레벨업하라

이제 중립적 예측을 시도해보고 예기불안 수준을 낮췄으니, 어떤 미래가 다가오더라도 감당할 준비가 되어 있다는 인식을 마음에 새기는 단계로 들어가보자.

 도전할 준비가 되었다면(당신은 성취주의자이기 때문에 이미 준비되어 있겠지만), 불확실한 상황에 중립적인 태도 유지를 넘어 실제로 긍정적인 방향으로 조금씩 나아갈 수 있다. 자기대화 수준을 높이려면 먼저 호기심을 유지하는 자기대화 표현을 배우고 익힌 다음, 희망을 품는 대화로 전환하고, 마지막으로 설레고 기대해야 한다.

- **어떻게 될지 지켜보자, 무슨 일이 일어나더라도: 불확실성에 관한 호기심 유지하기**

최악의 상황을 가정하는 대신 무슨 일이 일어날지 궁금해하는 것과, 어떤 일이 일어나더라도 스스로 해결하고 필요에 따라 도움을 받을 수 있다고 믿는 것은 다른 차원의 생각이다. 여기서 내가 가장 좋아하는 두 표현이 등장한다. "어떻게 될지 지켜보자"와 "무슨 일이 일어나더라도"이다.

이 표현들을 당신의 어휘로 만들 수 있다면 불확실성을 탐색할 때 궁극적인 목표인 호기심 유지에 도움이 될 수 있다. 내가 좋아하는 두 표현을 잘 활용한 자기대화 예를 들어보겠다. "프로젝트가 잘 안될까 봐 걱정돼. *하지만*, 아직 일어나지 않은 일이니 걱정은 시간 낭비일 뿐이야. 나는 호기심을 유지하기로 선택할 수 있어. 준비하고 최선을 다하는 데 집중할 거야. 그리고 어떻게 될지 지켜보는 거지 뭐. 무슨 일이 일어나더라도 나는 최선을 다했다는 걸 알아. 그러니 닥친 일을 해결할 방법도 찾을 수 있을 거야."

특히 "무슨 일이 일어나더라도"라는 태도는 미래에 어떠한 일이 닥치더라도 그 일에 대처하는 자신감을 키우는 데 도움이 된다. 당신은 스스로 이렇게 되뇔 수 있다. 무슨 일이 일어나더라도, 나는 주어진 상황에서 최선을 다했다는 것을 안다. 그리고 여전히 최선을 다할 것이다. 그게 내가 할 수 있는 전부다.

어떤 도전이 있더라도 스스로를 믿고 최선을 다할 것이라는 믿음을 강화하면(여기에는 다른 사람들과 협력하거나 도움을 구하는 것도 포함될 수 있다), 미래에 대한 불안은 크게 줄어든다. 스스로에 대한 믿음은 큰 안도감을 준다! 기억하라. 당신은 인간이다. 당신의 최선은 날마다, 상황마다 다를 수 있다. 하지만 그 자체로 충분하다. 당신은 충분히 탁월하다.

● 가능성에 대해 희망 품기

호기심 유지는 커다란 성과라 할 수 있다. 하지만 호기심 유지의 달인이 되었다고 해서 실제로 *희망을* 품을 수 있는가? 다가오는 일로 인해 불안한 순간에 있는 성취주의자들에게는 어려울 수 있다. 충분히 이해할 만하다. 하지만 불확실한 상황에서 희망을 갖기 위해서는 무엇보다도 먼저 "나의 희망은 어떤 모습일까?"라는 질문을 던져야 한다.

예를 들어, 나의 고객 그랜트는 정말 마음에 드는 회사에 두 번째 인터뷰 일정이 잡혔고 잘 해낼 수 있을까 전전긍긍하고 있었다. 그는 안경을 고쳐 쓰며, "어리석은 말을 해서 일자리를 얻지 못하면 어쩌지요?"라고 내게 물었다. 이런 생각이 얼마나 두려움을 증가시키고 최선의 모습을 보여줄 가능성을 감소시키는지 이제는 당신도 상상할 수 있을 것이다. 그래서 우리는 먼저 미지의 것에 호기심을 갖고 균형 잡힌 자기대화를 연습해보기로 했다. "저는 정말 그 일자리를 원하지만, 무슨 일이 일어날지는 알 수 없어요" 그가 말했다. "그러니 그냥 잘 준비하고 최선을 다할 거예요. 어떻게 되는지 지켜보죠, 뭐. 무슨 일이 일어나더라도, 저는 괜찮을 거예요."

다음으로, 나는 그랜트에게 한 걸음 더 희망의 수준을 올려보라고 격려했다. 그에겐 그런 잠재력이 충분히 보였다! 조심스럽게 그는 조금 더 긍정적으로 말하기 시작했다. "저는 정말 그 일자리를 원하지만, 무슨 일이 일어날지 확실히 알 수는 없어요. 그냥 잘 준비하고 최선을 다할 거예요. 잘되리라 희망하고, 일자리를 얻게 되길 바라요. 만약 얻지 못하더라도, 적어도 꽤 괜찮은 인터뷰 실습을 한 셈이니 조만간 다른 좋은 기회를 찾을 수 있게 되기를 바랍니다."

불확실성을 미래의 좋은 일뿐 아니라 의미 있는 도전으로 인식하는 것은 삶의 가능성을 더 크게 여는 전환점이 될 수 있다.

- **기회에 설레기**

　미래를 고대하며 설렐 수 있다면 어떨까? 축하의 꽃가루를 뿌릴 일이다! 정말 그럴 수 있을까? 알고 있다, 불확실성 앞에서 성장의 기회를 엿보는 건 쉽지 않은 일이다. 중요한 시험이든, 프로젝트든, 심지어 첫 데이트든. 설렘은 희망을 품는 것보다 더 어려운 일이다. 그렇다고 해서 생각만큼 불가능한 일도 아니다. 당신은 이미 호기심을 유지하고 희망을 품는 법을 배웠다. 이제 자기대화의 수준을 한 단계 더 발전시키면, 불확실한 상황이 어떻게 진행되든 간에 그 안에 숨겨진 유익한 기회를 모두 받아들이겠다는 열린 마음을 가질 수 있다.

　사실, 우리가 두려워하는 상황 대부분은 결국에는 유익하거나 즐겁거나, 혹은 둘 다이다. 유해한 낙관주의 toxic positivity(상황이 아무리 어렵더라도 긍정적인 사고방식을 유지해야 한다는, 일종의 비현실적인 낙관주의. - 옮긴이)를 말하고 있는 게 아니다. 나는 현실을 말하고 있다. 우리는 경험을 통해 무언가를 배운다. 그러면서 깨닫는다. 대체로 예상보다는 현실이 끔찍하지 않다는 사실을. 더 높이 올라가는 데 관심이 있는 야심 찬 사람은 반드시 기억하라. 경험을 통해 더 많은 기술과 정보를 축적할수록 시장에서 팔릴 가능성이 커진다. 불안에 낭비하는 에너지가 적을수록 지속적인 성공을 위해 사용할 수 있는 에너지는 더 많아지는 법이다.

따라서 스스로 되뇌어라. "무슨 일이 일어나더라도, 이 일로부터 무언가를 배울 거야."

첫 데이트를 앞두고 있다고 상상해보자. 일이 잘 진행된다면, 새로운 친구를 사귈 수 있다. 정말 잘되면, 꿈꾸던 파트너를 만날 수도 있다! 그저 그런 데이트라면, 상대방에게 원하거나 원하지 않는 특성을 명확히 파악하여 다음에 다른 선택을 할 때 도움이 될 것이다. 어쩌면 좋은 이야깃거리가 생길 것이다. 무슨 일이 일어나든, 이런 식으로 데이트를 생각하면 당신에게 윈-윈이 된다. 당신은 이제 데이트를 시간 낭비가 아니라 *즐겁거나 유익한* 것으로 볼 수 있게 되었다! 물론 '즐거운' 경험이 선호되긴 한다. 하지만 '유익한' 경험들, 특히 바랐던 대로 되지 않았을 때의 경험은 종종 우리 자신, 다른 사람들, 그리고 세상에 대해 가장 많이 확실히 알게 되는 지점이 된다. 좋든 싫든, 사람들은 대개 역경에서 가장 많은 것을 배운다.

호기심을 유지하고 희망을 품으며 자신이 생긴 그랜트는 인터뷰를 앞두고 설렘도 느껴보기로 했다. "저는 정말 이 일을 원하지만, 무슨 일이 일어날지 알 수 없어요." 그는 다시 시작했다. "준비 잘하고 최선을 다하는 데 집중할 거예요. 일자리 제안을 받은 것만으로도 설레요. 그리고 어떻게 되든,

인터뷰 기술을 다듬고 새로운 사람들을 만날 기회에 설레고 있어요."

물론, 그랜트의 인터뷰 전 불안 모두가 당장 사라지지는 않았다. 하지만 미리 패배감을 느끼는 것과는 대조적인, 그의 새로운 설렘을 촉진하는 자기대화는 채용의 시금석이 되었을 수 있다. 그랜트의 채용 여부와는 상관없이(물론 실제로 채용되었다), 그의 한 단계 업그레이드된 자기대화는 확실히 인터뷰에 대한 불안을 줄여주었다.

따라서 불확실한 상황이라면 설렘을 주는 자기대화를 사용하도록 연습해보라. 당신의 걱정은 줄어들고, 실제로 일어나는 일은 훨씬 더 쉽게 관리할 수 있을 것이다.

행동 수준을 레벨업하라

우리는 지금까지 인지전략(생각)을 통해 불확실한 상황에 접근하는 방식을 개선하고 스스로 걸림돌이 되지 않으며 지속 가능한 성공을 찾는 방법을 이야기했다. 그러나 불확실성을 다루는 데 큰 도움이 될 수 있는 명확하고 실질적인 행동 해결책들도 있다. 성취주의자인 당신은 이런 실용적인 해결책들이 마음에 들 것이다.

● 대비

시인 로버트 프로스트Robert Frost는 "가장 좋은 탈출구는 관통하는 것이다"라고 말한 적이 있다. 불안한 순간들을 피하려만 들지 말고, 직접 겪어야 한다. 그러니 불확실한 미래의 결과를 걱정하며 에너지를 낭비하는 대신, 지금 당신이 통제할 수 있는 것에 주의를 집중하라. 바로 다가올 일에 대비하라! 결과가 아니라, 통제할 수 있는 구체적인 행동, 다시 말해 과정에 집중하라.

나의 관찰에 따르면 높은 성과를 추구하는 사람들, 특히 나의 고객 중 변호사들은 사교 모임이나 네트워킹 행사networking events(인맥을 쌓기 위한 모임. - 옮긴이)를 앞두고 압도감을 느끼는 경우가 많다. 그 이유는 처음 보는 사람과 나눠야 하는 가벼운 일상 대화에 대한 두려움 때문이다. 그래서 이들에게는 네트워킹 모임, 콘퍼런스, 워크숍, 또는 사교 행사를 위한 준비가 필요하다. 나와 그런 고객들은 회피하거나 선호하는 주제를 미리 생각한다. 그리고 정치와 종교 같은 민감한 주제는 피하고, 최근에 읽은 책이나 즐기는 활동에 대한 가벼운 대화에 집중하기로 한다. 사랑하는 사람을 잃은 슬픔, 이혼, 건강 문제, 또는 직업 변경과 같은 어려운 개인적 문제로 고민하는 고객들도 마찬가지다. 그들은 이런 주제의 이야기를 꺼내고 싶어 하지 않는다. 왜냐면 그런 이야기를 꺼내는 바로 그 순간 안녕? 하고 예기불안이 찾아오기 때문이다! 이런 사람들을 위해 나 같은 상담사들은 그 순간에 강렬한 감정적 반응을 덜 느낄 수 있도록 '표준 답변'을 개발하고 있다. "물어봐주셔서 감사합니다. 잘 견뎌내고 있어요" 또는 "이게 다 잘되라고 그런 거겠죠" 같은 말을 하고는 바로 화제를 전환한다. 자신이 무엇을 이야기하고 싶은지, 또는 이야기하고 싶지 않은지를 파악하고 있는 상태에서 행사장에 들어서야 더 차분하고 자신감 있게 행동할 수 있다.

예를 들어, 취업 인터뷰를 앞두고 긴장된다면 사전 대비가 필요하다. 그 회사의 문화를 조사하거나 예상 질문 목록을 만들어보라. 기말고사를 앞두고 있다면, 학기 말 성적을 걱정하는 대신 가장 불안한 부분을 정해 플래시 카드를 만들어라. 주말 내내 월요일 아침 회의를 두려워하다가 휴식이 가장 필요한 일요일 밤에 미친 듯이 자료를 준비하는 대신, 금요일 근무시간에 미리 준비하라. 다가오는 일에 대비하는 과정에 에너지와 시간, 주의를 기울이면 예기불안을 줄이고, 자신감을 키우며, 앞으로 나아가는 동력을 얻을 수 있다.

> **전문가의 조언**
>
> 에너지는 한정된 자원이라는 사실을 기억하라. 스스로에게 물어보라. 일어날 수도, 일어나지 않을 수도 있는 일에 스트레스받으며 에너지를 낭비하고 싶은가? 아니면 가능한 한 많은 에너지를 성공을 위한 준비에 쏟고 싶은가?

● **전략적 주의 전환**

자, 이제 모든 준비를 마쳤는가? 그러면 자기돌봄을 시작하라! 잠시 숨을 돌리거나 즐거운 활동을 계획하라! 해야 할 일을 *회피하기* 위해 다른 데로 주의를 돌리라는 말이 아니다. 전혀 아니다. *전략적 주의 전환*이라는 말에는 나름의 이유가 있다. 준비를 마친 후에는 의도적으로 다른 일을 하여 뇌에 휴식을 주고 재설정할 기회를 주어, 불필요한 걱정을 최소화하고 다른 곳에 주의를 집중할 수 있도록 하라. 중요한 일을 열심히 준비했다면 마음이 지치고 감정이 격해질 수 있다. 그러니 산책을 즐기거나, 헬스장에 가거나, 요가나 명상을 하라. 밖에 나가 신선한 공기를 마시고, 재미있는 영화를 보거나, 친구를 만나거나, 반려동물과 시간을 보내라. 에너지를 끌어 올리고 다가오는 일의 두려움에서 주의를 돌릴 수 있는 즐거운 일을 하라!

> **실천해보기**
>
> 중요한 일이 다가오고 있는가? 결과가 불확실한가? 스스로에게 물어보라. 대비를 위해 할 수 있는 다른 일이 있는가? 없다면, 걱정에서 벗어나 기분 좋게 할 수 있는 세 가지 일은 무엇인가? 즐겁고 편안하고, 심지어 생산적인 일일 수 있다. 옷장 정리, 설거지, 장보기 등은 불확실성에 직면했을 때 통제감을 줄 수 있다. 전략적으로 주의를 전환할 수 있는 세 가지 아이디어를 떠올려라. 목록을 만들어라. 적어두어라!

● **참여**

어릴 때 배운, 아직도 잊지 않고 있는 격언이 있다. "예상하려 들지 말고 참여하라!" 공부, 복습, 연구, 리허설 등 능동적인 대비는 어느 순간 끝나고 만다. 결국엔 무대에 오를 시간이 온다! 준비를 마치고 에너지를 재충전할 시간을 가졌다면, 이제는 실제로 참여할 시간이다. 열심히 공부한 시험을 치러야 한다. 프레젠테이션을 해야 한다. 어떻게 되는지 두고 보라. 뭐든 닥치는 대로 하라. 인지왜곡은 당신을 기만하여 예기불안을 만든다. "난 아직 준비가 안 됐어, 완벽해야 해, 계속 준비해야 해!"와 같은 생각이 들 수 있다. 하지만 그런 부정적인 자기대화에 굴복하지 말아야 한다! 굴복하지 말고, 행동하라. 기억하라. 회피는 불안을 지속시키고, 직면은 불안을 극복한다. 그리고 결과가 좋든 나쁘든 참여하여 무언가 했다면, 당신은 그 일을 완수한 것이다!

참여 후 기억상실

"그래서 어떻게 됐어요?" 다프네가 소파에 앉자마자 나는 질문을 던졌다. 한 손에는 믿음직한 4색 볼펜을 들고, 무릎 위에는 가로줄이 그어진 메모 패드를 올려놓았다. 나는 지난주 세션에서 그녀가 프레젠테이션 중 배가 아플까 걱정했던 결과를 업데이트할 준비가 되어 있었다.

"어, 뭐가 어떻게 됐냐는 거죠, 박사님?" 나는 웃음을 참을 수 없었다. 이런 대답은 정말 수없이 들으면서도, 여전히 기가 막힌다. 우리 인간들은 참 재미있는 존재다. 지난주만 해도 어떤 상황에 완전히 사로잡혀 세상이 전부 무너지는 듯하다가, 다음 주가 되면 우리 삶을 망칠 것만 같았던 그 불안했던 상황을 기억조차 하지 못한다. 하릴없이 나는 다프네에게 상기시켰다. "기억나세요? 지난주에 금요일 발표 중에 배가 아플까 무섭다고 말씀하셨잖아요." 다프네는 잠시 생각하더니 대답했다. "아, 맞아요. 아뇨, 괜찮았어요."

내가 '참여 후 기억상실'이라고 부르는 이 현상은 시험, 데이트, 연설, 회의, 병원 진료, 또는 취업 인터뷰와 같은 불안을 유발하는 사건들이 지나간 후에 흔히 일어난다. 두려워하던 사건이 지나가고 예상만큼 나쁘지 않았다는 것을 알게 되면, 환자들은 그 일에 대해 거의 완전히 잊어버리는 것 같다. 죽느냐 사느냐의 문제가 대수롭지 않은 일이 되어버리는 것이다. 불확실성을 다루는 데 근본적인 교훈이 있다면 바로 이 점이다. 현실은 예상만큼 두렵지 않다. 그리고 불안은 모두 헛되다. 그러니 우리는 불안 대신 호기심을 유지하는 편이 낫다.

주요 요점

- 미래는 본질적으로 미지의 영역이다. 불확실성 없는 삶이란 없다. 인정하라.
- 인생은 우리에게 등대가 아닌 손전등을 준다. 이 손전등으로 우리는 미래를 향한 길을 찾아야 한다.
- 무슨 일이 있더라도, 당신에게는 어떤 결과든 처리할 수 있는 문제 해결 능력이 있다.
- 불확실한 순간에 처했는가? 호기심을 유지하라. 희망을 품어라. 설레는 마음을 가져라.
- 스스로를 믿어라. 당신은 높은 성취를 꿈꾸는 사람이다. 아무리 혼란스럽고 답답하더라도 빠져나갈 방법을 찾을 수 있다.

건강한 관계를
구축하라

핵심 원칙 #4

우리는 위로의 손길, 미소, 따뜻한 말, 경청, 진심 어린 칭찬,
또는 배려 같은 작은 행동의 힘을 너무도 과소평가한다.
사실 이 모든 것들은 한 사람의 인생을 바꿀 수 있는
잠재력을 지니고 있다.

- 레오 버스카글리아 Leo Buscaglia (Dr. Love로 알려진 미국의 작가이자, 교육자. - 옮긴이)

이제까지 논의한 세 가지 핵심 원칙들은 모두 스스로에게 초점을 맞춘 것이었다. 당신을 방해하고 활력에 영향을 미치며 걱정을 증가시키는 생각, 감정, 행동을 관리하는 방법을 알려주는 내용이었다. 그리고 완벽주의와 압도감, 불확실성에 접근하여 이를 뒤집어엎는 방법도 알려주었다. 이제는 성취주의자들에게 흔히 나타나는 *외적 스트레스*의 가장 주요 원인인, 다른 사람과의 관계를 능숙하게 관리하는 방법을 탐구해 볼 시간이다.

사실, 진정으로 잘 살기 위해서 우리는 관계 개념을 이용

하는 방법을 배워야 한다.

"인간관계라고요? 다른 것도 많은데 이것까지요?"라고 당신은 한숨을 내쉴 수도 있겠다.

이해한다. 당신은 의욕이 넘치는 사람이니 아마도 가능한 한 많은 에너지를 목표를 향해 직접 쏟고 싶어 할 것이다. 게다가 대인 관계는 주의를 산만하게 만드는 방해 요소로 보일 수 있다. 특히 인간관계의 요구가 일상적인 업무 압박보다 사람을 더 지치게 만든다고 느끼는 성취주의자들에게는 더더욱 그럴 것이다. 하지만 친구, 가족, 직장 동료와의 건강한 관계는 당신의 성공에 가속페달을 달아주는, 가장 효율적인 요소 중 하나다. 그리고 불행히도, 건강하지 못한 관계는 가장 해로운 장애물 중 하나가 될 수 있다.

따라서 당신을 지지해주는 관계를 맺는 것, 그리고 불안과 스트레스를 낳는 관계를 잘 다루는 것은 발전을 원하는 당신에게는 선택 사항이 아니다. 필수 사항이다. 나의 고객들을 보더라도 이 분야에서 제대로 관리되지 않은 스트레스는 행복과 성취에 가장 큰 장애물이기 때문이다. 그리고 아이러니하게도, 인간관계는 우리 삶에서 가장 큰 스트레스의 원천이면서 동시에 가장 강력한 스트레스 관리 도구 중 하나다.

관계, 스트레스, 그리고 업무 수행 능력

지속 가능한 성공을 이루는 능력에서 인간관계가 얼마나 중요한지 파악하기 위해서 먼저 스트레스 관리의 기본부터 알아보자. 사실, 모든 사람은 살면서 스트레스를 경험한다. 그렇다면 스트레스란 무엇일까? 간단히 말해, 스트레스는 도전이나 변화에 대한 우리의 반응이다. 따라서 스트레스는 항상 나쁜 것도 아니다. 실제로, 보스턴 대학의 심리학자이자 연구 부교수 존 D. 오티스John D. Otis 박사에 따르면, "우리의 변화와 노력을 요구하는 모든 사건은 일정 수준의 스트레스를 수반한다."[1] 다시 말해, 스트레스는 승진하거나, 대회를 준비하거나, 집을 사는 것과 같은 긍정적인 사건에서도 일어날 수 있다. 따라서 스트레스는 당신을 아침에 일어나게 하고, 행동하게 만들고, 야심 찬 목표를 정복하라고 용기를 불어넣어주는 요소의 일부라고 할 수 있다. 오티스 박사가 지적하듯이, 특히 성공할 가능성이 크다고 생각하면 이 스트레스는 설렘과 긍정적인 기대로 바뀔 수 있다. 그렇게 되면 에너지를 모으고 집중력을 높여 자신의 역량을 한 단계 끌어올릴 수 있다.

따라서 상황이나 사건에 대한 인식이 중요하다. 주어진 상황을 처리할 수 있고 성공할 가능성이 크다고 인식하면 우리는 설레고, 의욕이 샘솟고, 동기부여를 받는다. 이게 바로 건강한 각성 상태, 유스트레스eustress다. 반대로, 어떤 상황이나 도전을 우리의 대처 능력을 넘어서는 것으로 인식하고 "나는 이걸 감당할 수 없어!"라고 생각한다면, 우리는 압도감을 느낄 것이다. 이럴 때 스트레스는 각성 상태를 넘어 디스트레스distress가 된다.

스트레스가 '너무 많다'고 느낄 때, 성취주의자들은 불안, 압도감, 피로, 번아웃과 같은 부작용을 경험한다. 이는 최고의 역량을 발휘하여 일이나 문제를 해결하는 능력에 부정적인 영향을 미친다.

스트레스와 업무 수행 능력 사이에서 관찰되는 이 강력한 관계는 역U자 모양으로 나타나는 여키스-도슨 법칙Yerkes-Dodson law으로 설명된다.[2] 아래 도표에서 스트레스는 '각성'으로 표현된다. 최적의 스트레스 양은 곡선의 정점으로 표시된다.

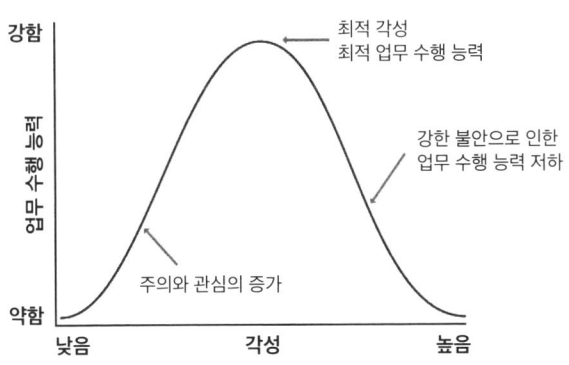

그래프 왼쪽은 낮은 각성 상태를 나타낸다. 이는 "난 신경 안 써"라고 말하는 것과 같다. 즉, 동기부여가 되지 않아 최선을 다하지 않는 것이다. 그래프 오른쪽은 높은 각성 상태를 나타낸다. "난 이걸 감당할 수 없어"라고 말하는 것과 같다. 앞서 설명한 대로, 압도감을 느끼고 최선을 다해 일하기 어려운 상태이다. 그래프 중간의 적정 지점은 "난 이걸 신경 쓰고 잘되기를 원해. 난 이걸 감당할 수 있어"라고 말하는 순간이다. 최고 수준으로 일하는 데 필요한 최적의 스트레스를 느낄 때이다.

그렇다면 이런 질문을 던질 수 있다. 삶의 어떤 요소들이 우리를 이 곡선의 왼쪽 끝이나 오른쪽 끝으로 밀어내는가? 오티스 박사에 따르면, 그 요소는 사건 자체가 아니라 우리의 반응이라고 한다.

우리는 성취주의자로서, 어쩌면 당연히 도전과 업무 스트레스를 겪는다. 계속 쌓이기만 하는 마감일과 책임은 사실 당연한 일이다. 하지만 이들을 관리할 수 있는 것으로 인식하는 한, 당신은 압도당하지 않는다. 따라서 우리의 목표는 당신이 이 곡선의 중간, 즉 최적의 업무 수행을 가능하게 하는 적당한 수준의 스트레스가 있는 지점을 유지하게 만드는 것이다.

그런데 여기, 이 지점에 추가적인 스트레스 요인들이 쌓여 감당하기 어려울 정도로 부담이 커질 때 문제가 발생한다. 우리는 이미 가장 중요한 *내적* 스트레스 원인 몇 가지를 다룬 바 있다.

1. 균형 잡히지 않은 생각과 완벽주의 (핵심 원칙 #1)
2. 건강하지 못한 행동 습관과 자기돌봄 부족 (핵심 원칙 #2)
3. 걱정과 부정적인 자기대화 (핵심 원칙 #3)

이제 여러분이 여키스-도슨 곡선의 오른쪽 끝으로 이동하여 압도감을 느끼지 않도록 *외적* 스트레스 요인에 집중하려 한다. 나의 고객들에게서 가장 흔히 찾아볼 수 있는 외적 스트레스의 요인은 앞서 언급했듯이 바로 인간관계다. 인간관계란 가족, 친구, 동료, 연인 관계는 물론 소셜 미디어에서 보이는 타인의 평가까지 포함된다. 그리고 반대로 건강한 관계가 어떻게 스트레스에 대한 완충 역할을 할 수 있는지도 탐구해보려 한다.

이러한 사회적 스트레스 요인들은 어떻게 직업적·개인적 도전을 버거운 짐으로 느끼게 할까? 어떻게 가장 건강한 형태로 우리를 곡선의 정점에 머물 수 있게 해주는 걸까? 직장에서 중요한 마감일이 다가오고 있다고 가정해보자. 결과에 많은 것이 달려 있긴 하지만, 당신을 격려하거나 부담을 나누는 사람들이 있으면 당신은 활력을 느끼고 집중해서 일을 마무리할 수 있다. 하지만 마감일을 맞이하는 동안에 파트너와의 이별, 부모의 압박, 비합리적인 동료들, 불친절한 상사, 끊임없이 의심을 불러일으키는 적대적 친구 등과 같이 인간관계에서도 문제를 겪고 있다면, 일과 가정생활 모두를 관리해야 하는 스트레스가 감당하기 힘들게 느껴질 수 있다.

　마찬가지로, 당신의 에너지를 소모하게 만들거나, 험담 혹은 과도한 음주와 같이 평소와 다른 부정적인 행동을 유도하는 사람들과 어울리는 것도 부담이 된다. 고립도 마찬가지다. 외로움과 단순히 혼자 있는 것은 다르다. 외로움은 당신을 위하는 사람이 아무도 없다거나, 아무도 당신을 지지해주지 않는다는 인식이다. 이런 인식을 하고 있다면, 당신은 최고의 업무 수행 상태(곡선의 정점)에서, 집중하거나 과제를 완수하는 데 어려움을 겪는 상태(곡선이 하락하는 부분)로 이동하게 된다.

　따라서 특정 사람과의 어울림이 당신에게 어떤 영향을 미치는지 잘 관찰해야 한다. 당신을 행복하게 만들고, 격려하며, 지지하고, 영감을 주는 사람들과 보내는 시간을 전략적으로 최대화하라. 그러면 당신은 곡선의 최적 지점에 머물고 최고의 상태를 유지할 수 있다. 스트레스를 주거나, 낙담시키거나, 기운을 빼앗거나, 건강하지 않은 행동이나 사회적 비교로 이끄는 사람들과 보내는 시간은 최소화하라.

강한 관계는 우리를 잘 살게 한다

세스 길리한Seth Gillihan 박사는 《내 마음 내가 치유한다: 알기 쉬운 인지행동치료 CBT》에서 "가장 가까운 사람들만큼 우리의 웰빙에 큰 영향을 미치는 것은 없습니다… 그리고 인간관계가 강하게 나를 지지해준다면, 우리는 거의 모든 일을 견딜 수 있습니다"라고 말한다.³ 많은 연구가 길리한 박사의 말을 뒷받침하고 있다. 건강한 관계는 건강한 감정을 증폭하고 불안을 감소시킨다. 또 사람들이 잘 살도록 돕는다. 카네기 멜론 대학의 브룩 C. 피니Brooke C. Feeney 교수와 캘리포니아 대학교 산타바버라의 낸시 L. 콜린스Nancy L. Collins 교수는 사회적 지지와 '잘 살기'에 관한 연구를 〈개성 및 사회심리학 리뷰Personality and Social Psychology Review〉에 발표했다.⁴ 피니 박사는 이렇게 결론을 내렸다. "인간관계는 우리를 스트레스나 역경에 대처할 수 있게 해줄 뿐만 아니라, 배우고 성장하고 탐구하며 목표를 달성하고 새로운 재능을 계발하고 삶의 목적과 의미를 찾을 수 있게 해준다."⁵ 들었는가? 당신을 배려하는 가까운 친구들과 어울리는 것은 균형 잡힌 삶과 성공을 유지하는 데 도움이 된다.

인간관계가 잘 사는 데 큰 도움이 된다는 사실을 알면서도, 성취주의자들은 대체 왜 인간관계를 우선순위에 두기 어려워할까?

인간관계를 추구하며

스트레스에 시달리는 성취주의적 고객과 상담하며 건강한 관계의 중요성을 꺼내면, 항상 그들은 머리로는 잘 이해한다. 고개를 끄덕이고 미소 짓는다. 당연한 일이다! 그들은 똑똑하니까! 게다가 나를 기쁘게 하고 싶어 한다. 하지만 실제로 건강한 관계를 지속적으로 만들고 유지하는 일은 쉽지 않을 수 있다.

왜 그럴까? 성취주의자들은 강한 인간관계 유지를 가로막는 여러 장애물이 있다고 인식한다. 내가 가장 자주 듣는 세 가지 장애물은 다음과 같다.

1. 시간이/에너지가 없어요!
2. 혼자 있는 게 더 편해요.
3. 정상은 외로운 자리예요.

이 모든 장애물은 그럴듯하다. 실질적인 문제에 뿌리를 두고 있기 때문이다. 결국, 관계에는 시간과 에너지, 노력이 필요하다. 따라서 이러한 우려를 해결하고 필요한 관계를 구축하기 위해서는 우리가 가장 잘하는 일을 해야 한다. 우리가 전등을 비추고 있는 곳을 자세히 살펴보고 거기에서 인식된 장애물에 도전하는 일이다.

- **시간이/에너지가 없어요!**

나는 불안에 가득 찬 성취주의자이면서 과도하게 일하지 않는 사람은 본 적이 없다. 직장에서 늘 걱정하고, 압도되거나 번아웃되어 있다. 게다가 일정이 빽빽한 사람이라면, 다른 사람들과 관계를 맺는 일이 너무도 힘들게 느껴질 수도 있다.

사람을 만나는 대신, 음식을 주문하고 퇴근 후 남은 저녁 시간을 혼자 넷플릭스를 몰아보며 보내길 선택하는 게 편할 수도 있다. 그것도 괜찮다. 가끔이라면 나쁘지 않다. 하지만 항상 그렇게 지내서는 안 된다. 특히 스트레스를 최적으로 관리하고 잘 살고 싶다면 말이다.

다행히도, 이미 우리에게는 시간과 에너지 자원을 보충하고 우리에게 힘이 되는 관계를 우선시하게 만드는 데 도움이 될 만한 몇 가지 전략이 있다.

- **자기돌봄에 집중하라.** 기운이 없다면, 자기돌봄을 통해 휴식을 취해야 한다! 같이 외쳐보자! 자기돌봄! 상담실에 와서 친구를 만날 정도의 기운도 없다고 말하는 사람은 기본적인 자기돌봄에 문제가 있다는 신호를 보내는 셈이다. 자문해보라. 잠은 충분히 자고 있는가? 잘 먹고 있는가? 적당한 운동을 하고 있는가? 스스로를 잘 돌보고 있는지 확인하라. 그래야 다른 사람들과 시간을 보낼 에너지를 확보할 수 있다.
- **실행 가능한 수준을 유지하라.** 우리는 여기에 능숙하다! 기억하겠지만, 습관을 만들고 실제로 유지하는 가장 좋은 방법은 그 일을 관리 가능하게 만드는 것이다. 많은 시간이나 노력이 필요치 않은 일을 계획하라. 물론 친구와 함께 즐길 수 있어야 한다! 주중에 만나 커피 한 잔, 귀갓길 통화, 함께 영화 관람을 시도해보라. 미리 일정을 잡아라. 양보다는 질이 우선이다. 진정한 상호 감사를 느끼는 사람들과 주마다 모여 어울릴 수 있도록 시간을 할애하라.
- **"내일 알려드려도 될까요?"** 잠시 멈추기를 두려워 마라! 많은 시간과 에너지가 필요한 행사 참석, 부탁, 요청을 받았다면 항상 "일정을 확인해볼게요. 내일 알려드려도 될까요?"라고 말할 수 있다. 이 표현을 사용하여

자신을 돌아볼 시간을 가지면, 승인해야 할지 말지 확실하지 않을 때 즉시 응답해야 하는 불안을 줄일 수 있다. 이 표현은 여러분의 시간과 에너지를 보호하는 데 도움이 될 것이다. 누군가가 당장 답변을 요구하고 있다고 느낀다면, 그것은 위험신호다. 자문해보라. 정말 긴급한 문제인가, 아니면 이 사람이 나의 경계를 존중하지 않는 것인가? 아마도 그들 자신이 불안하거나 스트레스를 받아서, 당신을 압박하는 것일 수 있다. 하지만 다른 사람이 스트레스를 받는다고 해서 당신이 그들 일정에 맞춰야 할 필요는 없다. 특히 우리가 사는 상시 연결 세계에서는 잠시 멈추는 것이 더 나을 수도 있다. 그러니 억지로 당장 결정을 내려야 한다는 압박을 느껴야 할 필요란 없다.

데이트는 데이터 수집이다

속도를 늦추거나 심지어 잠시 멈추는 문제는 데이트에서도 흔히 나타난다. 나를 찾아오는 성취주의자들은 빨리 자신의 짝을 찾아서 그 분야는 더는 신경 쓰지 않으려는 열망이 너무도 강하다. 그래서 때로는 그저 편리한 상대에게 안주하곤 한다. 하지만 이는 지속적인 사랑을 위한 방법이 아니다! 나는 이렇게 말하곤 한다. "데이트는 데이터 수집이다!" "그가 나를 좋아해줬으면 좋겠어"라고 생각하기보다는, 주도권은 당신이 쥐고 있다는 걸 기억하라. 데이트에서도 당신의 삶, 에너지, 스트레스 수준은 중요하다. 호기심을 유지하고 충분한 데이터를 모으고, 누군가에게 헌신하기 전에 충분한 *시간*을 가져라.

- 서로 어울리는 인생 목표, 가치관, 생활 습관을 지니고 있는가?
- 상대방은 스스로의 욕구를 존중하며 명확하게 표현할 수 있고, 당신과 당신의 욕구를 파악하는 데도 관심을 보이는가?
- 당신의 영원한 팀메이트가 될 수도 있는 사람은 당신이 '아니요'라고 말하거나 일이 본인의 뜻대로 되지 않을 때 어떻게 반응하는가?

모든 것이 생각대로 잘 되어갈 때는 매력적이고 훌륭해 보이기 어렵지 않다. 진정한 성격의 시험대는 상황이 계획대로 되지 않을 때 사람들이 반응하는 방식이다. 시간을 들여 누군가의 진정한 모습을 알아가면, 당신의 삶에 가치를 더하는 사람, 당신을 격려하고 지지하며 당신이 가진 최고의 잠재력을 폭발시키도록 영감을 주는 사람을 선택할 수 있다. 당신을 있는 그대로 받아들이고 감사히 여기는 사람 말이다. 당신은 멋진 사람이다. 당신은 사랑받고 존중받을 자격이 있다.

● 혼자 있는 게 더 편해요

다시 한번 완벽주의라는 괴물이 그 흉한(하지만 매우 잘 다듬은) 머리를 들고 나타난다. 이 괴물은 우리가 전혀 예상치 못한 곳에서 튀어나온다. 다시 말하지만, 성취주의자들은 가치 있는 사람이 되기 위해서는 완벽해 보여야 한다고 믿는 경향이 있다. 그들은 취약함을 보이면 사람들이 자신을 받아들이지 않을까 봐 두려워한다.

문제는 완벽해 보이려고 애쓸 때 사람들은 진정한 자신이 되지 못한다는 점이다. 우리 인간은 근본적으로 특이하고 불완전하다. 우리가 서로에게 끌리는 이유는 바로 그 특징 때문이다. 인간의 특징은 인간관계 구축에 도움이 된다.

나는 고객들에게 이렇게 묻곤 한다. "누가 더 친근감이 드나요? 포토샵 처리를 블링블링하게 하고 근사한 잡지 화보에 등장하는 켄달 제너Kendall Jenner와 미처 미용실도 다녀오지 못한 날에 사진 찍힌 켄달 제너 둘 중에서요?" 모두 답을 알고 있다. 우리가 테일러 스위프트Taylor Swift를 사랑하는 것도 바로 그런 이유다. 테일러가 항상 완벽하게 꾸민 모습이 아니기 때문이다. 물론 그렇다고 해서 테일러의 스타일을 폄훼하려는 의도는 아니다. 테일러가 사랑스러운 이유는 테일러가 살아 있고 숨 쉬는 인간으로서 자신의 취약성까지 모조리 드러내 보이기 때문이다. 정말 날것 그대로의 모습을 대담하게 드러내고 있지 않은가! 테일러는 자신의 결점까지 당당히 드러내 보이며 우리에게 판단하라고 도전한다. 게다가 진실성이 느껴지게 말한다. 사람들의 독특함을 찾다보면 사람을 아는 게 즐겁다. 그것이 유대를 강화한다.

이런 종류의 진정한 관계를 놓치고 있다면 심각한 문제다.

연구에 따르면 심리학자들이 다른 개인, 집단 또는 커뮤니티와 연결되면서 받을 수 있는 격려를 설명하는 용어, '사회적 지지social support'는 정신적·신체적 건강은 물론 스트레스에 대한 회복력을 높인다.[6] TED 강연 '좋은 삶이란 무엇인가? 행복에 대한 가장 긴 연구에서 얻은 교훈'에서 하버드 성인 발달 연구 책임자 로버트 윌딩어Robert Waldinger는 이렇게 설명한다. "이 75년간의 연구에서 얻은 가장 명확한 메시지가 있습니다. 좋은 관계는 우리를 더 행복하고 건강하게 만듭니다. 더 덧붙일 말은 없습니다."[7]

따라서 이러한 연결을 놓치는 비용은 엄청나다고 할 수밖에 없다.

성취주의자들이 사회적 상호작용을 피하는 또 다른 이유는 자신과 비슷한 부류, 즉 다른 야심 찬 사람들에게 끌리는 경향 때문이다. 지적 수준이 비슷한 사람들과 어울리거나 같은 분야의 동료들 사이에서의 연대감 형성도 물론 가치는 있다. 그러나 이러한 관계 속 대화는 비교 성향을 악화시키고 자신이 모자라다는 느낌과 불안을 증폭시킬 수도 있다. 사회적 상황, 특히 동료들과 함께 있을 때, 나의 고객들은 이런 걱정이 든다고 말한다. "내가 생각하는 만큼 내가 괜찮지 못하면 어쩌지? 그들이 나를 싫어하면 어쩌지?" 그렇게 왜곡된 생각의 함정 속으로 빠져들어간다. 때로는 우리가 너무도 잘 아는 인지왜곡의 '골칫거리 삼총사' 전체를 경험하기도 한다.

- **전부 아니면 전무라는 생각**. 이 왜곡은 당신이 사람들을 완전히 사로잡는 정말 유능한 스타이거나, 아니면 둘 사이의 관계에 이바지할 것이라곤 아예 없는 패배자라고 믿게 만든다.
- **성급한 결론 내리기**. 다른 사람들이 당신을 좋아하지 않는다고 가정해버리고, 그들이 당신의 취약점을 보면 덜 좋아하게 되리라고 생각한다.
- **'해야 한다'는 말**. 추가적인 자기의심을 유발하는 이 왜곡은 당신이 완벽해 보이면서 동시에 친근해 보여야만 *한다고* 믿게 만든다. 모든 사람이 당신을 좋아하도록 *해야 한다*(여기 또 전부 아니면 전무라는 생각이 겹친다!).

● **멈추고, 협력하고, 경청하라**

그렇다면 사회적 불편이나 불안정은 어떻게 극복해야 할까? 이렇게 아무런 도움도 되지 않는 생각에 빠지지 않으려면 어떻게 해야 할까?

이미 말했듯이, 성취주의자들은 일반적으로 가벼운 대화를 불편해한다. 인지왜곡과 별개로 가벼운 대화가 자연스럽게 이루어지지 않는다. 솔직히 말해서, 이해한다. 특히 아무도 모르는 상황에서 낯선 사람들에게 좋은 인상을 주고 싶을 때, 성취주의자에게 사교 활동은 어색하게 느껴질 수 있다. 하지만 그냥 사람들과의 대화만으로도 당신의 세계를 넓힐 수 있다는 것은 놀라운 일이다.

낯선 사람들과의 대화 상황이라면 다음의 사항들을 명심하자.

- 지금 당신의 친구들도 모두 처음에는 낯선 사람이었다는 사실을 기억하라.
- 가장 깊고 어두운 비밀을 모두에게 말할 필요는 없다. 그러나 개인적인 어떤 사실(즉, 일 이외의 삶과 관련된 세부적 내용!)을 하나도 공유하지 않으면, 다른 사람들은 당신과 연결될 실마리가 전혀 없을 것이다.
- 모든 사람에게 좋은 사람이 될 수는 없다. 당신 자신답게 굴어라, 그러면 당신과 맞는 사람들이 자연히 당신에게 끌릴 것이다.
- 대화를 시작할 때는 상대방에게 온전히 집중하라. 일단 경청하고, 알게 된 내용을 바탕으로 반응하라. 예를 들어 그들이 여행을 좋아한다고 언급하면, 거기에 동의하며 "나도 그래요! 다음엔 어디로 가세요?"라고 말할 수 있다.

- 마음 깊은 곳에서 우리는 모두 여전히 세상이 낯선 사춘기 소년·소녀이다 보니, 친절하고 우리와 대화하고 싶어 하는 사람만 보아도 감사히 여긴다. 당신이 먼저 그런 사람이 되어라.

사람들에게 당신을 알리는 일은 매우 중요하다. 그래야 탁월성과 더불어 높은 자리에 함께 도달할 근간이 되는 협력으로 이어지기 때문이다. 스티브 잡스Steve Jobs는 이 사실을 잘 알고 있었다. 그는 "비즈니스에서 위대한 일은 결코 한 개인에 의해 이루어지지 않는다. 그러한 일을 이루는 것은 팀이다"라고 말했다. 그의 말이 옳다. 각자가 특정 전문 지식, 인생 경험, 또는 관점을 제공하며 이바지하는 협력과 팀워크가 없었다면 세상에는 일어날 수 없었던 일이 많다.

그 밖에도, 다른 사람들과의 협력은 업무 수행이나 생산으로 인한 압박을 덜어줄 수 있다. 물론 다른 문제들을 일으킬 수도 있다. 협력이 약점의 징후이거나 혼자서는 성공할 수 없다는 표시로 보일 수 있다고 당신은 생각할 수 있다. 누군가가 당신만큼 일을 잘하지 못하면 어쩌나, 혹은 누군가가 *더 잘하면* 어쩌나 하는 걱정에 일을 맡기기가 두려울 수 있다. 어떻게 협력해야 할지 모르겠다고 느낄 수도 있다. 괜찮다! 스스로를 믿어라. 당신이 팀원으로서 더 많이 자신을 드러낼

수록, 그러한 상호작용은 더 쉽고 유익해진다. 자전거 타기, 자동차 몰기, 새로운 직장 등 새로운 기술을 배워야 했던 때를 생각해보라. 지금은 그 모든 것들이 평범하고, 태어날 때부터 능숙했던 기술처럼 여겨진다. 당신이 그런 일들을 자주 해왔기 때문이다. 그러니 단지 시작만 하면 된다.

> **전문가의 조언**
>
> 스스로 남들이 바라 마지않는 팀원이 되어라. 사려 깊고 친절하고 유능하며, 다양한 목소리, 아이디어, 경험을 수용하는 그런 사람이 되어라. 다른 사람을 존중하면서 명확히 소통하고, 다른 사람의 장점을 인정하고, 다른 사람의 말을 경청하며, 모두에게 기여할 기회를 충분히 주는 사람이 되어라.

> **박사님께 물어보세요**
>
> **질문** · 소셜 미디어를 통해 새로운 관계를 맺는 건 좋은 건가요?
>
> **박사님의 대답** · 상황에 따라 다릅니다. 소셜 미디어를 스크롤할 때마다 불안하고 부럽고 자신이 부족하다고 느낀다면, 그 감정에 귀를 기울이세요. 인스타그램, 페이스북을 위시한 소셜 미디어 플랫폼을 보며 기운이 나거나 재미를 느낀다면, 혹은 이들이 당신의 사업 성장에 도움이 된다면 소셜 미디어를 보며 시간을 보내는 것도 괜찮습니다.

사람들은 소셜 미디어를 통해 만나기도 하니까요. 하지만 언제나 기억해야 할 것이 있습니다. 좋아요와 구독자 수가 많다고 해서 그만큼 친구가 많은 건 아닙니다. 그리고 소셜 미디어 앱 이용 시간은 관리가 필요합니다. 특히 당신이 인간 상호작용보다는 스마트폰을 선호하는 사람이라면 더욱 그렇습니다. 당신이 뒤처진 느낌이 든다면, 혹은 사회적 비교 때문에 고단하다는 생각이 든다면, 그때가 바로 잠시 멈추고 "나는 지금 있는 그대로 충분해"와 같은 균형 잡힌 자기대화를 실천해야 할 때입니다. 실제로도 당신은 있는 그대로도 충분하기 때문입니다.

● 정상은 외로운 자리예요

성취주의자들은 최고가 되고 자신의 가치를 증명하고야 말겠다는 결심 속에서, 종종 오랜 세월 동안 오로지 일이나 학업에만 집중하며 사회적 관계나 친밀한 파트너십보다는 전문적인 네트워크를 우선시해왔다. 그 결과, 나를 찾아온 고객들이 자신을 이해하거나 진심으로 걱정해주는 사람이 아무도 없다고 느끼는 것은 흔한 일이다. 다시 말해 이들에게는 어려운 순간에 의지할 수 있는 진정한 친구가 없다. 마치 응급 연락처에 누구를 적어야 할지 모르는 사람처럼 말이다.

그들은 외롭다.

성취주의자들은 성공을 위해서라면 외로움을 감수해야 한다고 믿는다. 그들은 흔히 정상에 혼자 오르겠다는 선택을 지지한다. 하지만 아이러니하게도, 고립은 오히려 성공을 가로막는 요인이 되곤 한다. 실제로 비벡 머시Vivek Murthy 박사는 2023년 〈보건국장이 보내는 편지Letter from the Surgeon General〉에서 외로움을 '전염병'이라고 부르며, "최근 몇 년간 미국 성인 두 명 중 한 명이 외로움을 경험했다"라고 밝혔다. 외로움은 전반적인 건강에 깊은 부정적인 영향을 미친다. 머시 박사에 따르면 "사회적 단절은 하루에 15개비의 담배를 피우는 것과 비슷한 수준으로 사망률에 영향을 미친다." 해결책은 무엇일까? 이미 예상했겠지만, 건강한 관계다. 머시 박사는 "우리 각자가 지금 바로 우리의 삶에서 관계를 강화하며 문제 해결을 시작할 수 있다. 우리의 개인 관계는 아직 활용하지 않은 자원이다… 인간관계는 우리가 더 건강하고, 더 생산적이며, 더 충만한 삶을 살 수 있도록 도와준다"라고 말했다.[8]

인간관계는 경력에도 영향을 미친다. 2018년 〈어떤 직원도 섬이 아니다: 직장에서의 외로움과 업무 성과No Employee an Island: Workplace Loneliness and Job Performance〉를 발표한 캘리포니아 주립대학교 새크라멘토의 하칸 오즈셀릭Hakan Ozcelik과 펜실베이니아 대학교 시갈 G. 바사드Sigal G. Barsade에 따르면, "개인의 외로움은 낮은 업무 성과와 관련이 있다."[9,10]

고립 상태에서는 아이디어를 나눌 사람도, 상황을 균형 잡힌 관점에서 볼 수 있게 도와줄 사람도, 우리의 성공을 함께 축하해줄 사람도 없다. 우리의 잘못이 아닌데도, 우리는 없어서는 안 될 실질적·정서적 자원 없이 홀로 남겨진다. 때로는 어떻게 도움을 요청해야 할지 막막할 때도 있다. 일종의 악순환 속에서, 성취주의자들은 종종 외롭다는 사실을 인정하는 것을 수치스럽게 여기며 이를 실패로 간주한다. 하지만 외로움은 결코 사람의 가치를 나타내는 지표가 아니다. 그저 밖으로 나가 다른 사람들과 더 많이 연결되어야 할 때가 되었다는 신호일 뿐이다.

외로움 극복하기

다행히도, 당신은 영원히 외로울 필요가 없다. 우리는 놀랍도록 간단한 방법으로 고립감을 해소할 수 있다. 심지어 바쁜 일상에서도 쉽게 실천할 수 있는 실용적인 전략들을 알려주겠다.

● **미세한 연결의 순간들**

우리가 외로울 때는 다른 사람과 연결될 수 있다고 믿지 못하고 거절에 대한 두려움이 커질 수 있으니, 보통 작은 단계에서 시작하는 편이 낫다. 심리학자 바버라 프레드릭슨 Barbara Fredrickson 박사가 말하는 '긍정적 공감'의 '미세한 순간들'은 시작에 좋은 방법이다. 이 '미세한 순간'이란 '심지어 낯선 사람들 사이에서도 두 사람 이상이 약하거나 강한 공통의 긍정적 감정으로 연결되는 순간'을 가리킨다.[11] 축구를 좋아하는 동료와 2분간 대화를 나누거나, 길에서 지나치는 사람과 눈을 맞추고 미소 짓는 것처럼 간단할 일일 수 있다. 어쩌면 낯선 사람의 강아지가 귀엽다고 칭찬하는 것만큼이나 기본적인 일일 수도 있다! 코로나19 사태 이후, 세상에 많은 사람들이 매일 사무실에 출근하지 않게 되었다. 그러나 이 '미세한 순간들'의 관점에서 보면 일주일에 한 번이라도 직접 출근하는 것이 고립감을 줄이는 데 큰 도움이 될 수 있다.

이 따뜻한 순간들은 강한 소속감을 키워줄 수 있다. 직장에서는 이 순간이 결국 동료애 형성에 도움이 된다. 이는 다시 승진 가능성과 더 중요한 프로젝트에 참여할 기회로 이어진다. 따라서 지금이라도 당장 동료들에게 미소를 지으며 "좋은 아침입니다!"라고 인사해보라. 작은 친절이 큰 영향을 미칠 수 있다. 결과야 어쨌든 간에, 유능하고 집중력 있으며 뛰어날 뿐 아니라 다른 사람들 기분을 북돋아주는 사람과 일하고 싶지 않은 사람이 누가 있겠는가?

- **다른 사람을 격려하면 우리의 기분도 좋아진다.**

중국어에 '加油자요'라는 말이 있는데, 그 의미는 '기름을 더하다'이다. 누군가를 응원할 때 하는 말이다. 처음 들었을 때부터 이 개념이 마음에 들었다. 영어로는 정확히 번역하기는 어렵지만, 이 말은 연대의 표현이자 다른 사람의 능력에 활기찬 격려와 더불어 믿음을 보여준다. 이 표현은 주로 주먹을 쥐며 한다. 역경의 순간에 누군가의 불꽃에 연료를 더한다는 이미지는 뭔가 아름다운 구석이 있다. 혹시, 나의 버전이 궁금한가? "당신은 할 수 있어!"이다.

마라톤에서 마지막 오르막길을 힘겹게 달리고 있거나 직장에서 특별히 힘든 날을 보내고 있을 때, 당신을 응원하고 함께 공감하며 당신이 혼자가 아니라고 상기시켜주는 사람보다 더 좋은 것이 또 있을까? 친구, 동료, 심지어 지나가는 지인에게 진심 어린 "당신은 할 수 있어!"를 건네는 것 역시 기분 좋은 일이다. 실제로 불안을 줄이는 가장 **빠른** 방법의 하나는 격려의 말과 행동으로 다른 사람들이 삶의 시련, 시험, 어려운 시기를 극복할 수 있도록 돕는 일에 집중하는 것이다. 이러한 말과 행동은 돕는 사람과 도움을 받는 사람 모두에게 활력을 준다.

● 도움을 주고, 행복을 얻어라

　격려를 넘어, 실질적인 방법으로 다른 사람들을 돕는 자원봉사 활동 역시 모든 당사자에게 유익할 수 있다. 래리 도시 Larry Dossey 박사는 '도우미의 행복감'이라 불리는 강력한 현상을 "다른 사람들을 위한 이타적인 봉사 후에 느끼는 기쁨, 흥분, 에너지 증가의 감정, 그 후에 오는 마음의 평온과 고요함의 시기로… 격렬한 신체 운동 후의 반응과 유사하다"라고 설명했다.[12] 아주 작은 친절한 행동만으로도 정신적·신체적 웰빙을 증진할 수 있다. 스트레스 수준 감소, 자존감 향상, 행복감과 만족도 증가, 혈압 감소, 심지어 수명 연장까지 가능하다.[13] 그저 함께 있어주는 것만으로도 다른 사람에게 위로와 기쁨을 줄 수 있다는 것은 결국 인간은 혼자가 아니라는 사실을 상기시켜준다.

　다른 사람을 돕는 방법은 내가 '일상의 활력소'라고 부르는 작은 행동부터 더 큰 행동에 이르기까지 다양하다. 다시 한번 말하지만, 다른 사람들을 돕는다는 것은 양보다 질의 문제다. 그런 행동들을 실행 가능하고 현실적으로 유지하는 것이 중요하다. 예를 들어, 일상의 활력소는 실천하는 데는 단 1분밖에 걸리지 않지만 기분 좋은 에너지를 제공한다. 뒤에 오는 사람을 위해 문을 잡아준다거나, 서둘러 타려는 사람을 위해 엘리베이터 문이 닫히지 않도록 버튼을 누르고 있는다거나,

일상적인 대화에서 공손히 말하고, 잊지 않고 감사를 표하기. 이 모두가 일상의 활력소가 될 수 있다. 더 많은 시간을 투자할 수 있다면, 지역 도서관에서 사람들을 가르치거나 동물 보호소에서 도움을 주거나 이사하는 사람의 짐 싸기나 짐 내리기를 돕거나 자선 걷기나 달리기 행사에 참여할 수도 있다. 게다가 이러한 활동을 통해 당신과 비슷한 생각을 하는 사람들을 만날 수도 있다.

> **전문가의 조언**
>
> 당신의 강점을 활용하라. 당신의 재능, 고유한 기술, 전문성을 다른 사람을 돕는 데 사용하라. 다만 당신의 시간과 에너지는 유한하다는 사실을 명심하여 번아웃되지 않도록 조심하라![14]

실천해보기

관심 있는 사람들에게 "생일 축하해"라고 문자를 보내라. 친구들과 가족들의 생일 정보를 일정 앱에 추가하고 그 특별한 날에 메시지를 보내도록 알림을 설정하는 일은 어렵지 않다.

보너스 효과: 전화를 걸어 생일 축하 노래를 불러주거나 특별한 날을 기념하여 당신이 세레나데를 부르는 영상을 보내보라! 재미도 있고, 보는 즉시 스트레스가 해소되며, 두 *사람의* 얼굴에 미소를 가져다줄 것이다! 누군가가 당신을 인정해줄 때 얼마나 기분이 좋은

지 생각해보라. 다른 사람들에게도 그런 좋은 감정을 만들어주는 사람이 되어라.

당신의 편한 사람들은 누구인가?

물론, 다른 사람들과의 연결이 단지 도움의 손길을 내미는 것만을 의미하지는 않는다. 연결이란 당신의 편이 되는 사람들을 찾는 방법이기도 하다. 당신을 기분 좋게 하고, 어떤 상황에서든 당신이 행복하면서도 성공을 이루는 길을 갈 수 있도록 지지해줄 사람들 말이다. 이런 사람들을 나는 '편한 사람들'이라고 부른다. 이들은 당신을 친절한 태도로 받아들인다. 이들은 당신이 자신을 있는 그대로 표현할 수 있게 해주며, 결코 당신에게 스스로를 증명하거나 옹호하라고 요구하지 않는다. 그저 함께 있으면 좋은 사람들이다. 이들은 다양한 형태로 존재하며, 일상적인 연결을 통해 매일 밝은 순간을 더해준다. 예를 들어 매일 아침 재미있는 밈을 보내주는 동료, 당신과 음악 취향을 공유하는 커피숍 바리스타, 학교에 갈 때면 당신과 아이에게 항상 크게 하이 파이브를 해주는 건널목 안전요원 등이다. 그리고 더 많은 시간과 관심을 받아 마땅한 지속적이고 가까운 관계도 있다. 예를 들어 소파에 앉아서 스포츠나 아무 생각 없이 볼 수 있는 TV를 함께 보자고 주말마다 초대하는 형제, 매주 문자나 전화로 당신이 잘 있는지 체크하고 몇 분 안에 당신을 웃게 만드는 어린 시절 혹은 대학 시절 친구. 이러한 종류의 관계를 장려하고 키워나가야 한다. 이들은 당신이 긴장을 풀고 내면의 불필요한 인지왜곡에서 벗어나 외부 현실을 기반으로 지금 이 순간, 다시 말해 당신이 인정받는 순간에 집중하는 데 도움을 준다.

> **전문가의 조언**
>
> 이 혼란스러운 디지털 시대에는 쉽사리 주의가 산만해질 수 있다. 따라서 당신 삶에서 중요한 사람들과 상호작용할 때 최대한 현재에 집중하는 것을 잊지 마라. 그들이 당신 주변에서 중요하고 가치 있다고 느끼도록 만들어야 한다. 유명한 미국 작가 커트 보니것 Kurt Vonnegut 이 그의 '자서전적 콜라주'라 할 수 있는 《팜 선데이 Palm Sunday》에서 주장했듯이, "모든 인간의 노력에서 성공의 비결은 완전한 집중이다."[15] 개인적인 분야에서 이러한 집중이란 전화기를 내려놓고, 눈을 마주치며, 다음에 할 말이나 보내야 할 이메일 따윈 생각하지 않고 다른 사람의 말을 경청하는 것을 의미한다. 누군가가 진심으로 내게 주의를 기울이고 있을 때 우리는 그것을 느낄 수밖에 없다.

실천해보기

친구와 만나고 집에 돌아온 후, 어떻게 느끼는지 정리해보라. 그 사람은 당신의 감정, 생각, 행동에 어떤 영향을 미쳤는가? 그 사람과 계속 어울리고 싶은지 어떻게 알 수 있을까? 아래 질문들에 스스로 답해보라. 정직하게 대답하라.

1. 신체적으로 어떤 느낌인가? 활력이 더 생기거나 편안해졌는가, 아니면 기력이 빠지고 불편하거나 긴장되는가?
2. 감정적으로 어떤 느낌인가? 동기부여되고 기쁘고 평화로운가, 아니면 불안하고 좌절하거나 낙담하고 있는가?
3. 인정받고 이해받고 존중받는다고 느끼는가, 아니면 무시당하고 평가의 대상이 되고 비판받는다고 느끼는가?
4. 그 사람과 함께 있을 때 도움이 되지 않는 자기대화나 행동을 했는가?
5. 만남이 끝날 때 기분은 어땠는가? 만나서 기뻤는가, 아니면 만남이 끝나서 다행인가?
6. 그 사람을 다시 만날 생각을 하면 어떤 느낌이 드는가? 관계를 이어가는 것이 즐겁고 행복한가? 아니면 또 함께 저녁을 보낸다 생각하니 두려운가?

당신의 답변에는 귀중한 정보가 담겨 있다!

당신에게 불편한 사람들은 누구인가?

불편한 사람들이 어떤 사람인지는 이미 알고 있지 않은가? 당신의 삶에서 여키스-도슨 곡선을 넘어설 정도로 압도적인 스트레스와 불안을 주는 사람들이다. *그런 사람들을 더는 받아들이지 마라!*

이들은 헤어지고 난 후, "와, 정말 힘들었어. 난 너무 지쳤어. 왜 또 그 사람을 도와주기로 했지?"와 같은 생각을 하게 만드는 사람들이다. 이런 생각이 들 때마다 그 생각들을 확인하는 작업은 매우 중요하다. 그런 사람들을 인격적으로 판단하라는 이야기가 아니다. 다만 그들이 당신에게 미치는 영향을 바탕으로, 누구와 시간을 보낼지를 현명하게 선택하라는 이야기다. 다른 사람이 당신의 생각, 감정, 행동, 에너지에 어떤 영향을 미치는지 인식하고, 필요하다면 그들과의 상호작용을 제한하여 부정적인 생각에 빠지지 않도록 사전에 피해야 한다. 자신에 대해서만 이야기하고, 끊임없이 위기를 만들어내거나, 당신에게 화를 내는 이유를 찾느라 여념이 없는 이들이 그런 피해야 할 사람이다. 그들은 어쩌면 당신이 데이트하는 사람, 가족 구성원, 혹은 친구일 수도 있다. 그 사람과 함께 있을 때, 불평이 늘거나 다른 사람들에 대한 악의적인 험담에 빠진 적이 있는가? 평소와 달리 돈을 많이 쓰거나 술을 지나치게 마시는 등 건강하지 못한 선택을 하지는 않았는가? 자신의 선택을 굳이 변명하며 상처받는 감정을 느끼지는 않았는가? 그렇다면 그들과 보내는 시간을 최소화하라.

   문제는 거리를 두기 힘든 사람도 있다는 점이다. 예를 들어, 나의 고객 로빈은 남자친구와의 관계에 어려움을 겪고 있다고 털어놓았다. 그는 끊임없이 로빈을 비하하며 "넌 말이 너무 많아" 또는 "너는 뭐가 문제야? 왜 그렇게 예민해?"와 같은 말을 했다. 또 로빈을 무시하는 행동으로 불쾌감을 표현하기도 했다. 이러한 처벌 행동 외에도, 변덕이 죽 끓듯 하여 로빈은 일관성이라곤 없는 그를 감당하기 버거웠다. 이러한 상황은 로빈의 집중 능력에 부정적인 영향을 미쳐 도무지 다른 일에 충분히 집중할 수 없었다. 로빈은 늘 조심스럽게 행동해야 했다. 결국 그녀는 더는 참을 수 없다고 결정하고 그와 헤어졌다. 힘들긴 했지만, 결국 그가 삶에서 사라지고 나니 훨씬 기분이 좋아졌다고 로빈은 말했다. 로빈은 이제 자기 일에 더 잘 집중할 수 있을 뿐 아니라 정말로 좋아하는 사람들과 함께할 시간이 더 많아졌다는 사실을 발견했다!

> **전문가의 조언**
>
> 편한 사람들과 불편한 사람들을 구분하려면 스스로에게 물어보라. 이 사람이 나를 건강하고 균형 잡힌 방식으로 생각하고 느끼고 행동하도록 도와주는가? 진정으로 함께 있으면 즐겁고, 함께 있을 때 나 자신에 대해 좋게 느끼는가? 아니면 이 사람이 내 에너지를 고갈시키고 스트레스를 줘서 나의 최악의 모습을 끌어내는가?

편한 금요일 밤 규칙

아무리 건강한 관계라도 의견 차이는 있을 수 있다. 특히 길고 스트레스 많은 주중 일과가 끝날 무렵에는 더욱 그렇다. 이러한 갈등은 다른 성취주의적인 사람들과 파트너 관계를 맺는 경향이 있는 나의 성취주의적인 고객들에게는 흔한 일이다. 금요일 저녁, 아직 해결되지 않은 실무적 문제나 골치 아픈 일을 해결하려 할 때 자주 충돌이 일어난다. 이때쯤이면 서로 지친 데다가, 예를 들어 친구들과의 저녁 약속에 맞추려고 서두르느라 마음은 급하기 때문이다. 따라서 건설적인 대화를 유지하려면 내가 발명한 '편한 금요일 밤 규칙'을 이용해보라.

무엇보다 타이밍이 중요하다. 금요일 밤은 연인, 룸메이트, 가족 구성원(사실은 그 밖의 그 누구와도)에게 청구서, 어렵거나 잠재적으로 논쟁의 여지가 있는 주제, 또는 그 주에 다르게 했으면 좋았겠다고 생각하는 일들을 이야기 나눌 시간으로는 적절치 않다. 금요일 밤이라면 이런 이야기 대신, 자신과 주변 사람들이 주중 일과에서 벗어나 쉴 여유가 있어야 한다. 배달 음식을 즐기거나, 좋아하는 잡지를 읽거나, 재미있는 로맨틱 코미디를 보거나 어떤 것이든 상관없다. 편한 금요일 밤은 다른 사람들과 자신에게 친절하고 건전하며 현실적인 기대를 실천하는 시간이다.

만약 해결해야 할 생각, 감정, 문제가 있다면 토요일에 점검을 계획하라. 또는 전략적으로 다른 날을 선택하라. 스스로에게 물어보라. *당신은 언제 가장 인내심 있고 최선의 반응을 보일 수 있는가?* 그 시간을 활용하라! 피곤하고 배고프고 서둘러야 할 때는 생산적이거나 즐거운 대화를 나누기에 좋은 조건이 아니다. 그러므로 충분히 쉬고, 잘 먹고, 대화할 충분한 시간이 있을 때로 일정을 잡아라. 그래야 더 나은 반응을 얻을 가능성이 크다. 이상적으로는 매주 정기적으로 이 규칙을 실천하라. 날짜를 맞춰두면, 당사자 모두가 기대하는 바대로 같은 선상에서 대화를 나눌 수 있다.

경계는 당신의 친구다

당신의 생각, 감정, 행동에 부정적인 영향을 미치는 사람들과 '헤어지기'란 항상 쉬운 일은 아니다. 또 항상 헤어지고 싶지도 않을 것이다. 그들은 쉽게 피할 수 없는 가족이나 동료일 수 있다. 그런 경우, 명확한 경계를 설정하는 방법을 알아야 한다. 다른 사람에게 당신이 무엇은 괜찮아하고 무엇은 괜찮지 않아 하는지 명확히 알리는 것이야말로 실제로 관계의 질을 높일 수 있다. 나를 찾아오는 고객 루크의 경우를 보자. 그는 늦은 밤 문자, 메시지, 이메일을 폭격하듯 보내는 동료와 문제가 있었다. 재택근무자로서 스트레스 수준을 관리하기 위해서는 일하는 시간과 그렇지 않은 시간을 구체적으로 구분해야 한다. 그는 나태하게 보이고 싶지도 않고 다른 사람을 불쾌하게 만들고 싶지도 않았지만, 매일 밤 10시에 해야 할 일들이 생겨 스트레스의 소용돌이에 빠지면 시간, 에너지, 수면을 최적화할 수 없다는 사실도 인식했다. 그래서, 그는 동료에게 연락하여 오후 8시 이후의 문자는 다음 날 아침에 답변하겠다고 설명했다. 결국 이 변화는 루크에게 큰 안도감을 주었고, 문제 해결 능력을 더 잘 발휘할 수 있는 아침에 더 많은 열정을 가지고 일에 몰두할 수 있었다.

'아니요'라고 말할 수 있다!

불안해하는 성취주의자 루크의 상황이 특히 어려웠던 이유 중 하나는 그가 워낙에 다른 사람들을 기쁘게 하려는 충동이 강했기 때문이다. 심리학자 샤론 마틴은 《완벽주의를 위한 CBT 워크북》에서 "다른 사람을 기쁘게 하기는 다른 사람들을 행복하게 하거나, 그들이 우리를 좋아하게 만들거나, 갈등을 피하는 데 필요한 일을 하려는 강렬한 욕구다. 그러한 행동이 자신에게 문제를 일으킨다고 해도 말이다"라고 말한다.[16] 이런 욕망이 문제가 되는 이유는 충분히 이해할 수 있다. 다른 사람들과 맞추기 위해 자신의 욕망을 억제할 때, 결국 손해 보는 사람은 바로 당신 자신이다. 이런 방식은 편한 사람들과 강하고 지속적인 관계를 구축하는 기반이 아니다. 결국 이런 관계는 진정성이 없고, 지속 불가능하며, 불만과 번아웃으로 이어질 수밖에 없기 때문이다.

그렇다면 성취주의자들은 대체 왜 그렇게 다른 사람들을 기쁘게 만드는 데 열심일까? 해답은 다시 그 골치 아픈 완벽주의로 돌아간다. 성취주의자들은 '예'라고 말하지 않으면 다른 사람들이 그들을 무능하고 맡은 일을 처리할 능력이 없다고 생각할까 걱정하기에 그런 대답을 한다. 그들은 모든 사람들, 특히 자기 상사들이 그들에겐 못할 일이 하나도 없다고 생각해주기를 바란다. 마틴은 "완벽주의자들은 자신의 가치와 능력을 의심하기 때문에 옳은 일을 하고, 옳은 말을 하고, 완벽해 보이려 하고, 다른 사람의 기대치를 충족시키려고 노력함으로써 인정을 추구한다"라고 설명한다.[17] 그래서 그들은 이미 현재의 프로젝트에 압도되어 숨 쉴 여유조차 없음에도 또 다른 과제를 처리할 수 있느냐는 질문을 받으면 망설임 없이 '예'라고 대답하는 것이다. 개인적인 관계에서는 그저 다른 사람의 호의나 사랑을 받기 위해서 원하지 않는 계획이나 책임도 앞장서 다하겠다고 나선다. 하지만 이는 그들 자신의 행복과 성취를 해치는 길이다.

그래서 '아니요'라고 말하는 법을 배워야 한다. 이 말은 자신감을 키워준다. 스티브 잡스가 말했듯이, "'아니요'라고 말해야만, 정말 중요한 일에 집중할 수 있다." 당신이 '아니요'라고 말하면 얻는 유익은 다음과 같다.

- **소중한 시간과 체력을 보호할 수 있다.** 너무 많은 일에 지나치게 몰두하고 에너지를 분산시키면, 어떤 한 가지 일에 온전히 집중할 수 없고 지속 가능한 성과를 내기 어렵다.
- **경계가 설정된다.** 다른 사람을 존중하면서도, 친절하지만 단호한 방식으로 '아니요'라고 말하는 것은 그 순간에 감당할 수 있는 범위를 설정하는 진정한 지표이다.
- **당신의 열정과 목적을 찾을 여지가 생긴다.** 나는 "'아니요'라는 말은 사실은 '네'라고 말하는 것이다"라는 말을 좋아한다. '아니요'라고 더 많이 말할수록 당신을 정말로 발전시키고 설레게 하고 열정을 불태울 일에 '네'라고 말할 수 있는 공간이 더 많아진다.

> **친절하게 '아니요'라고 말하기**

예의를 차리는 한, 거절도 괜찮다. 오히려 좋을 수도 있다. 방법은 다음과 같다.

- 지키지 못할 약속은 하지 마라. 진심이 아니라면 "다음 주에는 만나자!"라고 덧붙이지 마라.
- 진실을 말하되, 굳이 세부적인 내용은 밝히지 않아도 좋다. 예를 들어 "죄송하지만 이미 계획이 있어요"라고 말할 수 있다. 그 계획이 소파에 앉아 쉬는 것이라도 상관없다. 굳이 '아니요'에 대한 정당화를 제공할 필요는 없다.
- "저를 생각해주셔서 감사합니다" 또는 "정말 가고 싶지만, 그날은 안 될 것 같습니다" 같은 말을 해서, 상대방을 싫어해서 거절하는 게 아니라는 점을 분명히 하는 것도 고려해보라.
- 어렵거나 시간을 많이 빼앗는 사람과 만나야 한다면, "저는 이 시간 동안만 가능해요"라고 말하여 미리 시간을 제한하라.

자기주장을 기반으로 단호하게 말하라

친절하면서도 단호한 태도는 말로는 어려워 보일 수 있지만 실제로 충분히 가능하다. 거의 모든 관계에서 자기주장을 기반으로 한 단호한 의사소통이 결국 가장 효과적이다. 단호함은 소극적이거나 공격적인 태도 사이의 미묘한 지점으로 존중, 명확성, 직설적인 표현을 담고 있다. 예를 들어 소극적 의사소통은 다른 사람들에게 "나는 당신을 존중해. 하지만, 당신이 나를 존중할 필요는 없다"라고 말한다. 적극적 의사소통은 "당신은 나를 존중해야 한다. 하지만 나는 당신을 존중하지 않는다"라는 선언이다. 단호한 의사소통은 "나는 당신을 존중하며, 당신으로부터 같은 존중을 기대하고 또 받을 자격이 있다"라고 말하는 것이다.

단호한 태도는 두려움이나 불안 때문에 다른 사람들의 부당한 요구에 응하지 않도록 도와주고, 또 다른 사람들에게 불합리한 요구를 하지 않도록 억제하는 데도 유용하다. 그 균형을 찾는 것이 때로는 어려울 수 있지만, 특히 소극적으로 다른 사람을 기쁘게 하려 하고, 주변 모든 사람에게 완벽을 기대하며, 통제적이거나 과도하게 비판적으로 보이는 성취주의자들에게 매우 중요하다.

> **전문가의 조언**
>
> 과도한 사과를 경계하라! 많은 성취주의자들이 다른 사람을 기쁘게 하려는 경향 때문에 지나치게 사과를 반복하는 문제를 겪는다. 거절해야 하거나, 다른 의견을 말해야 하거나, 누군가에게 폐를 끼쳤다고 걱정할 때, 그들은 계속해서 사과해야 한다고 느낀다. 하지만 여러 번

> 의 사과란 불필요하며 오히려 다른 사람들에게 불편을 줄 수 있다. 그러므로 진심 어린 사과를 한 번 하고, 그냥 앞으로 나아가라. 또는 사과를 감사의 표현으로 바꿔보라. 예를 들어, 나는 이메일에서 평소보다 늦은 응답을 사과하는 대신, "기다려 주셔서 정말 감사합니다"라는 표현을 즐겨 사용한다. 이렇게 하면 상대방의 시간을 인정하면서도 자신을 낮추지 않을 수 있다.

단호한 의사소통은 상대방을 방어적으로 만들지 않고 싶을 때 특히 유용하다. 물론 항상 긍정적인 상호작용을 보장하지는 않지만, 상대방이 당신의 말을 더 잘 듣고 존중할 가능성을 높여준다. 추가적인 장점으로, 대인 관계 상황을 더 잘 헤쳐나갈 수 있어서 어떤 상황이 닥쳐와도 명확하고 효과적으로 대응할 수 있기 때문에 사교 모임에서도 스트레스를 덜 받을 수 있다.[18]

단호하게 말하면서 힘든 상호작용을 헤쳐나가는 한 가지 방법을 추천하자면 말할 때 특정한 기본 구조를 이용하는 것이다. 예를 들어, "＿＿＿할 때 나는 ＿＿＿ 느낍니다. ＿＿＿해주시면 정말 감사하겠습니다"이다. 가능하다면 처음 문장에서 '당신'이라는 낱말은 피하라. 이 낱말은 다른 사람을 긴장하게 만들고 비난받는다는 느낌을 줄 수 있기 때문이다. 예를 들어보자.

- 약속 시간보다 늦게 도착해 회의를 지연시킨 동료에게: "정시에 회의를 시작하지 못해서 근심스러웠고 스트레스를 받았습니다. 다음에 늦으실 것 같을 때는 미리 알려주시면 정말 감사하겠습니다."
- 당신에게 집중할 시간을 내지 않는 연인에게: "우리가 그저 TV를 보며 한마디도 나누지 않고 하루를 마무리하곤 할 때 나는 서글퍼져요. 저녁 식사 후 20분 정도는 아무런 방해 없이 함께 시간을 보낼 수 있다면 내겐 정말 의미 있는 일일 것 같아요."

몇 년 전, 상담실의 접수 직원들이 까다로운 고객들과의 상호작용에서 벌어지는 상황에 적극적으로 대처할 수 있도록 도움을 주기 위해 나는 B.L.I.P.S.라는 시스템을 만들었다. 어쩌다 보니 "걱정하지 마세요. 그저 작은 문제blip일 뿐이에요"에 등장하는 낱말 blip과 같다. 사실 이 표현은 이후 우리 사무실의 좌우명이 되었다. 이 시스템의 작동 방식은 다음과 같다. 당신의 업무 중 어려운 상황을 관리해야 할 때, 그 상호작용을 그저 레이더에 나타난 작은 점blip, 긴 하루 중 한순간으로 여겨라. 집에 가져가거나, 스트레스받거나, 그 때문에 잠 못 이루는 일은 없도록 하라. 대신 이렇게 하라.

- **호흡하라**Breathe. 숨을 내쉬어라! 때로 스트레스를 받을 때 사람들은 숨을 참는 경향이 있는데, 이는 더 많은 긴장을 낳을 뿐이다. 어려운 상황에서 천천히 깊은 호흡에 집중하여 스트레스와 긴장을 해소하라.
- **경청하라**Listen. 대부분의 사람들은 다른 이들이 자기 말을 듣고 있다고 느끼고 싶어 하며, 당신이 그들의 말을 듣고 이해하려 노력하고 있는 것을 볼 때 더 침착하게 행동할 가능성이 크다.
- **친절하게 상호작용하라**Interact with kindness. 균형 잡힌 관점을 유지하라. 이 상황이 당신이 평일 근무시간과 한 주 내내 겪게 될 수많은 상호작용 중 하나라는 것을 기억하라. 전문적이고 침착한 태도 유지는 당신이 통제할 수 있는 가장 강력한 도구 중 하나다. 이러한 태도는 상호작용의 분위기 설정에 도움이 되며, 상황이 악화될 가능성은 크게 줄이고, 빠르고 긍정적으로 해결될 가능성 크게 높인다. 어떤 식으로든 이의를 제기하기 전에 상대방이 말한 내용, 다시 말해 그들의 요청이나 우려 사항 등을 충분히 들었음을 입증하라.
- **팀으로 행동하라**Play as a team. 공감 능력을 길러야 한다. 업무 상황에서, 당신은 지금 당신 앞에서 어려움을 토로하고 있는 사람과 같은 목표를 갖고 있을 수도 있고,

적어도 둘 다 해결책을 원하고 있을 수도 있다. 차이점 보다는 공통점에 초점을 맞춰라.
- **자기돌봄**Self-care. 어려운 대화 후에는 긴장을 풀어야 한다. 잠시 시간을 내어 주변을 걷거나, 일상적인 작은 즐거움을 누리거나, 빠르게 할 수 있는 다른 자기돌봄을 실천하라.

그러므로, 적극적인 태도를 유지하여 건강한 관계를 구축하라. 이는 스트레스를 효과적으로 관리하고 행복한 성공을 이루는 사람이 되는 데 필수적인 단계다. 다음은? 그 '해야 한다'는 생각들을 모두 물리치는 것이다.

당신은 잘하고 있다! 당신은 할 수 있다! 加油(자요우)!

중요 요점

- 탁월성이란 협력적인 노력이다.
- 아주 작은 연결의 순간도 당신의 궤적을 바꿀 수 있다. 그리고 다른 사람의 궤적도 마찬가지다!
- 당신의 '편한 사람들'을 찾아라! 다른 사람들이 당신의 체력과 스트레스 수준에 어떤 영향을 미치는지 주목하라.
- '아니요'는 당신의 체력을 보호하고 더 중요한 '네'를 위

한 기회를 열어주는 마법의 말이다.
- 자기주장을 하라! 어려운 순간에는 그저 B.L.I.P.S. 하면 된다.

'해야 한다'를 '할 수 있다'로 변환하라

핵심 원칙 #5

마음의 평화란 삶을 당신이 생각하는 대로가 아닌,
있는 그대로 받아들이도록 마음을 재훈련한 결과다.

- 웨인 W. 다이어Wayne W. Dyer **박사**

나는 더 많이 해야 한다. 나는 이 모든 것을 감당할 수 있어야 한다. 나는 이미 지금보다 더 앞서 있어야 한다. 나는 그때 알았어야 했다. 나는 어떻게 그렇게 어리석을 수 있었을까?

이렇게 스스로에게 '해야 한다'고 말하는 것이야말로 성취주의자들이 느끼는 불안의 특징이다. 이 '해야 한다'는 원치 않는 순간에 성가신 자기의심과 완벽주의로 계속해서 나타난다.

이런 말들이나 이와 관련된 걱정들이 익숙하게 들린다면, 당신은 안타깝게도 이미 '해야 한다'의 함정에 빠진 것이다.

얼핏 보면 이런 말들은 아무런 해도 없고, 스스로를 북돋거나 목표를 설정하는 비공식적인 방법처럼 느껴질 수도 있다. 하지만 유감스럽게도 이 말들은 매우 해롭다. 당신이 높은 목표를 달성하는 데 오히려 방해가 된다.

왜 그럴까? 1부에서 살펴보았듯이, '해야 한다'는 골칫거리 삼총사의 위협적인 구성원 중 하나다. 다시 한번 말하자면 '해야 한다'는 자기비판, 심판, 혹은 궁극적으로 상황이나 사람의 현실을 거부하는 회피 행위다. 이 진술은 해결책을 찾는 대신 자기비난에 골몰하게 한다. 이 진술은 시간을 되돌려 잘못된 선택을 고치고 싶은 욕망, 세상이 다르게 작동하기를 바라는 욕망, *사람들이 다르기를 바라는 욕망*을 암시한다. 또 다른 사람들이 설정해 놓은 특정한 기준을 따르지 않으면 당신은 나태하거나 모자란 사람이라고 암시한다. 당신이 무언가를 하지 않기로 결심했을 때, 심지어 당신이 확신이 없어 망설일 때도, 당신이 직무를 소홀히 하거나 가치가 없는 사람이라고 암시한다.

나는 더 일찍 잠들었어야 했다. 나는 더 멋진 일자리에 지원해야 한다. 그들은 나를 승진시켰어야 했다. 나는 마라톤을 뛸 수 있어야 한다. 나는 마라톤을 뛰고 싶어 해야 한다.

다시 말해, '해야 한다'는 부정적인 것에 초점을 맞춘다. 원하지 않는 상황이나, 당신과 주변 사람들이 더 나아져야 한다는 생각을 강조한다. 하지만 우리가 이미 알고 있듯이, 이런 종류의 균형 잡히지 않은 자기대화는 도움이 되지 않는다. 이런 자기대화는 변화를 위한 건설적인 행동 단계는 제시하지 않은 채 다만 우리를 그 자리에 갇히게 만든다. '해야 한다'는 자신에게 끊임없이 엄격한 잣대를 들이대는 경향이 있는, 완벽주의를 추구하는 성취주의자들에게 흔한 함정이다.

하지만 이런 생각은 그저 자신을 위해 높은 기준을 세우는 데 그치는 것 아닐까? 안타깝게도 그렇지 않다. 오히려 이런 생각을 하는 당신은 스스로를 패배로 이끄는 길을 닦고 있는 셈이다! 심리학자이자 작가 샤론 마틴에 따르면 "당신은 자존감을 훼손하고, 잠재적으로 우울증, 불안감, 수치심을 키우고 있다. 궁극적으로, 자기비판은 스스로를 더 형편없는 사람으로 느끼게 만든다. 스스로에게 소리를 지르고 비하하는 말을 하면서 우리가 더 나아지기란 어려운 일이다."[1]

마라톤 비유를 계속하자면, 만약 당신이 누군가를 응원하며 결승선에서 기다리고 있다면, 이렇게 외칠까? "더 빨리 달려야 해! 이미 끝냈어야 해! 더 열심히 훈련했어야 해!"라고? 아니다! 그런 말은 오히려 역효과를 낳고, 불친절하며, 누구에게도 도움이 되지 않는다.

'해야 한다'는 말은 동기부여가 아닌 자기 채찍질이다. 그 말은 우리가 모자란 사람이라는 패배감을 느끼게 한다. 그리고 '해야 한다'는 걱정과 마찬가지로, 문제 해결을 촉진하지 않는다. 이미 알다시피, 자기 행동을 질책하는 것과 행동을 검토하고 전략적으로 다른 길을 선택하는 것 사이에는 큰 차이가 있다. 따라서 우리의 목표는 후회와 좌절에 머물러 아무것도 못 하는 대신, 현실을 있는 그대로 받아들이는 것이다. 이는 불쾌한 상황을 용인해서가 아니라, 사실을 직면해야만 행동 방식을 결정할 힘을 얻을 수 있기 때문이다. 잣대를 들이대거나 망설임의 상태에 머무는 대신, 상황을 있는 그대로 받아들이고 최선의 방향으로 나아가기 위한 실제적이고 구체적인 결정을 내릴 때 비로소 우리는 성공할 수 있다. 그렇게 현실적인 목표를 세우고 이루기 시작하며, 우리는 앞으로 나아가는 동력을 얻는다. 우리는 '해야 한다'를 '할 수 있다'로 바꿔야 한다.

이 책 초반에서, 우리는 '해야 한다'에서 빈틈을 발견하고 거기에 구멍을 뚫는 과정을 배웠다. 하지만 성취주의자의 '해야 한다'는 습관은 너무도 뿌리 깊게 자리 잡고 있다 보니, 더 깊이 파고들어 그것이 일상생활에서 어떻게 나타나는지, 그 특정한 방식들을 분석하고 전략을 제시해야 한다. 결국, 평생 '무엇을 달성해야 하는가'만 생각해온 사람들에게 '어떻게 살아야 하는가'를 생각하라는 숙제 제시는 너무 지나친 요구처럼 보일 수도 있다.

어쨌든 첫 단계는 '해야 한다'를 잘 파악하여 이 인지왜곡이 불거질 때마다 인식하는 것이다.

당신이 '해야 한다'고 말하는 방식

경험상, 훌륭한 삶으로 가는 길을 막는 세 가지 주요 유형의 '해야 한다'가 있다.

- 스스로에게 '해야 한다'고 말하는 경우
- 다른 사람들에게 '해야 한다'고 말하는 경우
- '해야 한다'고 생각하는 상황들

지금부터 이 세 가지를 모두 포착하고 정복하는 방법을 배울 것이다. 시작해보자!

스스로에게 '해야 한다'고 말하는 경우

하루에 몇 번이나 스스로에게 '해야 한다'고 하는가? 스스로에게 더 잘했어야 했다고 말하는가? '해야 한다'는 당신이 어떤 기분이 들게 하는가?

우리가 이미 보았듯이, '해야 한다'는 당신의 '잘못'이나 부족한 부분에 초점을 맞추어 당신을 가두어버린다. 그래서 이 방법은 자신을 올바른 길로 나아가도록 만들어주는 것처럼 보일 수 있지만, 실제로는 그저 자신을 괴롭히는 방법에 지나지 않는다. 정말 몇 번이고 강조하고 싶은 말이 있다. 끊임없는 자기비판은 불안, 죄책감, 부족함을 느끼게 하며, 역설적으로 당신이 '해야 한다'고 생각하는 바로 그 일을 오히려 덜 하도록 만든다. 다시 말해, 스스로에게 '해야 한다'고 강요하는 것은 종종 좌절감을 느끼게 해서 오히려 해야 한다고 생각했던 일을 하지 못하게 만드는 효과를 낳는다.

이 '해야 한다'는 생각의 소용돌이는 무력감과 마비를 낳지만, 다행히도 이 인지왜곡은 쉽게 알아차릴 수 있다. 당신의 생각과 말에서 '해야 한다'는 단어를 경계만 하면 된다. 흥미로운 말이지만, '해야 한다'는 말에 주목하고 귀를 세워 들어보면 사회에 얼마나 그 말이 만연해 있는지 알게 되어 놀랄 것이다. 그렇다, '해야 한다'는 우리 주변 어디에나 있다. 우리가 그 말을 내면화하는 것도 바로 그 때문이다. 다른 사람들이 스스로에게 '해야 한다'고 하는 말을 당신은 너무도 흔히 듣는다. *식료품점에 가야 해, 헬스장에 가야 해. 엄마에게 전화해야 해. 이 서류를 끝내야 해. 이 햄버거 대신 샐러드를 먹*

어야 해. 두고 보라!

> **실천해보기**
>
> 처음에는 자신의 '해야 한다'를 포착하는 것보다 다른 사람들의 '해야 한다'를 탐지하는 것이 더 쉬울 수 있다. 오늘 하루 동안 또는 다음에 사람들과 함께 있을 때, 얼마나 많은 '해야 한다'를 들었는지 세어 보라. 그 숫자에 놀랄 수 있다! 이는 당신 자신의 아무런 도움이 되지 않는 무의식적인 '해야 한다' 실수를 인식하는 데에도 도움이 되고, 거기에 주의를 기울일 수 있게 해줄 것이다.

● **진짜 '왜'를 이해하기**

하루에 열 번 스스로에게 '해야 한다'고 말하는 것으로 밝혀졌든 백 번으로 밝혀졌든, 잘된 일이다. 어쨌든 당신은 인지왜곡을 포착했으니까! 그러니 먼저 잘했다고 스스로를 칭찬할 필요가 있다. 이제 비로소 당신의 여정은 시작되었다! '해야 한다'의 인식은 그 말을 극복하기 위한 행동을 취할 기회가 생겼다는 말이기도 하니 말이다.

다음으로, 이 아무런 도움이 되지 않는 왜곡의 근원을 명확히 파악해보기로 하자. 이는 통제력을 되찾고, 정체 상태에서 벗어나, 의도적으로 에너지를 활용하는 데 중요한 단계다.

'해야 한다'는 이상적이지는 않지만, 더 깊은 조사가 필요하다는 고마운 신호이기도 하다. 그 말은 당신의 생각에서 무언가가 불균형하여 자기비난과 불안을 유발하고 있다는 징후다. '해야 한다'는 다른 충족되지 않은 욕구와 불안을 대신하거나 감추고 있다. 따라서 우리가 이 근본적인 욕구와 불안을 파악하기 위해서는 '해야 한다'를 마주쳤을 때 잠시 멈추고 스스로에게 질문을 던져 문제의 근본을 파악해야 한다. 스스로 물어보라. 왜 내가 이것을 '해야 한다'고 말하고 있을까? 왜 이것이 '해야 하는 것'인가? 실제로 무엇이 관건인가?

더 구체적으로, 특정한 '해야 한다'를 추진하는 것이 무엇인지 명확히 밝히기 위해서는 스스로에게 세 가지 질문을 던져야 한다.

1. **이 '해야 한다'는 '도움이 될 것'이라고 생각하는가?** 나는 설탕을 덜 먹어야 해. 나는 매일 밤 잠들기 한 시간 전에는 스마트폰을 꺼야 해. 나는 탄산음료 대신 물을 마셔야 해.
2. **이것은 내가 '원하는' 것인가?** 나는 지난주에 산 근사한 일기장에 글을 쓰기 시작해야 해. 나는 매달 한 번씩 친구와 점심 약속을 잡아 나에게 즐거운 활동을 선물해야 해.
3. **이것은 내가 '반드시 해야' 하거나 '반드시 되어야 한다'고 말하는 것인가?** (참고: 이 말은 "나는 그래야만 해"

또는 "~하는 것이 옳다"라고 들릴 수도 있다) *나는 누구의 도움도 없이 이것을 할 수 있어야 해. 나는 이 건강하지 못한 결혼 생활을 유지할 수 있어야 해. 나는 사이즈 4여야 해.* (여성 의류 사이즈 기준이지만, 몸무게로 환산하면 대략 50kg을 조금 넘는 정도이다. - 옮긴이)

앞의 두 가지 '해야 한다' 범주는 근본적으로 스스로를 돕거나 자신이 원하는 것을 스스로에게 제공하려는 시도이다. 이들은 적어도 당신의 실제 욕망을 존중하는 데 기반을 두고 있지만, 목표가 지나치게 압도적으로 느껴지는 방식으로 표현되고 있다. 너무 도전적인 목표를 설정하면 동기부여를 느끼지 못할 수 있지만, 이들은 근본적으로 당신 자신의 성공과 행복에 대한 비전을 충족시키려는 시도이다.

반면에 세 번째는 당신이 원하는 것과 아무 상관 없다. 이 '해야 한다'는 '나는 반드시 해야 해'나 '나는 ~그래야만 해'라는 표현의 대체물로, 다른 사람이나 우리 사회의 기대에 굴복하는 것을 의미한다. 당신이 실제로 그 행위 자체를 즐기거나 가치 있게 여기기 때문이 아니라, 그저 멋져 보이거나 똑똑해 보이거나 아름답게, 혹은 가치 있게 보이기 위해 해야만 한다고 생각하는 것들에 지나지 않는다. 이 '반드시'는 특히 성취주의자들에게 만연해 있는 생각이다. 왜냐하면 삶의 지향점,

즉 행동하고 살아가는 데에는 단 하나의 '올바른 방식'만이 있다는 전부 아니면 전무라는 생각, 앞서 말한 압력밥솥 같은 완벽주의적 사고가 끊임없이 부채질하는 영역이기 때문이다. 여기에, 이러한 특정 기대를 따르지 않으면 어딘가 잘못되거나, 결함이 있거나, 무능하거나, 실망스러운 사람이라는 왜곡된 생각이 더해진다. 이는 인지왜곡에 인지왜곡이 쌓이고 그 위에 또 다른 인지왜곡이 쌓인 것이다(인간의 뇌란 정말 대단하지 않은가?).

● 도움, 원함, 그리고 반드시를 해체하기

다행스럽게도, 당신의 '해야 한다'가 세 가지 범주 중 어디에 놓여 있는지 파악하게 되면, 전략적 의도를 가지고 이 문제에 접근할 수 있다. 스스로에게 물어보라. 이 문제를 어떻게 다루고 싶은가? 어떤 행동을 취하고 싶은가? 이 상황에서, 당신은 '반드시'라는 생각에 굴복하는 경향이 있는가? 예를 들어 다른 사람들이 최선이라고 생각할 것 같은 어떤 것에 기반해 결정을 내리는가, 아니면 진정 당신이 원하는 것에 기반해 결정을 내리고 싶은가? 구체적인 예를 들어, 어떤 좋은 일자리에 지원하지 않아서 기분이 나쁘다는 사실을 깨닫고, 지원하지 않은 이유가 그렇게 '해야 한다'는 느낌 때문이었다는 것을 깨달으면 그 일자리에 도전하기로 선택할 것인가? 그럴 수도 있고, 아닐 수도 있다. 어느 쪽이든, 적어도 당신은 스스로를 위해 신중하게 결정하고 있으며, 이것이 바로 당신의 진정한 힘이다.

실제로는 어떤 모습일까? 하나씩 살펴보기로 하자.

● 도움이 될 것이다

"나는 헬스장에 더 자주 가야 해"라는 고전적인 말로 시작해보자. 이 말은 나를 찾아오는 성취주의적 고객들에게서 매일같이 듣는 말이다. 이들이 이렇게 말하는 이유는, 때로는 운동을 하고 싶은데 시간 내기가 어려워서다. 때로는 적어도 매일 몇 시간은 운동해야 하는데 그러지 못하면 의미가 없다고 느끼기 때문이다. 나의 고객 조시는 오랜 근무시간으로 건강을 소홀히 하고 있었다. 그녀는 헬스장에 *가야 한다*고 생각했다. 그래서 나는 물었다. "헬스장에 가는 것이 도움이 되리라 생각하나요, 가고 싶은 건가요, 아니면 반드시 가야 한다고 스스로 명령하고 있는 건가요?"

"솔직히 말해서" 조시는 눈썹을 찌푸리며 말했다. "헬스장에 가고 싶지 않아요. *반드시* 가야 하는 것도 아니에요. 그저 가면 도움이 될 것 같아서요."

이해할 수 있다. 결국, 조시는 체력을 개선하고 스트레스를 더 잘 관리하고 싶었다. 조시는 운동 후 성취감과 엔도르

핀의 조합이 기분 좋게 느껴진다는 사실을 알고 있었다.

그래서 우리는 조시의 자기대화를 바꿔보았다. 조시는 소리 내어 연습했다. "헬스장이 나에게 도움이 될 거야." '해야 한다'라는 단어를 상황에 어울리는 새로운 낱말로 바꾸는 간단한 행위가 새로운 주도권과 통찰력을 줄 수 있으며, 시간이 지나면서 특정한 '해야 한다'에 대한 느낌까지도 조정할 수 있다. 조시는 자신의 목적을 인식하면서 실행 가능한 시작 목표를 만들어 앞으로 나아갈 수 있었고, *매일 가지 못해 실패했다는 느낌은 더 이상 가지지 않게 되었다.* 현실적인 방식으로 운동을 일정에 통합함으로써 그녀는 '해야 한다'를 관리 가능한 '할 수 있다'로 바꾸었고, 이것이 바로 동력을 만들고 습관을 유지하도록 동기를 부여하였다.

● **하고 싶다**

우리는 모두 삶을 합리적으로 개선하거나 즐기고 싶어 한다. 하지만 채택하기 어려운 몇몇 방법들이 있다. 이러한 상황은 성취주의자들에게서 흔히 나타나는데, 이들은 휴식보다는 일을 우선시하는 경향이 있기 때문이다. 이 경우의 해결책은 '도움이 될 것이다'의 변주라고 할 수 있다. 이른바 자기대화를 바꾸는 것이다.

예를 들어, 당신이 명상 모임에 가입했다고 가정해보자.

당신은 그 사람들은 물론, 마음의 평화와 평온을 증진하는 수행을 좋아하지만, 기나긴 하루가 끝나면 항상 참석하고픈 기분이 들지만은 않는다. 그럴 때 '가야 해'라고 생각하는 대신, '가고 싶어'라고 스스로 말하면 어떨까? 단순히 당신의 언어를 '해야 한다'고 자신을 꾸짖는 말에서 강력한 욕망을 반영하는 말로 바꾸는 것만으로도, 당신은 그 선택에 대해 다른 수준의 주인의식을 가질 수 있다. 당신은 피곤하고 시간에 쫓기는 느낌이 들더라도, 수행으로 기분이 좋아지기에 여기에 전념했다고 인정할 수 있게 된다. 이것이 바로 일주일에 한 번 노력해볼 만한 긍정적이고 힘이 되는 이유이다.

● 내가 반드시 해야 하는 것

'나는 반드시 ~해야 한다'는 조금 다르다. 이는 외적으로 동기부여되며 당신의 진정한 성향보다는 불안과 좀 더 관련이 있다. 늘 불안해하는 금융 애널리스트 벤은 이와 관련된 난제를 안고 나를 찾아왔다. "친구 잭이 말해준 새롭고 인상적인 일에 지원해야 할 것 같아요."

문제는 벤은 그 일이 그다지 도움이 되리라 생각하지 않고 있다는 점이었다. 출퇴근 시간은 더 길어지고 급여는 더 적었다. 게다가 그 일을 원하지도 않았다. 그는 지금 있는 곳에 만족하고 있었다! 단지 다른 사람들의 시선 때문에 새로운 일에 지원해야 한다고 느꼈을 따름이다. 이 일은 *다른 사람이 보기에 그가 원해야 할 것 같은* 일이었다. 그는 눈을 크게 뜨고 나를 바라보며 물었다. "이 일이 '반드시 해야 하는 일'이에요?"

어떤 일을 '해야 한다'가 '반드시 해야만 한다'는 생각에서 비롯되었다는 것을 깨닫는 것은 강력한 힘이 된다. 이런 깨달음은 자신과 잠재적 행동 사이에 충분한 거리를 만들어 균형 잡힌 관점을 가질 수 있게 해주기 때문이다. 그래서 죄책감이나 수치심에 갇히는 대신, 이제 스스로에게 물어볼 수 있다. 이것이 정말 내가 원하는 것인가? 그리고 신중하게 객관적 정보에 근거한 결정을 내리는 것이다. 이제 벤은 우리가 배운 단호한 의사소통 기술을 활용하여 잭에게 친절하지만 단호한 경계를 설정해야 할 차례였다.

벤은 자신이 안주하는 것처럼 보이지 않을까 걱정하고 있었고, 그로 인해 불안이 날이 갈수록 악화되고 있다는 것을 깨달았다. 그래서 우리는 그가 새롭고 개선된 자기대화를 생성하도록 도움을 주었다. 여기에 '할 수 있다'가 다시 등장한다…

- **'할 수 있다'에 도달하기**

"나는 할 수 있다"는 행동 동기를 증폭하는 진술이다. 그렇다! 이는 우리의 힘을 빼앗아버리는 '해야 한다'의 정반대다. '할 수 있다'는 당신이 그 일을 할 수 없거나 에너지가 부족하다고 암시하는 대신, 당신이 가진 힘을 확인시켜준다. 당신이 이 말을 할 때, 당신은 말 그대로 "나는 이것을 할 능력이 있다. 나는 할 수 있다"라고 말하는 것이다. 이 말은 인식을 행동으로 변화시킨다. 영향력 있는 말이다! 심지어 실제로 무언가를 하길 원하는 것을 넘어서, "나는 할 수 있다"는 당신의 능력에 대한 선언이기도 하다. 자신을 믿는다는 개념은 진부해 보일 수 있지만, 그 효과는 대단히 현실적이다. 목표를 달성할 수 있다는 믿음은 그것을 하려는 동기를 부여받는 데 필수적이다. "나는 할 수 있다"라는 말은 당신의 상황이라는 현실 속에서 당신의 주도성을 인정하는 것이다. 이는 실제로 가능한 것에 기반한 효과적인 목표 설정을 촉진한다. 당신이 진심 어린 "나는 할 수 있다"에 도달할 때, 그것은 달성 가능한 목표로 이어진다.

'할 수 있다', 즉 실현 가능한 목표를 찾으려고 할 때 걸림돌에 부딪히는 것은 자연스러운 일이다. "시도해볼게요" 또는 "그럴 것 같아요"와 같은 진술들은 '할 수 있다'는 확신과는 다른 망설임을 내포하고 있다. 계속해서 목표를 다듬고 조율하여, 이러한 진술들을 넘어서야 한다. 주저 없이 '네!'라고 말할 수 있을 때, 당신은 비로소 당신의 '할 수 있다'를 찾은 것이다. 예를 들어, 조시의 경우라면 이번 주에 30분 운동을 세 번 계획했다. 그런데 다음 주에는 20분 운동이 더 현실적으로 느껴졌다. 목표는 계획에 따라 주 단위로 변할 수 있다. 하지만 목표가 실제로 실행 가능하다면 아무 상관 없다.

> **전문가의 조언**
>
> 운동 여부를 결정하는 대신 운동의 시간, 스타일 그리고 장소를 선택하라. 예상보다 더 오래 운동하게 될 수도 있고, 가장 어려운 부분인 시작을 극복하는 데 도움이 된다.

"나는 할 수 있다"는 원하는 것을 하도록 행동을 관리한다. 예를 들어 오후 5시부터 다른 일정을 차단하여 오후 6시 30분 명상 모임에 서두르지 않도록 만든다. 또 저녁 식사에 유혹받지 않도록 간식을 가져간다. 당신이 좋아하는 일을 하기 위해 친구나 동료에게 "일자리 제안에 감사합니다"라고 친절하게 거절할 수도 있다. 나의 고객 벤이 친구 잭에게 그랬듯이 말이다.

진정으로 자신이 원하는 것을 중심에 두고 구체적이고 관리 가능한 목표를 만들 수 있다면, 당신은 행동에서도 탁월성을 구현하게 될 것이다.

> **실천해보기**
>
> 다음에 당신이 스스로에게 '해야 한다'고 말하는 것을 발견했을 때, 그 인지왜곡을 '할 수 있다'로 변환해보라!
>
> 1. 당신의 '해야 한다'는 무엇인가? '해야 한다'를 포착했다면, 일단 포착한 자신을 칭찬하라!
> 2. 스스로에게 물어보라. 내 '해야 한다'는 실제로 무엇에 관한 것인가?
>   - 나에게 **도움이 되리라고 생각하는** 것인가?
>   - 내가 스스로 **원하는** 것인가?
>   - 잘못된 생각 때문에 **"반드시 해야 한다"** 또는 "이렇게 돼야 한다"라고 말하고 있지는 않은가?
> 3. '해야 한다'를 더 균형 잡히고 유용하면서 관련이 있는 낱말로 대체하여 자기대화를 수정하라.
>   - "_____하는 것이 도움이 될 것 같다. 왜냐하면 _____."
>   - "나는 _____하고 싶다. 왜냐하면 _____."
>   - 균형이 잡히지 않은 "반드시 해야 한다"에는 틈을 찾아 구멍을 내라! "나는 _____ 때문에 압박감을 느낀다."
> 4. "나는 할 수 있다" 진술을 만들어 실행 가능한 단기 목표를 확인하고 멈춰 있던 상태에서 벗어나라! 당신은 '할 수 있다!'

● **목표를 직관적으로 점검하라**

'해야 한다'는 본질적으로 문제가 있긴 하지만, 당신의 가장 깊은 욕망이나 관심사 그리고 불만족에 대한 놀라울 정도로 정확한 지표이기도 하다. 그것은 당신이 무엇을 위해 노력하고 싶은지, 당신의 진정한 목표가 무엇인지 알려주는 네온 사인과 같다. 예를 들어, "정말 씀씀이를 줄여야 해"라고 생각하는 자신을 발견했다고 하자. 이는 아마도 저축과 지출 습관 개선이 도움이 되리라는 신호일 것이다. 아마도 당신은 변화를 만들어낼 에너지를 모으는 데 어려움을 겪고 있거나, 상황이 너무 벅차서 어디서부터 시작해야 할지 모르는 것일 수 있다. 바로 이때 당신의 '해야 한다'를 신호로 삼아 실행 가능한 목표를 만들어야 한다. 결국, 지속 가능한 성공의 핵심은 자기 목표를 확인하고 충족시키는 것이다.

목표의 설정과 달성은 우리의 경력을 발전시키고 우리를 기분 좋게 만들어, 성취감과 만족감을 준다. 하지만 이미 말했듯이 만약 그 목표들이 비현실적인 기대에 기반을 두고 있다면 오히려 반대 효과를 낳는다.

당신은 아마도 S.M.A.R.T.(구체적 Specific, 측정 가능한 Measurable, 달성 가능한 Attainable, 관련성 있는 Relevant, 시간제한이 있는 Time Bound)한 목표를 만드는 방법에 대해 들어봤을 것이다.[2] 이는 효과적인 목표를 체계적으로 생각하고 작성하는 좋은 방법이 될 수 있다. 그런데 나는 성취주의적인 나의 고객들이 시간을 들여 굳이 이 다섯 가지 S.M.A.R.T. 단계를 모두 거치고 싶어 하지 않는다는 사실을 발견했다. 솔직히, 고객 일부는 S.M.A.R.T. 목표 설정을 너무 많이 듣다 보니 그 약어를 듣기만 해도 지겨워한다. 그 대신 나는 효율적인 접근법을 택한다. 고객들이 성공적으로 목표를 설정하고 완수하는 데 도움이 되도록 다음 세 가지 질문만 한다. 우리는 당신이 성공하기를 원한다! 결과를 위해 시간과 에너지를 투자하기 전에, 다음 사항들을 확인해보라.

1. **정말로 당신이 원하는 것인가?**

    내가 항상 처음 던지는 질문이다. 그리고 이 질문을 받으면 상대는 보통 눈을 휘둥그레 뜨곤 한다. 어쨌든, 실제로 성취하고 싶지 않은 목표를 향해 노력할 때 생산적일 가능성이란 얼마나 될까?

    그래서 자신을 위한 목표를 설정할 때, 정말로 당신이 원하는 것인지 확인하라. 자신이 무엇을 원하는지 스스로 선택해야 한다. 그리고 *왜* 그것을 원하는지도 알아야 한다. 당신의 목표는 개인적으로 어떤 의미가 있는가? 목표가 해외 이주이든 더 많은 돈을 버는 것이든 연인을 만나는 것이든, 결국 당신의 마음속에서 비용보다 이익이 커야 그 일에 노력을 기울일 것이다.

    만약 목표가 (부모, 사회 그리고 다른 사람들이 '원해야 한다'고 지시하는 것이 아니라) 당신에게 정말 중요하다면, 당신은 포기하지 않을 것이다. 상황이 변화되면서 목표 달성을 위한 전략을 한 번 이상 조정해야 할 수도 있겠지만, 계속해서 전진할 방법을 찾을 동기가 있을 것이다. 그러니, 당신이 무엇을 원하는지 스스로 결정하라. 그러면 이제 '어떻게'를 논의해야 할 차례다.

2. 당신의 목표는 전략적인가?

목표가 정말 당신이 이루고 싶은 일이라고 확신했다면, 다음 생각해볼 질문은 이것이다. 어떻게 하면 목표를 명확하게 설정하고, 실제로 달성하여 체크리스트에서 기쁨을 느끼며 완수 표시를 할 수 있을까? 먼저, 당신의 목표에 구체적인 기준을 부여하라. 예를 들어, 책을 더 많이 읽고 싶다면, 그저 더 많은 책을 사겠다고 맹세하는 것으로는 부족하다. 일주일에 며칠을 읽을 것인지, 몇 분 동안 읽을 것인지를 구체적으로 정하라. 당신의 행동을 점검할 방법을 찾아라. 당신에게 가장 편리한 방법을 사용하면 된다(예를 들어 달력에 체크 표시를 하거나, 스마일 표시를 하거나, 플래너에 메모를 하는 등). 완료까지 추적할 수 있는 구체적이고 외부적인 시스템을 만들어라. 그렇게 하면 목표를 달성하고 있는지(또는 심지어 초과 달성하고 있는지!) 알 수 있고, 발전에서 큰 만족감을 얻으며 동력을 유지할 수 있다.

측정 기준은 현실적이어야 한다! 현재 책을 거의 읽지 않고 있다면, 무조건 일주일에 5일을 하루 2시간씩은 읽고야 말겠다고 맹세하여 실패를 자초하지 마라. 일단 출발점에서는 정직해야 한다. 작게 시작하라. 물론 쉽지 않은 일이다. 당신은 큰 변화를 만들고 싶어 하는 사람이란 걸 안다. 당신은 성취주의자이니 무엇이라도 크게 해보려는 충동이 있다. 하지만 일단 발끝부터 담그는 것으로 시작하라. 내가 가장 좋아하는 타협은 '최소한의' 목표다. '최소한'은 비밀 무기다! 이는 실용적인 기준을 설정하면서 동시에 확장할 여지를 남겨둔다는 의미다. 예를 들어, 일주일에 *최소한* 한 가지 휴식 활동을 하겠다고 맹세한다면, 언제든 더 추가할 수 있고 게다가 *최소한* 하나만 해도 목표를 완수했다고 느낄 수 있다. 그리고 이는 사기를 높여준다!

때로는 목표가 통제 범위 밖에 있을 수도 있다. 예를 들어, "3개월 이내에 승진을 원한다"고 결정했다고 하자. 하지만, 회사의 인사이동이 당신의 일정과 맞지 않는다면, 당신이 무엇을 하더라도 당신이 원하는 그 일은 일어나지 않을 것이다. 그러니 당신이 직접 성취할 수 있는 목표를 선택하라. 예를 들어, "나는 정시에 출근하여 상사에게 내가 얼마나 헌신적인지 보여주겠다." 또는 "매일 아침 회의에서 최소한 하나의 사려 깊은 의견을 제시하고 해결책을 준비하겠다"와 같은 것이다. 최선을 다하라.

3. 당신의 목표는 실행 가능한가?

이제 궁극적인 직감을 확인할 시간이다. 우리는 앞서 자기돌봄을 위한 시간을 내고 완벽주의에 도전하면서 실행 가능한 목표라는 개념을 다뤄본 적이 있으니, 이 개념이 완전히 낯설지는 않을 것이다. 목표가 현실적인 기준에 기반을 두고 있지 않다면, 성공 대신 실패를 위한 준비를 하는 것이나 마찬가지다. 당신은 이미 모든 '해야 한다'를 포착했다. 이제 그것들을 '할 수 있다'로 변화시킬 시간이다!

자, 그렇다면 실행 가능한 목표를 만들었다는 것을 어떻게 알 수 있을까? 스스로에게 질문하라. 나는 이것을 달성할 수 있다고 믿는가? 만약 믿지 않는다면, 목표를 더 작게 설정해야 한다. 그렇다, 정말 농담이 아니다. 계획을 다시 세워라! 아무리 작은 것이라도 달성할 수 있는 것만이 자신감과 동력을 줄 수 있기 때문이다. 그래야 포기하지 않을 수 있다. 나는 항상 "크게 꿈꾸고, 일하고, 기적을 기대하라"고 말한다. 하지만 어쨌든 일을 *해야*만 한다. 그러지 않으면 목표는 그저 소원에서 그칠 뿐이다. 그러니 만약 성취할 수 없다고 믿는 목표를 세우고 있다면, 당장 멈춰라. 왜냐하면 그러한 목표는 스스로에 대한 믿음에도 영향을 미치기 때문이다. 현실을 받아들이고, 당장은 작은 걸음을 내디뎌라. 기억하라. 완료된 작은 걸음들의 연속이 결코 시도되지 않은 커다란 도약보다 나은 법이다.

내가 좋은 예이다. 나는 초콜릿을 좋아한다. 매일 많은 양을 먹으면 건강에 해롭다는 사실도 알지만, 아예 먹을 수 없다면 미쳐버릴 것 같다. 그래서 초콜릿을 피해*야 한다*고 생각하는 대신, 나는 초콜릿을 먹을 수 있다고 생각하기로 했다. 이제는 핫 퍼지 선데를 먹는 대신 매일 맛있는 70% 다크 초콜릿 몇 조각을 먹고 기분 좋아지는 효과를 즐길 수 있다.[3] 이제 알겠는가? 실행 가능한 목표는 처벌이나 박탈처럼 느껴지지 않는다.

그렇다면 당신의 목표가 실행 가능한지 어떻게 알 수 있을까? 당신이 그 목표를 실제로 실행하고 있는가를 보면 알 수 있다! 만약 당신의 점검 앱이 이번 주 당신이 세운 크고 작은, 해야 할 특정 목표들을 완수하지 못했다고 한다면, 문제를 해결할 시간이다. 스스로에게 물어보라. 이번 주에 내 목표 완수가 어려웠던 이유는 무엇인가? 내가 사실은 원하지 않는 목표를 세우고 있는 건 아닌가? 아니면 그 목표들이 충분히 실행 가능하지 않았는가? 무엇을 다르게 하면 내 목표를 더 실행 가능하게 만들 수 있을까? 나를 방해할 수도 있는 문제들을 어떻게 사전에 극복할 수 있을까?

따라서 결론은 다음과 같다. 성취에 실패한 목표를 계속 세우지 마라. 필요하다면 수정하면서 계속 나아가라. 계속해서 실행 가능한 목표를 세워라. 계속 문제를 해결하라. 계속 나아가라.

다른 사람들에게 '해야 한다'고 말하는 경우

이 주제가 끝난 줄 알았겠지만, '해야 한다'는 아직도 한참 계속된다. 이번에는 다른 사람에게 '해야 한다'고 말하는 경우를 살펴보겠다. 무슨 말인지 짐작할 것이다. 당신이 성취주의적인 사람이라면, 그 완벽을 추구하는 기준은 때로 자신도 모르게 주변 사람들에게까지 적용된다. 그리고 유감이지만, 그건 큰 문제다. "다른 사람들에게 완벽을 기대하고 실수를 용납하지 않을 때, 관계에 손상을 미칠 수 있다"라고 심리학자 샤론 마틴은 설명한다. "사랑하는 사람들의 잘못에 대해 잔소리하고, 비판하고, 그 잘못에 초점을 맞추는 것은 연결과 열린 의사소통을 잠식한다."[4] 이는 이미 배웠듯이 당신의 지속적인 행복과 성공에 매우 중요한 대인 관계 강화라는 면에서 문제가 된다. 그리고 또 당신의 경력에서 발전을 이루는 데 핵심적인 직장 관계에서도 문제가 된다.

나는 거의 정기적으로 고객들로부터 이런 말을 듣는다. 그들은 종종 정당한 이유로 좌절감을 느끼며 투덜거린다. "그는 나를 더 도와줘야 해. 그녀는 더 잘 알았어야 해. 그들은 더 감사해야 해. 그와 대화하는 게 이렇게 어려워서는 안 돼. 그들은 시간을 지켜야 해!"

그렇다, 우리 모두 그런 경험이 있다. 스스로에게 '해야 한다'고 말할 때와 마찬가지로, 다른 사람에게 '해야 한다'고 말하는 것도 판단에서 비롯된다. 다른 사람에게 '해야 한다'고 말할 때, 당신은 그 사람이 충분히 잘하지 못하는 것이나 그들이 다르기를 바라는 것에 초점을 맞춘다. 안타까운 일이지만, 다른 사람에게 '해야 한다'고 아무리 말해봐야 당신은 행복해지지 않는다. 또한 당신이 마음속으로든 직접적으로든, 호되게 비난하는 그 사람은 결코 고통받지 않는다. 그러나 마음속으로라도 다른 사람에게 '해야 한다'고 할 때, 당신은 그

다른 사람의 몇 배나 되는 좌절감, 분노, 심지어 불안을 느낄 가능성이 크다. 특히 문제를 직접 대면하기를 피하거나, 어떻게 앞으로 나아갈지 불확실할 때 말이다.

우리는 감정이 행동에 영향을 미친다는 사실을 잘 알고 있다. 그렇다면 다른 누군가에게 스트레스나 좌절감을 느끼는 것이 그 사람과 상호작용을 잘하는 데 도움이 될까? 또는 해결책을 찾는 데 도움이 될까? 딱히 그렇지 않다. 다시 말하지만, '해야 한다'는 곧 정체를 의미한다.

● **행동 또는 수용**

유명한 심리학자 칼 로저스Carl Rogers 박사는 《칼 로저스의 사람-중심 상담》에서 "그냥 그대로 *내버려둘* 수만 있다면, 사람들은 일몰만큼이나 아름답다… 일몰을 볼 때… 나는 '오른쪽 모서리 오렌지색을 좀 부드럽게 하고 밑부분에 보라색을 좀 더 넣어라'라고 말하지 않는다… 나는 일몰을 통제하려 애쓰지 않는다. 그저 펼쳐지는 일몰을 경외심을 갖고 지켜볼 따름이다."[5]

안다. 알고 있다. 하지만 말은 쉽지만, 실천은 어렵다. 회계 부서의 프레드를 보면서 그의 '업무 스타일'을 감상하기란 쉬운 일이 아니다. 결국, 당신은 아마도 "프레드는 정말로 오렌지색을 부드럽게 해야 해. 그건 그의 직업윤리 강화를 의미하겠지"라고 생각할 것이다.

 문제는 성취주의자들은 흔히 자신이 일을 처리하는 최선의 방법을 알고 있다고 느끼지만, 사람들은 각각 다양한 방식으로 살아간다는 점이다. 그러니 때로는 다른 방식이 너무 느긋하거나 덜 효율적으로 보일 수 있지만, 삶에 대한 다른 접근 방식도 수용할 수 있어야 한다. 사람들이 당신이나 다른 사람에게 해를 끼치는 게 아니라면, 당신은 그들이 자신들의 방식대로 살도록 내버려두어야 한다. 일정 부분 사람들이 비판받거나 무시당하는 것을 좋아하지 않기 때문이기도 하지만, 어차피 그들을 효과적으로 변화시키기란 거의 불가능하기 때문이다.

 그렇다면 당신이 생각이나 말로 다른 사람에게 '해야 한다'고 하고 있다는 것을 알아차렸을 때 어떻게 해야 할까? 항상 그렇듯이, 먼저 '해야 한다'를 포착한 것에 대해 스스로를 칭찬하라. 다음으로, 호기심을 유지하라! 당신의 '나는 해야 한다'라는 자기대화가 당신에게 무언가를 말하려고 했던 것처럼, '너는 해야 한다'도 역시 하나의 신호다. 행동 혹은 수용을 선택하라는!

● 행동

 이 맥락에서 '행동'이란 무엇일까? 행동이란 좋지 않은 상황이나 옹호할 수 없는 상황을 해결하기 위해 실제로 해야 할 일을 *하는* 것이다. 문제를 해결하는 대신 스스로에게 '해야 한다'고 말만 하는 것처럼, 사람들은 실제로 필요한 게 직접 행동을 취하는 것일 때에도 종종 다른 사람에게 '해야 한다'고 말만 한다. 예를 들어 사회적 불의나 안전 문제를 해결하거나, 자신의 존재나 필요성이 존중받고 있음을 확인하기 위해서 말이다. 따라서 당신의 '해야 한다'는 경계를 설정할 때가 되었다는 신호일 수 있다(당신은 혼자가 아니다. 기억하라. 당신은 존중과 사랑을 받을 자격이 있는 사람이다).

일상적인 상황, 위기가 아닌 상황에서는 단호한 의사소통을 시작하라!

예를 들어, 기한이 분명히 정해진 중요한 그룹 프로젝트를 하고 있는데 동료나 학급 친구가 합의된 시간까지 자신이 담당한 부분을 제출하지 않았다고 하자. 당신은 "그는 이미 자기 부분을 보냈어야 했어! 나는 지난주에 내 몫을 끝냈는데. 프로젝트 제출까지 며칠밖에 안 남았어!"라고 생각할 수 있다. 당신은 그렇게 짜증을 내며 시간과 에너지를 낭비할 수 있다. 또는 그 사람을 대면하여 '해야 한다'고 면전에서 말할 수도 있다. 하지만, 앞서 말했듯이 이는 전혀 유용하지 않다. 누군가가 당신에게 무언가를 해야 한다고 말할 때 어떤 느낌이 드는지 생각해보라. 인간으로서 우리는 일반적으로 무엇을 하라는 명령을 들으면 본능적으로 거부감부터 든다. 효과적이지 않다! 따라서 그 대신, 먼저 그의 지연에 정상참작할 만한 이유가 없는지부터 확인하라. 그런 다음, '해야 한다' 대신 '도움이 될 것' 및 '감사하겠다'와 같은 표현을 사용하여, 친절하지만 직접적이고 단호하게 말하라. 예를 들어 다음과 같이 접근할 수 있다. "우리 프로젝트가 며칠 후 마감이어서 걱정됩니다. 전화 통화로 혹은 직접 만나서 마감일을 맞출 수 있을지 논의하고 확인하면 도움이 될 것 같습니다. 오늘이나 내일 언제든 시간이 되나요?"

다시 말하지만, 이렇게 상황을 앞서 주도하는 표현은 듣는 사람에게 그들 '잘못'에 초점을 맞추는 대신 무엇을 해야 할지 생각하게 해준다. 당신이 어떤 말에 더 잘 반응할지 생각해보라. "그 오타를 발견했어야 했어! 이게 회사 전체에 나갔고 그 탓에 우리가 아마추어처럼 보이잖아!", "앞으로는 문서를 보내기 전에 두 번 읽어서, 전체 직원에게 보내기 전에 오류를 잡을 수 있도록 해주시면 감사하겠다."

당신은 성취주의자다! 아마도 이미 그 오타를 잡지 못했다는 사실에 대해 스스로를 질책했을 것이다. 거기에 더해 다른 사람의 '해야 한다'까지 들어야 할 필요는 없다.

하지만 다른 사람에게 '해야 한다'고 말하고 싶은 모든 욕망이나 스쳐 지나가는 생각이 당신이 어떤 행동을 취해야만 한다는 의미일까? 아니다. 다시 말하지만, 인생에는 균형이 중요하다. 다른 사람에게 '해야 한다'고 하고 싶은 충동이 당신의 머릿속에만 머물러야 할 때도 있다. 그런 경우에는 다음을 연습하라.

- **수용**

좋다. 하지만 어떤 '해야 한다'가 행동을 요구하는지 아니면 수용을 요구하는지는 어떻게 알 수 있을까?

만약 당신의 욕구가 무시되는 상황이 아니라면, 스스로에게 물어보라. 왜 나는 이 사람에게 '해야 한다'고 하는 걸까? 내가 선호하거나 최선이라고 생각하는 대로 이들이 행동하지 않기 때문에 그런 건가? 실제로 갈등이 있는 것인가, 아니면 단순히 그들이 내가 하는 방식대로 행동하지 않아서 짜증이 나는 건가?

당신이 일상적인 주제를 갖고도 다른 사람들에게 자주 '해야 한다'고 한다면, 그것은 대개 전략이나 성격의 차이일 뿐 실제로는 큰 문제가 아닐 수 있다. 이런 경우에는 수용을 연습하는 것이 더 유용할 수 있다. 수용은 사람들이 각자 다르다는 사실을 상기하는 것을 의미한다. 다양한 색조의 일몰처럼, 다양성을 인정하는 것이다. 다른 사람들은 당신이 바라는 바와는 다른 선택을 하고, 당신이 생각하기에 이상적이지 않은 행동을 하기 마련이다.

　나 또한 성취주의자로서 솔직히 말하자면, 수용이 항상 쉽지만은 않다. 당신 역시 완벽주의적 기준 때문에 다른 사람들에게 더 자주 실망할 수 있다. 하지만 상대방의 행동이 당신의 삶에 구체적인 문제를 일으키지는 않고 그저 마음에 들지 않는 것뿐이라면, 그들에게 그 행동을 지적하는 것은 적절하지 않다. 결국, 그들은 당신과 다를 권리가 있다. 아무리 이 상황에서 '다르다'는 것이 '더 나쁘다'와 동의어처럼 느껴질지라도 말이다.

　또한 다른 사람들을 '고치는' 것이 당신 책임이 아니라는 사실도 인식해야 한다. 나의 고객 중 많은 사람은 '그저 돕고 싶을 뿐'이라며 다른 사람들에게 무엇을 '해야 한다'고 말해야 할 의무감을 느낀다고 한다. 특히 직장에서 리더 역할을 맡고 통제력을 행사하는 데 익숙한 사람들에게서 이런 경향이 흔히 나타난다. 하지만 기억하라. 요청받지 않은 '해야 한다'는 대체로 당신의 의무도 아닐뿐더러 감사받지도 못한다!

　그 대신, 우리가 모두 그저 인간에 불과하다는 사실을 명심하라. 스스로에게 물어보라. 그 사람의 단점에만 집중하고 있지는 않은가? 나는 지나치게 비판적이거나 통제적이지는 않은가? 그들이 다른 선택을 할 자유를 인정하고 있는가?

- **초점 전환하기**

　자기비판을 포착하고 극복하기 시작하면, 다른 사람들을 더 친절한 태도로 대하기 쉬워진다. 게다가, 당신을 짜증 나게 하는 대상을 더 긍정적인 시각으로 볼 수 있게 도와주는 전략도 있다. 다음은 다른 사람들에게 '해야 한다'고 하는 대신 수용을 추구하는, 내가 추천하는 최고의 도구들이다.

1. **의도적이지 않다는 사실에 집중하라.** 누군가가 당신을 좌절시키거나 해치거나 스트레스를 주려고 노력하지 않는다는 사실을 깨달으면 어떤 기분이 드는가? 기분이 더 나아질 것이다! 어떤 행동이 의도적이지 않다는 것을 인식만 해도 화난 감정은 수그러드는 경향을 보인다. 대체로 사람들은 의도적으로 당신을 힘들게 하려고 들지 않는다. 그저 자기 모습 그대로 살아갈 뿐이다. 당신의 그 괴짜 동료? 그녀에겐 그 망할 뉴에이지 벨 소리로 당신을 짜증 나게 하려는 의도는 전혀 없다. 그저 그게 그녀의 취향일 뿐이다.

2. **그 사람의 긍정적인 면에 집중하라.** 그 사람이 달랐으면 하고 당신이 바라는 점에 집중하는 대신, 그 사람이 잘하는 면을 인정하라. 예를 들어, "그가 설거지를 했어

야 했다"는 생각에 집중하는 대신, "그가 설거지는 하지 않았지만 내가 부탁하지 않았는데도 쓰레기를 버렸고, 내가 하루에 있었던 일을 이야기할 때 원치 않은 조언 대신 진심으로 경청해주었으며, 오늘 힘들었을 때 나를 안아주었어"라고 생각을 전환해보라. 꼭 세 가지 긍정적인 측면으로 한 가지 부정적인 측면을 상쇄할 필요는 없지만, 많을수록 좋다!

여기서 목표는 당신의 균형 잡힌 관점 유지에 도움을 주는 것이다. 집안일이 만성적인 문제라면, 행동을 선택하고 적극적으로 대처할 수 있다. 하지만 그렇지 않거나, 파트너의 정리 방식이 정말 당신과 다르다면 그 사람이 어떤 면에서 좋은지에 초점을 맞추어 생각의 균형을 잡으려고 노력하라. 그리고 어떤 기분이 드는지 보라.

대략적인 기준은 어떤 것일까? 생각은 감정에 영향을 미치고, 감정은 행동에 영향을 미친다. 누군가의 긍정적인 특징에 계속 집중하여 기분이 나아지기 시작하면(분노, 불안, 좌절감이 줄어들면), 그 사람과의 상호작용은 어떻게 될까? 그렇다! 더 좋아질 것이다! 그렇다! 그리고 실제로 파트너가 미래에 설거지를 기억할 가능성이 더 커질 수 있다.

3. **기회에 집중하라.** 어떤 사람에게서 더 나아'져야 한다'고 생각하는 특성을 발견했을 때, 그것은 단지 당신의 의견에 불과하다는 사실을 기억하라. 마음에 들지 않는 부분을 계속 지적하는 대신, 그 사람과 교류함으로써 실제로 어떤 이익을 얻을 수 있는지 찾아보라. 다른 사람들과의 상호작용을 통해 성장하거나 당신의 기술을 향상시킬 수 있는 방법을 찾아라. 그렇다. 처음 느꼈던 짜증을 유용한 기회로 전환하라.

최근에 있었던 실제 예를 하나 들어보겠다. 나는 친구가 자기 직원과 통화하는 내용을 우연히 들었다. 직원은 고객 중 하나(독특한 요청을 하는 더 큰 회사)에 대한 불만을 토로하며 "이렇게 까탈스럽게 굴어서는 안 된다!"고 개탄했다. 내 친구는 그녀의 감정을 이해한다고 인정한 뒤 이렇게 말했다. "물론 어려운 일이지만, 우리에게 유용할 수도 있어요. 이 회사가 이런 문제를 제기하지 않았다면 우리는 이런 종류의 요청에 어떻게 대응해야 할지 생각하지도 못했을 테니까요. 이제는 비슷한 상황이 발생했을 때 이용할 표준 운영 절차를 개발할 수 있잖아요." 이게 바로 초점 전환의 좋은 예다. 이게 수용이다.

> **실천해보기**
>
> 누군가가 그다지 잘못한 것이 없는데도 그에게 마음속으로 '해야 한다'고 생각한 마지막 순간이 언제였는가? 다음의 빈칸 채우기를 통해 초점을 전환하고, 그 상황을 수용하는 연습을 해보라.
>
> 1. 이것은 의도적이지 않았을 수 있다. 왜냐하면:
> 2. 이 사람이 어떤 면에서는 나를 귀찮게 할 수 있지만, 그의 긍정적인 속성은:
> 3. 이 사람은 나에게 새로운 기술을 배우거나 새로운 사람들을 만날 기회를 줄 수 있다. 왜냐하면:
>
> 좌절감을 덜 느끼고 계속 나아가기 위해 관점을 바꿀 수 있는지 확인해보라!

'해야 한다'고 생각하는 상황들

상황은 이렇다. 상사가 '당신'에겐 당연해보였던 승진을 다른 사람에게 주었다. 당신의 프레젠테이션은 훌륭했지만, 경쟁사가 계약을 따냈다. 당신이 좋아하는 사람이 다른 사람을 좋아한다. 이럴 때 당신은 이런 생각을 하게 된다. "이런 일이 일어나선 안 돼! 결과가 다르게 나왔어야 해. 이건 더 쉬워야 해. 이런 일은 절대 일어나지 말았어야 해." 스스로나 다른 사람에게 '해야 한다'고 하는 것처럼, 상황에 '해야 한다'고 하는 것, 즉 상황이나 사건을 판단하며 평가하는 것은 당신을 그 자리에 멈춰 서게 만들고 불안을 증폭시킨다. 당신은 언제 상황에 대해 '해야 한다'고 가장 많이 생각하는가? 바로 '늪'에 빠졌을 때다.

● 늪으로

"우리는 모두 늪에 빠질 때가 있습니다." 상담 중 어느 시점이 되면 나는 고객들에게 이렇게 말한다. 그들은 눈썹을 찌푸린다. 인생의 늪은 커다란 도전, 어려움, 또는 불확실성의 시기다. 당신에게 일어나리라고 생각하지도 못했던 일들을 겪을 때다. 어떻게 헤쳐나가야 할지 캄캄하고, 앞으로 무슨 일이 일어날지, 다음에 무엇이 올지 전혀 모르는 끔찍한 시련에 직면했을 때다. 사실, 흔히 사람들이 나를 찾는 이유도 어둡고 불쾌한 늪의 한가운데에 빠졌기 때문이다. 특히 성취주의자들은 거의 모든 일을 처리할 수 있다는 자부심을 가지고 있기에, 특정 상황에 대한 '해야 한다'는 생각이 종종 주어진 어려움에 반응하고 감정을 느끼는 자신에 대한 비판적인 판단으로 이어지곤 한다.

이혼을 겪거나, 직장을 잃거나, 사랑하는 사람의 죽음에 대처하거나, 사고로 다치거나, 파트너의 외도를 발견하거나, 유산의 충격을 겪거나, 인생의 새로운 단계에 접어들거나, 늙어가거나, 새로운 도시로 이사하거나, 불완전고용 상태에서 재정적 어려움을 겪거나, 전례 없는 글로벌 팬데믹에 대처하거나… 그렇다, 세상에 늪은 많고도 많다.

성공으로 가는 길은 당신의 상상만큼 예측 가능하거나 순탄치 않다. 성취주의자들의 개인적인 늪은 보통 '컨베이어 벨트'가 끝나는 곳에서 시작된다. 당신도 알고 있는 그 컨베이어 벨트다. 아마도 유아기에 시작되어, 뛰어난 성적과 운동 능력을 과시하게 하고, 대학과 대학원을 무리 없이 입학해서 경쟁력 있는 직장까지 쭉쭉 앞으로 나아가게 해놓고서는, (그리고 그 과정에서 연인을 만나게도 하는데) 당신의 20대나 30대쯤 갑자기 멈춰버리는 그 컨베이어 벨트 말이다. 사실 이 용어는 내가 만들었다. 흔히 부모가 말하는 '옳은 일'을 계속하다 보면 한 성공적인 이정표에서 다음 이정표로 예측 가능하게 이동한다는, 어린 시절부터 반복적으로 강화된, 깊이 뿌리박힌 믿음을 가리키기 위해 만든 말이다. 하지만 현실은, 인생의 어느 시점에서 당신은 불가피하게 컨베이어 벨트에서 떨어져… 늪으로 빠진다.

이러한 순간은 대체로 예상치 못하거나, 강요된 사건, 혹은 불쾌한 사건에서 비롯된다. 이 예상치 못한 수렁을 헤쳐나가며, 나의 고객들은 이렇게들 말한다. "이런 일이 있어서는 안 돼요, 박사님." 내가 나서야 한다는 신호다.

왜냐하면 나는 완벽히 이해하기 때문이다. 나도 이런 일이 일어나길 원하지 않는다. 그런데 나는 이런 일이 일어나는 이유를 알까? (이 질문은 자주 받는다.) 겸손하게 말하자면, 나도 모른다. 단지 내가 아는 것은, 당신이 계속해서 스스로에게 이런 일이 "일어나선 안 된다"라고 하는 상태에서도 그 일이 계속 일어나고 있다면, 다시 말해 현실을 부정하는 서사가 반복된다면 당신은 고통 속에서 한 걸음도 나아가지 못하고 정체될 것이다. 당신은 불안하고, 압도되고, 좌절하고, 화나고, 슬프고, 아마 두려워하게 될 것이다. 이미 알다시피, '해야 한다'는 생각은 에너지를 고갈시키고 좌절감과 분노를 느끼게 하기 때문이다. 이들은 회피의 한 형태다. 때로는 늪 속에서 현실을 직시하고 싶지 않을 수도 있다. 그저 그런 상황에 대해 화내고 좌절하길 원할 수 있다. 그럴 수 있다. 하지만 주어진 상황에 대해 '해야 한다'고 생각하는 데 집중할 때, 다시 말해 현재를 받아들이고 행동을 취하는 대신 그렇게 되어야 한다고 생각되는 모든 방식을 열거만 하고 있을 때, 당신의 자기주도성은 줄어들고 만다. 그러면 늪에서 빠져나오기가 더 어려워진다.

그래서 나는 당신이 좌절과 무력감에서 벗어나 성공적인

늪 횡단으로 전환하기 위한 3단계 '나침반'을 만들어보았다. 나를 따라오라!

● 늪에서 벗어나기

늪을 잘 헤쳐나가고, 발판을 찾고, 중대한 변화에 효과적으로 대처하기 위해 내가 개발한 과정은 EAO라고 부른다. '공감Empathy, 수용Acceptance, 최적화Optimize'의 약자이다. 이것이 바로 당신의 '할 수 있다'이다. '해야 한다'고 생각하는 상황을 개인적, 직업적 성장으로 전환하는 방법이다. 그리고 당신도 사용할 수 있다! 때로 찰스 다윈Charles Darwin이 했다고 인용되는 말대로, "살아남는 종은 가장 강한 종도, 가장 지적인 종도 아니다. 변화에 가장 잘 적응하는 종이다." 따라서 EAO의 목표는 당신이 경력, 가정생활, 건강, 재정, 관계, 또는 그날그날의 일상에서 겪는 삶의 변화에 적응할 수 있도록 돕고, 새로운 현실에서 살아남는 방법을 보여주려는 것이다. 앞으로 나아갈 방법을 찾고, 필요하다면 조정하는 법을 배우며, 상황에 대한 '해야 한다'는 생각을 줄이고 계속 새로운 관점을 찾고 수용하는 것은 장기적인 에너지 관리와 높은 성취를 위해 필수적이다. 결국, 계속해서 앞으로 그리고 위로, 다음 도전을 향해 나아가는 것이 성취 아니겠는가?

1단계: 공감. 정말 힘든 일을 겪고 있는 가까운 친구에게 뭐라고 말하겠는가? 그들의 감정을 조롱하거나, 축소하거나, 함부로 평가하겠는가? 아니면 "그냥 잊어버려. 괜찮을 거야. 다른 사람들은 더 힘든 일을 겪고 있어!"라고 말하겠는가? 아니다. 당신은 그렇게 하지 않을 것이다. 왜 그럴까? 그런 말이 친절하지도 않고, 아무런 도움도 되지 않는다는 사실을 알기 때문이다. 어려운 시기를 겪고 있는 사람들에게 가장 불필요한 것이 바로 타인의 평가다. 이제 당신이라면 그저 그 친구를 위해 곁에 있어줄 것이다. 공감할 것이다. 다시 말해, 그들이 겪고 있는 일과 그들의 감정을 이해하려고 노력할 것이다. 귀 기울여 듣고, 인내심과 호기심을 갖고, 그들을 존중할 것이다. 그들이 어떻게 느껴야 한다거나 문제를 '해결'하는 방법을 즉시 제시하려 들지 않을 것이다.[6] 그리고 기억하라. 당신도 똑같은 대우를 받을 자격이 있다.

그러니 가까운 친구에게 그러듯이, 삶이 힘들 때 스스로 감정을 처리할 시간을 주어야 한다. 당신이 어떤 감정을 느끼고 있는지에 주목하라. 혹시라도 감정을 느끼기를 거부한다면, 그 감정은 지속될 것이다. 신뢰할 만한 사람이나 상담사와 이야기를 나누어라. "나는 화가 나고, 좌절하고, 두렵고, 압도되고, 실망했다"라고 소리 내어 말하는 것도 괜찮다. 심지어 도움이 된다. 당신의 감정에 대해 뭔가를 하려 들지 말고,

그저 그 감정을 느껴라. 감히 장담하건대, 그 감정이 영원히 지속되지는 않을 것이다.

내가 보장할 수 있는 것은 감정은 변한다는 사실이다. 모든 것의 무상함에 감사하라! 그 어떤 감정도 영원히 지속되지 않는다. 감정의 경험, 그 조합과 강도는 시간이 지나며 변한다. 그동안 자기비판적이 되지 말고, 인내심 있는 호기심과 이해로 스스로와 상황에 대처하여 더 빨리 기분이 나아지도록 만들어라.

2단계: 수용. 이미 이야기했듯이, 수용은 '해야 한다'에 대한 궁극적인 대안이다. 수용이란 상황의 진실을 원하는 대로가 아니라 있는 그대로 인식하는 것이다. 이러한 접근 방식이야말로, 어떤 상황을 극복하려 할 때 당신을 가장 강하게 만들어준다.

따라서, 아무리 현재 상황이 부당하거나 어려워 보인다고 하더라도 진실을 직면해야만 한다. 상황이 아무리 불행하더라도 부정, 회피, 축소, 또는 분노는 아무런 도움이 되지 않는다. 오히려 기분만 더 나쁘게 만들 뿐이다. 벽에 계속 부딪히는 것과 같다. 분명히 말하지만, 현실에 동의하거나 현실을 용인하거나 심지어 좋아해야 한다는 뜻이 아니다. 수용이란 진실을 인정하여 상황을 개선하는 데 에너지를 집중할 수 있게 만드는 것이다. 우리가 목표 설정을 이야기하며 논의했던 것처럼 말이다. 무슨 일이 일어나고 있는지 현실을 있는 그대로 인정하면, 결정을 내리고 앞으로 나아갈 수 있는 주체성을 선물로 받게 된다. 예를 들어, 갑자기 강등되는 상황을 좋아할 사람은 없을 것이다. 말도 안 되는 일이다. 하지만 직장 상황이 바뀌었다는 사실을 받아들이지 않으면, 새로운 길을 찾는 데 필요한 적절한 조치를 취할 수 없다. 따라서 사실에 저항하는 데 사용해온 에너지를 다음 단계로 나아가는 데 쓸 수 있도록 전환해야 한다. 그래서 주어진 상황에서 스스로에게 물어보라. 이 '해야 한다'의 동기는 무엇인가? 현재 내가 처한 상황의 현실은 무엇인가? 무엇이 나를 좌절하고, 불안하고, 움직이지 못하게 만드는가?

3단계: 최적화. 최적화는 상황을 덜 힘들고 더 살 만하게 만드는 방법이다. 인생이 힘든 상황을 안겨줄 때 유연하게 대처하는 방법을 배우는 것이다. 구체적으로는 지금 통제할 수 있는 것과 없는 것을 구분하고, 그런 다음 통제할 수 있는 것을 스스로에게 유리하게 사용하는 것을 의미한다.

그렇다면 늪에 빠졌을 때 최적화하는 방법은 무엇일까? 여전히 선택할 수 있는 것들에 주의, 자원, 에너지를 집중하라. 중심을 잡을 수 있는 좋은 방법으로는 자기돌봄의 기본으로 돌아가는 것을 들 수 있다. 예를 들어 당신은 어느 정도는 기상 시간, 운동, 식사, 취침 시간 등을 선택할 수 있다. 더불어 고대할 수 있는 즐거운 활동을 계획하고 일상의 즐거움을 만들어 자신을 북돋울 수도 있다. 건강한 선택을 하고, 할 수 있는 부분에서 통제권을 가져라.

나의 영웅이라 할 수 있는 오스트리아 정신과 의사이자 홀로코스트 생존자 빅터 프랭클Viktor Frankl은 영감을 주는 책 《빅터 프랭클의 죽음의 수용소에서》에 이렇게 썼다. "인간에게서 모든 것을 빼앗을 수 있지만 단 한 가지만은 빼앗을 수 없다. 주어진 상황에서 자신의 태도를 선택하는 것, 자신의 길을 선택하는 것. 이게 바로 인간의 마지막 자유다."[7]

상황의 현실은 바꾸지 못할 수도 있다. 하지만, 가능한 최선의 방법으로 자신을 지탱하며 그 현실을 통과할 수 있다. 이게 바로 궁극적인 '할 수 있다'이다. 어떤 일을 겪고 있든 간에 당신은 자기대화를 개선하겠다고 결심할 수 있다. 당신 자신과 다른 사람에게 '해야 한다'고 했던 생각을 바꿀 수 있었던 것처럼, 상황의 '해야 한다'도 바꿀 수 있다. 당신이 집중하는 모든 생각은 삶의 변화에 적응하여 앞으로 나아가는 데 도움이 되거나, 아니면 당신을 압도하고 마비 상태에 머무르게 할 것이다. 상황에 대해 어떻게 생각하기로 선택하느냐가 그 상황을 경험하는 방식에 깊은 영향을 미친다. 선택은 항상 당신의 몫이다.

그러므로 당신이 자신, 다른 사람, 또는 상황 무엇을 놓고 '해야 한다'고 생각하든, 정체 상태에서 벗어나는 핵심은 정직하게 있는 그대로 들여다보고, 자기대화를 바꾸고, 다른 관점으로 초점을 전환하거나 자신을 돌보는 최선의 방법을 모색함으로써 '해야 한다' 뒤에 무엇이 있는지를 판단하는 것이다. 이제 명확하게 이해했으니, 다음 핵심 원칙으로 넘어갈 수 있다!

주요 요점

- '해야 한다'는 생각은 우리를 정체되게 한다. 인식, 수용 그리고 행동이 우리를 앞으로 나아가게 한다.
- 자신뿐만 아니라 다른 사람과 상황에도 '해야 한다'고 하지 않도록 주의하라.
- '해야 한다'의 동기를 명확히 파악하여 당신의 힘을 되찾아라.
- 만약 목표가 진정으로 당신에게 중요하다면, 당신은 포기하지 않을 것이다.
- 다른 사람에게 '해야 한다'고 하는 대신, 초점을 전환하라. 도전 속에서 기회를 찾아라!
- 늪을 헤쳐나갈 때는 공감, 수용, 최적화를 이용하라. 우

리는 모두 늪에 빠질 때가 있다. 당신의 대응이 가장 중요하다.

감사 기반 사고로
레벨업하라

핵심 원칙 #6

감사는 무엇보다도
우리의 시선을 바꾸는 하나의 방식이다.

- **로버트 A. 에몬스**Robert A. Emmons **박사**[1]

오래전, 올리비아라는 재능 있는 기자가 내게 찾아왔다. 올리비아가 보스턴을 떠나기 전 몇 달 동안 그를 상담했었다. 하지만 수년 후 다시 내 사무실 문 앞에 나타난 올리비아는 많이 달라져 있었다. 이전에 상담할 때 그는 업무 스트레스, 골치 아픈 대인 관계, 자기의심, 번아웃과 같이 성취주의자들에게서 전형적으로 나타나는 도전 과제와 씨름하고 있었다. 휴가를 가느라 일을 쉬면서 올리비아가 느끼는 불안을 해소하는 데만 여러 번의 상담이 필요했던 기억도 있다.

다시 상담받으러 온 올리비아의 상황과 관심사는 극적으

로 바뀌어 있었다. 일단 올리비아의 파트너가 아팠다. 심각하게 아팠다. 깊고 끝없는 늪에 빠져 있던 올리비아는 불현듯 파트너의 건강이 세상 무엇보다 중요하다는 사실을 깨달았다. 아마도 유일한 우선순위라고 할 수 있었을 것이다. 휴가를 내면 상사들이 어떻게 생각할지, 부재중 메시지에는 뭐라고 써야 할지 등등과 같은 예전의 걱정들은 아예 고려 대상도 아니었다.

"중요한 건 삶밖에 없어요." 올리비아가 눈물을 글썽이며 말했다.

이 믿기 힘들 정도로 어려운 사건이 그녀의 관점에 근본적인 변화를 일으켰다. 이러한 힘든 일을 감당하는 와중에도, 올리비아는 이 경험으로 세상을 보는 관점이 달라졌다는 데 감사를 느꼈다. 그리고 그 열린 마음, 다시 말해 역경이 성장 기회를 주며, 상황은 순식간에 바뀔 수 있다는 사실을 기꺼이 받아들이는 마음은 삶의 모든 순간에 감사할 수 있게 해주었다.

올리비아는 자신에게 닥친 현실을 회피하지 않았다. 물론 압도감과 슬픔에 짓눌려 끔찍하게 힘겨운 순간들이 있었지만, 절망을 느끼지는 않았다. 올리비아는 가능한 한 많은 사회적 지지와 자기 지지를 받으며 이 늪을 빠져나갈 수 있다는 사실을 알고 있었다. 그래서 올리비아는 그 많은 어려움에도 불구하고 평소의 업무량을 유지할 수 있었다.

'해야 한다'를 '할 수 있다'로 바꾸는 과정에서, 우리는 공감, 수용, 최적화(즉, EAO)를 활용해서 늪에 빠진 상태를 견디는 방법을 이야기했다. 이제 그 단계를 졸업한 당신은 더 발전된 단계, 감사 단계로 나아가야 한다.

사실 난 알고 있다. 당신이 다시 믿기 힘들다는 반응으로 눈을 굴리는 것이 느껴진다. 성취주의자들은 감사를 '유약한' 것으로 받아들이고 그다지 중요하게 여기지 않는다. 부분적으로는 앞서 자기돌봄과 마찬가지로, 감사가 비생산적이고 심지어 비현실적으로 느껴지기 때문이다. 따라서 감사의 투자 대비 효과 역시 너무도 불명료하다고 느낀다.

약속하건대, 어떤 나쁜 일들이 일어났는데도 거기에 대해 감사하라고 요구하는 그런 비현실적이거나 지나치게 낙관적인 이상을 강요하려는 게 아니다. '유해한 낙관주의'를 실천하라는 이야기도 아니다. 나의 고객들이 비참하고 탁한 늪에 무릎까지 빠져 있을 때, 내가 그들을 보고 "자, 이제 이 늪에 감사합시다!"라고 말하겠는가? 아니다. 절대 아니다. 그건 도움이 되지 않는다. 하지만 가슴 아픈 고난의 늪 한가운데 빠져 있는 사람이 나를 보며 "이 늪은 정말 끔찍해요, 박사님. 하지만 저는 정말 여기서 뭔가 좋은 것이 나올 거라고 믿어요"라고 말한다면, 나는 그 생각을 강력히 지지할 것이다. 나 자신도 정말 그렇게 믿고 있기 때문이다.

어려운 시기에도 성공과 자신감을 유지하고 싶다면(물론 당신이 그럴 수 있다는 걸 알고 있다!), 도전 속에서 가능성을 찾는 것이야말로 비장의 무기다. 알베르트 아인슈타인이 말했듯이, "어려움의 한가운데에 기회가 있다."

인생의 늪은 피할 수 없다. 그런데 자기비판적인 성취주의자들은 특히 어려운 순간에 정말 필요한 관용과 친절을 스스로에게 베풀지 못한다. 이것이야말로 어려운 순간에 잘 살기 위해 정말 필요하고, 또 그들이 받아 마땅한 것인데도 말이다. 하지만 감사의 마음으로 어려움을 헤쳐나갈 수 있다면 불안, 스트레스 그리고 번아웃을 완화할 수 있을 뿐만 아니라, 실제로 성장하고 발전할 수 있다.

그런데, 감사란 무엇인가?

감사는 여러 가지 방식으로 정의되어왔다. 하지만 내가 가장 좋아하는 정의는 브레네 브라운 박사가 〈뉴욕타임스〉 베스트셀러 1위 도서 《아틀라스 오브 더 하트 Atlas of the Heart》에서 언급한 "감사는 우리가 소중히 여기는 것, 우리 삶에 의미를 주는 것, 그리고 우리가 다른 사람들과 연결되어 있다고 느끼게

해주는 것에 대한 깊은 고마움을 반영하는 감정이다"라는 말이다.[2]

 나는 이런 말을 자주 한다. 감사는 가장 높은 수준의 자기 대화다. 감사는 사물을 고맙게 여기는 데 주의를 집중하도록 도와준다. 슬프거나 화가 나서 산책을 한 적이 있는가? 그리고 갑자기 아름다운 홍관조를 보거나 아이의 웃음소리를 듣고는 "사는 게 그리 나쁘지만은 않아"라고 생각한 적이 있는가? 그것이 감사다. 하는 일에 스트레스를 느끼는 상황이라도, 배려심 깊은 동료들에게 고마움을 느낀다면 그것이 바로 감사다. 감사란 우울한 기분을 헤쳐나가면서도, 순간적으로 의미 있는 무언가를 알아차리는 것이다. 작동하지 않는 것 대신 작동하는 것을 보는 것이며, 상황을 덜 끔찍해 보이게 만들어서 당신이 절망과 낙담에 빠지지 않도록 도와주는 것이다. 감사는 우리를 지금 여기에 뿌리내리게 하고, 우리에게 균형 잡힌 관점을 제공하며, 현실에서 다시 시작할 수 있게 만들어주는 엄청난 힘을 갖고 있다. 감사는 골칫거리 삼총사의 모든 왜곡을 단번에 극복하는 직접적인 방법이다. 따라서 이 8가지 핵심 원칙에서도 근본적인 것이다. 감사는 추가적인 불안과 스트레스에 시달리지 않고도 성공을 달성할 수 있게 해주는 강력한 추진력이다.

감사 신화의 가면을 벗기기

우리는 보통 성공이 먼저 오고 그다음에 행복이(성공 덕분에) 오며, 그다음에(우리가 행복에 감사하기 때문에) 감사가 온다고 믿도록 사회화되어왔다. 하지만 이 순서는 완전히 거꾸로다! 사실, 이런 믿음은 내가 '감사 신화Gratitude Myth'라고 부르는 흔한 현상으로, 감사를 단지 성취의 부산물에 지나지 않는다고 간주하고 있다. 성취주의자들은 아무것도 모른 채 닥치고 신화를 외우도록 강제당하면서 자라왔다! 그 결과, 내가 감사라는 말을 꺼내면, 이들은 대체로 그다지 관심 없다는 미소를 지어 보인다. 그러고는 "박사님, 정말 달콤한 말씀이지만, 저는 제 꿈을 좇게 만든 수업에 대해 과거의 교수님께 감사 편지 쓸 시간은 없어요" 또는 "가게 점원에게 감사하다는 말을 하는 게 어떻게 제 삶의 궤도나 그들의 궤도에 변화를 만들 수 있나요?" 같은 말이나 한다. 물론 '달콤하다'는 말로 그들은 유약하고, 중요하지 않고, 순진하다는 의미를 전달하려고 한다. 이해한다. 감사의 표현(또는 다른 여러 방법으로 감사를 실천하는 것)은 실제로 시간과 에너지를 소모한다. 그리고 감사와 직업적 성공, 전반적인 탁월성 그리고 기쁨 사이의 상관관계를 이론적 차원을 넘어서 실질적으로는 이해하기 어려울 수 있다. 특히 성공을 주요 목표로 보는 성취주의자들에게는 더욱 그렇다. 대체 왜 성공이 아닌 다른 것을 우선시해야 하는가?

무엇이 먼저인가: 행복인가 감사인가?

문제의 답은 우리가 그토록 집착하는 감사 신화에서 찾을 수 있다. 이 신화를 뒤집으면 어떻게 될까? 놀랍게도, 진실을 정확히 보여주는 공식이 나타난다.

감사 → 행복 → 성공

그렇다, 이게 진실이다! 기억하라. 감사는 높은 수준의 자기대화다. 우리의 생각은 어디에 영향을 미치는가? 우리의 감정(행복)과 행동 또는 결과(성공)에 영향을 준다. 수많은 연구들이 감사가 스트레스 수준 감소부터 수면의 질 향상, 사회적 관계 개선에 이르기까지 다양한 이점을 낳는다고 입증하였다.[3] 그리고 이제 우리는 스트레스를 낮추고 일관성 있는 수면과 같은 기본적인 자기돌봄을 실천하며 건강한 관계를 유지하는 것이, 번아웃을 피하고 지속 가능한 성공을 이루는데 얼마나 중요한지까지 알고 있다. 이 주제를 주로 연구한

로버트 에몬스 박사는 《감사는 효과 있다Gratitude Works》에서 다양한 연구 참가자들이 경험한 이점을 다음과 같이 요약했다.

- 에너지, 민첩성, 열정, 활력이 늘어난 느낌
- 개인 목표 달성
- 자존감과 자신감이 강화된 느낌
- 목적의식과 회복력의 증대

이러한 심오한 이점들은 모호하거나 이론적인 것에서 그치지 않는다. 이 장점들은 구체적인 통계로도 확인할 수 있다. 에몬스의 책에 따르면, (감사를 증진하는 가장 일반적인 실천 중 하나인) 감사 일기를 쓰는 사람들은 그렇지 않은 사람들에 비해 25% 더 행복하고, 매주 33% 더 운동하며, 매일 밤 30분 더 잠을 잔다.[4] 그리고 이미 알고 있다시피 신체 활동, 수면, 행복과 같은 요소들은 경력 발전의 핵심 원칙이다! 패배감을 느끼는 것과는 정반대다.

베네딕트 수도사이자 작가인 데이비드 스타인들-라스트David Steindl-Rast는 TED 강연에서, 삶에서 필요한 모든 것을 가지고 있지만 여전히 불행한 사람과, 그 반대의 경우를 생각해보라고 요구한다. 감사는 당신이 가진 것이 아니라, 당신이 가진 것의 *가치*를 인정하는 것이다. 여기에서부터 그는 관련된 연결을 도출했다. "따라서, 행복이 우리를 감사하게 만드는 것이 아니다. 감사가 우리를 행복하게 만드는 것이다."[5] 기본적으로 전문가들도 동의한다. 행복을 느낄 때까지 기다려 감사하지 마라! 핵심은 감사로 시작하는 것이다.

브레네 브라운 박사가 말했듯이, 감사는 우리를 진정으로 의미 있는 것과 연결해준다. 다시 말해 감사는 삶에서 좋거나 가치 있는 것에 우리의 손전등을 비추게 하며, 더 균형 잡힌 생각을 불러일으킨다. 감사는 우리의 생각, 감정, 행동이 더 긍정적이고 생산적인 궤도를 유지하게 만들고, 이는 다시 우리 자신과 세상에 대해 좋은 감정을 갖게 만든다.

행복이 성공을 낳는다

성취주의자인 여러분은 아마 이렇게 생각할 것이다. "그래, 좋아. 행복은 좋은 거지. 하지만 내 성공은 어떻게 되는 거지?" 충분히 던질 수 있는 질문이다. 하지만 생각해보라. 앞서 언급했듯이, 행복은 성공을 촉진한다! 그렇다, 다시 한번 말해보라. 옥상에서 큰 소리로 외쳐라. 화면 보호기로 만들어 잊지 않도록 하라. 《행복의 특권》의 저자 숀 아처가 말했다. "긍정적인 두뇌를 갈고닦을수록 더 의욕적이고 효율적이며 회복력 있고 창의적이며 생산적인 사람이 되어, 성과가 향상됩니다."[6] 나 역시 이러한 일을 수없이 많이 보았다. 행복한 사람은 발전과 상승을 위한 에너지, 필요한 수단, 창의적 자신감을 얻는다. 행복한 사람은 균형 잡힌 생각, 충만한 활력, 강한 자아존중감을 내보이며, 이는 즉 관리되지 않은 불안은 줄어들고 더 높은 목표를 향해 전진할 수 있다는 뜻이다. 이 사실만 이해하면, 행복과 성공이 연결되어 있다는 사실은 아주 간단해 보인다. 출세라는 사다리를 오르기 위해서는 우리가 문화적으로 이해하고 있는 길과는 반대 경로를 택해야만 한다. 사실, 우리는 모두 한 번쯤은 이 사실을 경험한 적이 있다. 에너지가 충만한 상태로 일어나, 컨디션도 괜찮고 기분도 좋은 상태에서 일상을 시작하고, 어떠한 일이라도 해치울 만반의 준비가 되어 있으며, 삶에서 큰 진전을 이룰 것만 같은 날이 있다. 좋은 아이디어를 가지고 훌륭한 동료들의 사사로운 농담과 함께 사무실에 도착하노라면 모든 일을 잘 해낼 수 있을 것만 같다. 우리는 모두 행복이 우리를 다른 긍정적인 결과로 이끄는 동력이 되는 느낌을 알고 있다.

감사는 행복과 같고, 행복은 성공과 같다. 왜냐하면 감사하다는 *생각*이 당신을 더 *기분* 좋게 해주고 최고의 자신으로 **행동**하도록 만들기 때문이다.

감사와 골칫거리 삼총사

그렇다면 어떻게 감사를 행복으로 바꿀 수 있을까? 고맙게도 (의도한 말장난이다), 감사에는 생각을 바꾸는 힘이 있다. 그리고 이미 알고 있다시피, 감사는 건강한 자기대화의 핵심이다. 감사는 더 적은 불안과 걱정, 그리고 더 많은 행복을 의미한다. 궁극적으로, 감사는 자기 이익을 위해 이용할 수 있는 실용적인 도구다. 감사가 어떻게 골칫거리 삼총사라는 왜곡들을 극복할 수 있는지 살펴보기로 하자.

● **전부 아니면 전무라는 생각을 완화하는 감사**

다시 한번 상기하자면, 모 아니면 도라는 생각은 불확실성이나 점진적인 차이를 인정하는 대신 '항상', '모두', '절대'와 같은 낱말을 사용하여 우리의 관심사를 절대적이고 극단적으로 표현하는 것이다. 모든 것이 흑 아니면 백이다.

반대로, 감사는 회색 지대를 인정한다. 당신이 힘든 하루를 보내고 추운 날씨에 집으로 걸어갈 준비를 하면서 "모든 것이 끔찍해!"라고 생각한다고 해보자. 여기에 감사를 도입하면, 괜찮거나 심지어 좋은 일들에 주목할 수 있게 된다. 예를 들어 나쁜 날씨에도 불구하고 당신을 따뜻하게 해주는 포근한 코트나, 집에 가면 볼 수 있는 좋아하는 TV 프로그램과 같은 작은 것일 수도 있다. 그저 모든 것이 *완전히* 끔찍하지만은 않다는 것을 깨닫기에 충분하면 된다. 당신은 *완전한* 실패자가 아니다. 감사는 긍정적이고 의미 있는 것들에 초점을 맞추어, "나에게는 이런 좋은 것이 있어"라고 진심으로 말할 수 있도록 만들어준다. 이러한 방식으로, 감사는 더 정확한 시각을 얻게 하고, 도움이 되지 않는 생각들에 구멍을 낼 근거를 찾아준다. 그리고 그 근거를 이용하여 새롭고 개선된 자기대화를 발전시킴으로써 당신은 전부 아니면 전무라는 왜곡을 물리칠 수 있다. 다시 말해, 감사는 일종의 관점과도 같다. 감사는 "좋아. 그냥 운이 좋지 않은 하루였을 뿐이야. 그리고 어쩌면 남은 몇 시간은 재미있게 즐길 수도 있어"라는 관점을 가질 수 있게 한다.

회피하거나 문제를 최소화하는 방식으로 부정적인 상황에서 억지로 긍정적인 측면을 찾으려는 태도는 감사가 아니다. 예를 들어 "다른 사람들은 나보다 훨씬 더 힘든 상황이니, 자격도 없는 내가 화를 낸다면 난 버릇없는 사람이 되는 거야"라고 스스로 말하는 것은 감사가 아니다. "더 나쁠 수도 있었는데 이만하면 다행이야"라고 스스로 달래며 자기 자신을 부끄럽게 만들지 마라. 감사를 자신이나 다른 사람들에게 상처 주는 방식으로 사용하지 마라! 그건 결국 스스로를 기분 나쁘게 만드는 또 다른 이유가 된다. 결국 자책하는 또 하나의 방법일 뿐이다. 감사는 현실을 회피하는 방법도 아니다. 예를 들어, 나는 최근 실직한 고객 키스에게 상황에 직면하길 회피하고 주변의 긍정적 측면에만 집중하라고 권하지 않는다.

감사는 현재 상황에 구체적으로 다가가는 것이다. 다시 말해 감사는 회피가 아닌 접근이다. 그리고 감사 역시 접근 가능하다! 다시 말해 당신이 언제든지 사용할 수 있는 도구다. 삶에서 더 많은 감사를 활용하려면, 그저 감사를 실천하기만 하면 된다. 그래서 나는 키스에게 직장을 잃은 후 그가 품은 스스로에 관한 부정적인 생각("나는 패배자이고, 다시는 직장을 구하지 못할 거야")을 완화시키기 위해 자신과 자신의 삶에 감사하는 3~5가지 일들에 집중해보라고 제안했다. 이 일들은 그가 '패배자'가 아니라는 구체적인 증거가 되며, 전부 아니면 전무라는 생각에 구멍을 뚫는다. 감사에 기반한 관점은 이렇게 말할 수 있다. "나는 열심히 공부해서 훌륭한 대학을 졸업한 것에 감사해. 내 곁에 이야기를 나눌 수 있는 친구들이 있어 감사해. 구직 활동을 하는 동안 청구서를 처리할 수 있는 저축이 있어 감사해." 감사해야 할 일에 주의를 집중함으로써, 키스는 더욱 도움이 되는 생각들을 만들어낼 수 있었다. "직장을 잃어서 스트레스를 받고 실망했지만, 해고되었다고 해서 반드시 패배자는 아니야. 내 삶에는 감사할 것들이 너무나 많아."

키스는 분명히 '패배자'가 아니다. 그저 무언가 중요한 일을 해결해야 할 뿐이다. 그리고 감사 덕분에 그는 이제 미리 패배감을 느끼고 어쩌면 자기실현적 예언을 만들어내는 대신, 잘 준비된 상태로 도전에 대처할 수 있게 되었다.

감사는 더 높은 차원이다. 회피나 전부 아니면 전무라는 생각보다 훨씬 더 나은 관점을 제공한다.

● **성급한 결론 내리기를 극복하기 위한 감사**

우리는 이미 성급한 결론 내리기가 어떻게 에너지를 고갈시키고 미래에 대한 걱정에 시달리게 만드는지 잘 알고 있다. 우리는 결과에 온통 정신이 가 있기 때문에 종종 '만약'이라는 소용돌이에 빠지고 무슨 일이 일어날지 걱정한다. 심지어 최악의 상황을 가정하고 미리 불안에 시달리기도 한다. 하지만 우리의 생각을 감사에 뿌리내릴 수 있다면, 이야기는 완전히 달라진다! 내가 플로리다 공항 렌터카 업체에서 어디로 가야 할지 몰라 겁에 질렸던 일을 기억하는가? 실제로는 직장 인터뷰로 긴장했기 때문이었던 것도 기억하는가?

만약 잠시 시간을 내어 항공사가 내 짐을 분실하지 않았다거나 렌터카 회사가 좋은 차를 준비해 둔 것에 감사했다면 어땠을까? 그 순간에 잠깐이라도 감사의 감정을 가졌다면, 내

기분은 얼마나 달라졌을까? 쌀쌀한 보스턴 대신 따뜻한 플로리다에서 안락한 호텔 방이 나를 기다리고 있다는 사실에 감사했다면 어땠을까? 나는 머릿속이 너무 복잡해서 그 순간을 즐기지 못했다. 돌이켜보면, 정말 기쁘고 설레는 순간이었는데 말이다!

감사는 지금의 현실을 보는 관점과 에너지라는 선물을 줄 것이며, 이 선물들은 여러분이 앞으로 나아갈 힘을 줄 것이다. 나는 "인터뷰를 망치고 직장을 얻지 못하면 어쩌지?" 하고 생각했었을 수도 있다. 이런 자기대화가 내 기분과 활력에 어떤 영향을 미쳤을지 생각해보라. 이를 감사로 바꾼다면 어땠을까? "정말 그 일자리를 얻고 싶지만, 결과가 어쨌든 인터뷰 기회를 얻어 기쁘고 감사해. 인터뷰 경험도 쌓고 햇볕도 충분히 즐길 수 있어 감사해." 핵심 원칙 #3에서 기회에 설렘을 느끼는 연습을 했던 것을 기억하는가? 자, 그럼 바로 레벨 업하는 방법을 알려주겠다! 거기에 감사를 더해라.

핵심 요점: 알 수 없는 일을 놓고 잘못된 가정을 하며 에너지를 낭비하는 대신 현재 순간의 의미 있거나 긍정적인 측면들에 감사하는 데 전략적으로 생각을 집중한다면, 당신은 강력한 장점을 확보하게 될 것이다. 당신의 생각은 더 균형 잡힐 것이고, 당신은 더 안정적이고 자신감 있고 활력 넘치게

될 것이다. 그렇게 되면 불확실성과 모호성을 더 성공적으로 헤쳐나갈 수 있다.

- **'해야 한다'는 말을 물리치기 위한 감사**

감사는 현실이 지금과 달라야 한다는 생각에 집중해 불필요하게 불안과 고통을 유발하는 대신 당신, 다른 사람, 그리고 상황을 있는 그대로 인정하라고 격려한다. 감사는 지금 없는 것에 대해 반추하는 대신 눈앞에 있는 것을 인식하고 감사할 수 있게 해준다. 감사는 당신의 삶에서 일어나고 있는 일에 집중할 수 있도록 힘을 불어넣는다.

따라서 당신은 부족한 것에 집중하는 대신 삶에서 감사할 수 있는 것들에 집중함으로써 자신을 향한 '해야 한다'를 극복할 수 있다. 예를 하나 들어보자.

- **상황**: 어젯밤 10시까지 잠자리에 들기로 목표를 세웠지만, 실제로는 11시 30분에 잠들었다.
- **'해야 한다'**: 나는 10시까지 잠자리에 들었어야 했다. 대체 나는 뭐가 문제인 걸까? 나는 내 목표를 완수할 수 있어야 한다.
- **감사의 관점 전환**: 수면 습관을 개선하기 위한 목표를 세울 정도로 내가 자기돌봄에 신경 쓴다니 감사할 따름

이다. 오늘 밤이 일찍 잠자리에 들 또 다른 기회라는 데 감사한다. 목표를 재조정해도 괜찮다는 것을 알고 있다는 사실에 감사한다. 10시가 가능하지 않다면, 오늘 밤에는 11시까지 잠자리에 들기로 목표를 세울 것이다. 그건 할 수 있다!

처음에는 이런 식의 자기대화가 어색하게 느껴질 수 있지만, 거듭할수록 감사 기반 사고는 더더욱 자연스러워질 것이다.

이러한 유형의 고차원적 자기대화는 다른 사람들에게 '해야 한다'고 하는 습관을 극복하는 데에도 도움이 될 수 있다. 우리가 가지고 있는 도구 상자에는 핵심 원칙 #5처럼 초점을 바꾸고 다른 사람들이 *실제로* 이바지하는 바를 인식함으로써 다른 사람들을 수용하는 전략이 포함되어 있다. 하지만 이제 여러분은 한 단계 더 나아갈 준비가 되었다. 그렇다! 여러분은 그 작업을 해냈다. 이제 여러분은 다른 사람들에게서 확인한 긍정적인 측면들과 그들이 제공하는 학습과 성장의 기회에 실제로 *감사할* 준비가 되었다. 예를 들어보자.

- **상황**: 교수님(또는 상사)으로부터 과제(또는 제안서)를 돌려받았는데 올바른 문장부호 사용, 명확성 향상, 맞춤법

검사의 중요성을 강조하는 피드백으로 가득 차 있다.
- **'해야 한다'**: 교수님이 내게 이렇게까지 엄격해서는 안 된다. 그리고 나도 더 잘했어야 했다!
- **감사의 관점 전환**: 교수님이 시간과 에너지를 들여서 내 작업에 대해 구체적인 피드백을 제공해주신 데 감사한다. 이를 통해 나는 글을 더 잘 쓸 수 있게 될 것이다.

실천해보기

감사의 관점 전환을 직접 해보자! 우선, 관점을 전환할 수 있는 상황을 생각해보라. 자신이나 다른 사람에게 '해야 한다'라고 생각했던 가벼운 상황부터 시작하라.

상황:

'해야 한다':

감사의 관점 전환:

균형 잡히지 않은 생각들을 재구성하는 연습을 해보라!

이 실천 과제를 하면서 어떤 느낌이 들었는가? 오랜 시간을 들여 감사의 관점 전환을 규칙적으로 연습하다 보면, 생각과 감정이 변화하기 시작하는 것을 알아차릴 것이다. 그러면서 당신의 행동도 개선될 것이다.

자, 이제 여러분은 스스로와 다른 사람에게 '해야 한다'고 생각하는 것을 극복하는 방법을 배웠다. 이제 감사 기반 사고가 어떻게 '해야 한다'는 상황을 극복하는 데 도움이 되는지를 알아볼 차례다.

늪에서 감사 찾기

물론, 감사를 느끼는 것이 아무리 도움이 되더라도 그 방법을 찾는 것이 항상 쉽지만은 않다. 감사를 표하는 수준 높은 자기대화가 커다란 도움이 된다고 말하기는 쉽다. 하지만, 어떻게 그런 기회의 순간을 포착할 수 있을까? 늪을 연료로 사용하면 가능하다. 내 경험상 삶의 수렁 속에서 반복해서 나타나는 세 가지 장점이 있는데, 이들은 감사 기반 사고를 자극하려 할 때 사용하기 좋은 요소들이다. 그 세 가지는 바로 균형 잡힌 관점, 용기, 성장이다. 이들은 어려운 상황에서뿐만 아니라 그 이후의 삶에서도 도움이 된다. 이들은 수렁에서도 의미를 만들어낸다.

● 모든 것에 감사하는 관점

그렇다, 늪이라는 상황에서도 거기에서 찾을 수 있는 좋은 점에 감사하며 인정하는 것은 가능하고, 심지어 유익하다. 다시 말하지만 역경 자체에 감사해야 한다는 뜻이 *아니다*! 내 말은, 늪과 수렁 속에서 기회를 찾을 수 있다면 늪에 갇힐 가능성이 그만큼 줄어든다는 뜻이다. 상담 시간에 나는 어려운 상황 속에서 가능성을 인식하는 방법을 조심스럽게 소개한다. 누군가의 어려움이나 경험을 절대 얕잡아보고 싶지 않기 때문이다. 하지만 그럼에도 불구하고 이 개념을 소개하는 이유는, 이 개념을 통하지 않으면 고객들을 충분히 도울 수 없다는 사실을 알고 있기 때문이다. 당신이 고통받고 있다면, 우리는 고통을 잘 활용할 방법을 찾을 것이다. 그 고통을 더 큰 무언가를 위해 이용하고, 거기에 의미와 목적을 부여하라. 당신이 지나온 모든 늪은 당신을 오늘 바로 이 순간으로 이끈 여정의 일부다. 그들은 당신에게 통찰, 이해, 인격, 때로는 추진력까지 주었다. 좋든 나쁘든, 이미 인정했듯이, 늪은 우리가 인생에서 가장 중요한 교훈을 배우는 곳이다.

미국의 에세이스트, 시인, 철학자 랄프 왈도 에머슨_{Ralph Waldo Emerson}도 비슷한 말을 한 적이 있다. "당신에게 다가오는 모든 좋은 것에 감사하는 습관을 기르고, 계속해서 감사를 표하라. 그리고 모든 것이 당신의 발전에 이바지했기에, 당신은 모든 것에 감사해야 한다."

모든 것이다. 당신 인생의 모든 경험이 오늘의 당신을 만들었다는 것은 진실이다. 그리고 당신은 지금 있는 그대로 가치 있는 사람이다.

따라서, 변화와 도전은 삶에서 불가피하므로, 이를 당신의 더 큰 그림에 통합하는 것이 변화와 도전에 유연하게 대처하고 성장의 기회로 삼는 방식이다. 반대로, 늪에서 보낸 시간을 무의미하거나 당신의 성장과 무관한 것으로 여긴다면 그 경험을, 그 가치를 제대로 존중하지 않는 것이다. 늪을 헤쳐 나온 것 자체를 성공으로, 그 경험을 통해 많은 것을 배운 자랑스러운 성취로 여긴다면 어떨까?

예를 들어, 연애 실패로 고통받는 내 고객들은 나중에 대체로 이렇게들 말한다. 헤어진 후에는 괴로웠지만, 그 시간 덕분에 자신에게 훨씬 더 잘 맞는 상대를 찾을 수 있는 여유가 생겼다고 말이다. 나의 고객 중에는 암 환자도 많다. 그들은 물론 절대 암에 걸리고 싶지 않았겠지만, 어쨌든 그 경험은 인생에서 정말 중요한 것이 무엇인지에 관해 새롭고 더 깊은 이해와 더불어 사소한 것들에 연연하지 않는 능력까지 주었다고 한다.

이번에는 내 13살 때 경험을 들려주겠다. 나는 스코틀랜드에 사는 고모할머니 페그가 선물한 낡은 물침대를 정말 좋아했다. 어느 날 밤, 평소에는 좀처럼 집을 비우지 않으시던 부모님이 하필 여행 가신 동안, 그 침대의 배선 결함으로 인해 불이 났다. 그날 밤, 집이 불타버렸다. 우리는 소유물 전부를 잃었다. 한 친절한 소방관이 창문 밖 잔디로 던져 간신히 구한 내 학교 가방만 빼고. 그 경험은 당연히 매우 충격적이었고 무서웠다. 하지만 여행에서 돌아오신 부모님은 감사의 본보기를 보여주셨고, 그것이 나의 관점을 정립하는 데 큰 도움이 되었다. 나의 오빠 조니는 화재 직전 내 방에서 이상한 냄새를 맡고 나에게 다른 곳에서 자라고 했다. 그는 또 연기 감지기 소리에 깨어 모두에게 대피하라고 알렸다.

"그는 영웅이야." 부모님은 말씀하셨다. "우리는 정말 축복받았어."

"축복요?" 내가 가진 세상의 소유물을 거의 다 잃은 나는 의아했다.

"그래." 어머니가 설명하셨다. "아무도 다치지 않았으니까." 내 인생의 결정적인 순간이었다. 그때 나는 세상에 중요한 것은 오직 사람밖에 없다는 사실을 통감했다.

내가 화재에 감사했을까? 내가 가장 좋아하는 모든 인형과 사진첩을 잃은 것에 대해서는? 내가 가장 좋아하는 옷들을 잃은 것은? 나를 찾아오는 환자들은 상심과 암에 감사할까? 그들의 고통에 대해? 그들의 괴로움에 대해? 물론, 절대 아니다. 그런 것을 미화할 수는 없다. 실제로는 아파하면서 억지로 가짜 미소를 짓는 것은 감사가 아니다. 감사란, 어려운 순간들 속에서 발견되는 깨달음에 열린 마음을 갖고 고마워하는 것이다. 감사 전문가 데이비드 스타인들-라스트가 말했듯이, 사람들이 "모든 것에 감사할 필요는 없다… [하지만] 우리는 주어진 모든 순간마다 그 감사할 수 있는 기회가 생긴 데 대해 감사할 수 있다."[7]

어렵게 느껴질 수 있지만, 사실 당신의 늪이 *좌절*이 아니라 실제로는 더 큰 무언가를 위한 *준비 과정*이라는 점에 감사하는 데 집중하기로 한다면, 엄청난 이득을 얻을 수 있다. 이는 불안하고, 압도되며, 끔찍한 늪에 갇힌 느낌이 들 때 당신의 기분을 관리하고 앞으로 나아가게 만드는 비결이다. 물론 때로는 그러한 균형 잡힌 상태에 도달하는 데 많은 시간이 걸리기도 한다. 그래도 괜찮다. 어차피 수렁에서 기회를 찾는 법을 배우는 과정이기 때문이다.

● **용기 얻기**

늪에서는 균형 잡힌 관점은 물론, 용기 역시 얻을 수 있다. 용기야말로 우리가 감사 기반 사고를 장려하려 할 때 찾아보고 인정해야 할 또 다른 요소다. 삶의 불쾌한 늪지대를 가로지를 때, 우리는 한층 성장한다. 다시 말하지만, 역경은 우리가 발전하고 다음 단계의 자아로 레벨업하는 데 도움을 준다. 나는 종종 고객들에게 이렇게 말한다. "삶의 '디즈니랜드 같은 날들'은 중요합니다. 마음 편히 휴식을 취하고 즐거운 순간을 즐기는 날들도 필요합니다. 하지만 그런 날들이 당신을 더 강하게 만들거나 인격적으로 성장하는 데 도움을 주지는 않습니다." 많은 고객이 동의하며 고개를 끄덕인다. "네, 박사님 말씀이 사람을 위로하는 데는 우주 최고상을 받아 마땅할 것 같네요." 이들은 특정한 지혜와 통찰력은 오직 늪에서만 배울 수 있다는 사실을 이미 알고 있는 사람들이다.

용기에 대한 이해는 감사 중심 생각의 또 다른 측면이다. 간단히 말하자면, 용기는 경험을 통해 얻어진다. 분명히 말하지만 용기란 어떤 것도 절대로 두려워하지 않는다는 뜻이 아니다. 실직, 비탄, 질병, 인생 계획의 좌절 등 삶의 불확실성 앞에서 두려움을 느끼는 것은 자연스러운 일이다. 그러니 당신의 높은 성취 경향이 아무리 자기비판으로 당신을 압도하려 해도, 스스로를 탓하지 마라! 용기란 두려움이나 상심에도 불구하고 인내하는 것이다. 그리고 일단 고통의 늪에서 살아남으면, 당신은 역경을 극복할 수 있다는 사실을 알게 되어 다음에 아무리 도전적인 상황에 직면하더라도 덜 불안할 것이다. 이는 감사 중심 생각을 자극하는 데에도 도움이 된다. 모든 경험에서 얻을 것이 있다고 상기시켜주기 때문이다. 엘리너 루즈벨트Eleanor Roosevelt의 유명한 말이 있다. "당신이 정말로 멈춰 서서 두려움을 대면하면 힘과 용기, 자신감을 얻는다. 스스로 이렇게 말할 수 있게 된다. '나는 이 끔찍한 상황을 견뎌냈다. 앞으로 닥칠 일도 감당할 수 있다'라고."

● 성장 요인

최근 몇 년간, 우리는 문화적으로 외상 후 스트레스 장애PTSD라는 개념에 익숙해졌다. 하지만 대부분의 사람들이 외상 후 성장PTG(Post-Traumatic Growth)에 대해서는 들어보지 못했을 것이다. 사실 PTG는, PTSD만큼 논의되지는 않았지만, 외상의 또 다른 결과다. 이 PTG란 '매우 도전적인 삶의 상황과 투쟁 결과로 경험하는 긍정적인 심리적 변화'를 가리키는 말이다.[8] 새로운 관점이나 용기와 마찬가지로, 이 PTG에 대한 지식도 고객들이 트라우마나 인생의 극적인 변화로 인해 고통을 경험할 수도 있지만 동시에 또 다른, 더 유익한, 성장이라는 결과가 때로는 일어날 수 있다는 점을 인식하는 데 도움이 된다.

인지 과학자 스콧 배리 카우프만Scott Barry Kaufman 박사에 따르면, PTG는 '역경을 장점으로 전환'하는 데 도움이 될 수 있다. 역경을 극복하면서 성장할 수 있는 영역들로는 '삶에 대한 더 큰 감사, 가까운 관계에 대한 더 큰 감사와 강화, 연민과 이타심 증가, 삶의 새로운 가능성이나 삶의 목적 파악, 개인의 강점에 대한 더 큰 인식과 활용, 영적 발전의 향상, [그리고] 창의적 성장'이 포함된다.[9] 따라서, 역경에 대처하다 보면 당신은 더 강한 사람이 될 뿐만 아니라 잠재적으로 삶의 새로운 목표, 새로운 열정, 그리고 새로운 포부를 찾게 될 수 있다. 흔히 사람들은 어려운 상황을 통해 균형 잡힌 관점을 얻은 후에야 비로소 자신의 진정한 소명을 찾는다. 그리고 물론, 거기서 당신의 진정한 열정을 표현할 수 있는 일을 하게 되면, 가능성은 무한하다!

"자기 자신의 근본적인 구조가 흔들릴 때가 삶에서 새로운 기회를 추구하기에 가장 좋을 때이다"라고 카우프만 박사는 말한다.[10] 우리가 전혀 고생하지 않았다면 도달할 수도 없었던 성공을, 늪을 통과한 후에는 더 많이 이룰 수 있다는 사실은 대단히 흥미롭다. 사실 그 이유는 늪을 통과하는 도전적인 경험들이 새로운 관점과 기회를 최대한 활용할 수 있게 만들어주기 때문이다.

PTG에 대한 지식은 당신에게 희망을 줄 수 있다.[11] 그 지식이 있다면 어두운 날에도 감사할 수 있다. 그리고 늪의 가장 깊은 곳에서도 희망이라는 엄청난 힘을 활용할 수 있다. 그 희망을 이용하여 스스로를 강화하라. 당신은 정말 도전을 장점으로 바꿀 수 있는 사람이라고 스스로 되뇌어라. 그리고 내가 고객들에게 말하듯이, 당신도 당신이 입은 상처를 선의로 변화시킬 수 있다. PTG에 대해 알고 있다면 다가오는 현실을 더 자신 있게, 덜 두려워하며 직면하고, 회피 대신 행동으로 나아갈 수 있을 것이다.

당신이 겪은 어려움을 다른 사람들에게 도움이 되도록 활용할 방법을 찾아보라. 찾다보면 당신에게 활력이 생길 것이다. 그리고 당신이 계속 전진하도록 도움이 될 것이다.

실천해보기

당신의 삶에서 어려운 순간들을 돌아보았을 때, 그것을 극복하는 데 무엇이 도움이 되었는가? 지금 늪을 헤쳐나가고 있다면, 무엇이 당신을 돕고 있는가? 삶에서 더 많은 감사를 하는 한 가지 방법은 당신을 도와주는 어떤 것, 또는 누군가를 인정하고 고마움을 표하는 것이다. 늪에서 힘들게 얻은 교훈을 돌아보며 집중하라. 가장 힘든 순간에 우리를 지지해주는 것들은 다양하다. 당신에게는 무엇인가? 즐거운 TV 프로그램? 특정 앨범? 맛있고 편한 동네 식당? 매일 미소를 건네는 친절한 집배원? 아니면 안부를 묻고, 당신을 웃게 하거나, 관심을 보이며 간식을 가져다주는 가족이나 친구? 늪에 있다 보면 결국 누가 당신 곁에 있는지 알게 된다. 스스로에게 물어보라.

- 무엇이 나를 기분 좋게 했는가? 무엇이 나에게 기쁨의 순간을 주었는가?
- 무엇 또는 누가 나에게 위안을 주고 이해해주었는가?

- 누가 나와 함께 있어주었는가? 누가 나를 지지해주었는가?
- 그들은 구체적으로 어떤 방식으로 나를 도왔는가?
- 그들이 없었다면 무엇이 달랐을까?

잠시 시간을 내어 이 사람들이나 경험들이 당신에게 베풀어준 모든 것에 대해 감사하라!

마우이에 감사한다

이제 우리는 늪에서도 감사를 불러일으킬 방법을 알았으니, 일상생활에서 감사를 경험하는 데 도움이 되는 구체적인 도구를 공유하고 싶다. 일기 쓰기부터 명상에 이르기까지 감사를 시작하는 데 도움이 되는 훌륭한 방법들은 많다. 심지어 감사 나무를 만들어 잎사귀마다 감사를 표현하는 사람도 있다! 나는 개인적으로 매일 밤 잠들기 전에 그날 감사했던 다섯 가지를 적는다.

하지만 낮 동안에는 '마우이에 감사한다'라고 부르는 휴식-감사 혼합법을 이용한다. 이는 시각적 이미지 기법의 스트레스 관리 기술과 감사에 대한 집중을 결합하여 당신이 가치 있게 여기는 특별하고도 의미 있는 것에 대한 인식과 감사를 활성화하는 방법이다.[12] 클리블랜드 클리닉에 따르면, 유도 이미지guided imagery(상상력을 활용해 마음속에 특정 이미지를 떠올리도록 유도하는 기법. - 옮긴이)는 사람을 스트레스에서 벗어나 몸과 마음이 진정되게 해주는 효과가 있다. 호흡과 심박수 감소, 수면 개선, 불안과 우울증 감소, 심지어 통증 감소까지 여러 이점이 있다![13]

상상하는 환경은 평화롭고 감사를 불러일으키는 곳이라면 어디든 좋다. 해변, 숲, 애디론댁 의자가 있는 뒤뜰, 여름 저녁의 공원, 심지어 물을 내려다보는 반짝이는 조명이 있는 레스토랑 등, 당신이 기억하고 싶은 곳이라면 어느 곳이라도 가능하다. 내가 선택한 장소는 마우이다. 내가 방문한 가장 아름다운 곳 중 하나다. 마음속으로 그곳에 있을 때 나는 울창한 풍경, 평화로운 정적, 달콤한 빙수, 태평양의 짭짤한 바다 내음, 리드미컬한 파도 소리, 발가락 사이로 느껴지는 따뜻한 모래를 생각한다. 아름답다. 마우이에 있을 때, 해변 파라솔 아래 앉아 하나씩 둘씩 밀려오는 옥색 파도를 바라보며 깊은 안정감을 느꼈던 것을 기억한다. 언제 마우이로 돌아갈 수 있을까? 솔직히 잘 모르겠다. 하지만 눈을 감기만 해도, 마음으로 마우이의 위안을 주는 분위기를 느끼고 그에 대한 기억에 감사할 수 있다. 원한다면 매일 할 수 있다. 비행기표는 필요 없다.

당신이 선택할 장소는 실제로 가본 적이 있고 편안함을 느꼈던 곳이 가장 좋다. 그래야 그 장면을 더 쉽사리 상상하고 그곳에 있었을 때의 감각을 다시 연결할 수 있을 테니까. 그곳은 당신이 즐길 기회가 있었던 데 감사하는 장소다. 당신의 뒤뜰이더라도 좋다. 어떤 고객들은 산책이 즐거웠던 경치 좋은 숲속 오솔길을 상상하고, 창문을 통해 눈으로 하얗게 덮인 산을 바라보던 아늑한 겨울 통나무집, 또는 몸을 웅크리고 누워 편하게 책을 읽을 수 있는 소중한 독서 공간을 떠올리기도 한다.

눈을 감고 푸른 들판, 매혹적인 숲, 꽃이 만발한 정원, 광활한 바다 위 빛나는 푸른 하늘, 좋아하는 휴가 장소에 대한 기억을 떠올려보라. 모두 평온한 장소들이다. 당신의 행복한 장소는 어디인가?

이제 당신의 마우이를 선택했다면, 그곳의 세부 사항을 당신의 오감과 연결하라. 스스로 질문하라. 나는 무엇을 보고 있는가? 무엇을 듣고 있는가? 무엇을 냄새 맡고 있는가? 무엇을 맛보고 있는가? 무엇을 만지고 있는가? 이들이 당신의 시각화 동안 사용할 도구들이다.

실천해보기

마음속에서 당신의 마우이로 가기

이제 당신의 감사와 마음의 평화를 증진하는 장소로 갈 시간이다. 먼저 스트레스가 적거나 중간 정도일 때 연습해보라. 그래야 시각화에 익숙해지면서 불안이 클 때도 사용할 수 있다.

1. 조용하고 방해받지 않는 장소를 찾아서 전자 기기를 꺼라. 단 몇 분이라도 괜찮다.
2. 차분해져라. 눈을 감고 4초 동안 코로 깊게 숨을 들이마시고, 6초 동안 입으로 천천히 내쉬어라. 세 번 이상 반복하라.
3. 마음속으로 당신의 행복한 장소로 가라. 소중한 장소를 음미하는 데 시간을 보내라. 오감에 집중하라. 모든 것을 흡수하라!
4. 긴장이 완화되고 몸이 더 편안해지는 것을 인식하라. 소중한 장소의 세부 사항을 계속 상상하면서 휴식 상태에 빠져드는 것을 즐겨라.
5. 천천히 숨을 내쉬면서 눈을 떠라. 차분하고, 만족스럽고, 감사한 느낌에 주목하라. 돌아갈 기억이 있다는 게 얼마나 감사한 일인지에 집중하라. 모든 사람이 이런 특별하고 즐거운 장소를 경험할 기회는 없다는 사실을 깨달아라. 그 장소를 방문하고 시각화할 수 있어서 어떤 혜택을 받았는지를 생각해보라. 편안함과 감사가 어떤 느낌인지 음미하라. 소리 내어, 혹은 마음속으로 "나는 [당신의 마우이]에 감사한다"라고 말하라.

좌절감 혹은 불안을 느끼거나 늪 같은 순간을 헤쳐나가고 있을 때, 다음에 올 일에 더 쉽고 편하게 접근하는 데 도움이 되는 감사가 필요할 때, 원하는 만큼의 시간 동안 상상 속 편안한 장소를 탐험하라. 상황이 나빠질 때까지 기다릴 필요도 없다. 많은 사람이 점심시간이나 하루의 끝에 조용한 장소를 찾아가 자신만의 마우이에 집중함으로써 마음의 중심을 잡는다.

시각적 이미지만으로 모든 압도감을 없앨 수는 없다. 하지만 특히 업무 사이에 빠르고 편리한 휴식 방법으로 사용한다면 긴장을 한 단계 낮출 수는 있다. 책상에 갇혀 있거나 날씨가 우중충해서 밖에 나갈 수 없을 때, 몇 분의 조용한 시간 투자만으로도 큰 효과를 얻을 수 있다. 소셜 미디어에서 다른 사람들의 마우이 사진을 스크롤하는 것보다는 마음속으로 자신만의 마우이에 가는 편이 확실히 낫다!

이 휴식-감사 증진제는 특히 일상의 굴레에 매여 있고, '만약에'에 집착하며 모든 업무 프로젝트의 사소한 부분까지 완벽하게 처리하려고 노력하는 사람들에게 도움이 된다. "마우이에 감사한다"는 자신을 위한 순간을 가지고, 자신에게 의미 있는 곳에 에너지를 다시 집중하고, 상쾌함을 느낄 수 있도록 해준다.

일단 감사에 접근할 수 있게 되면, 감사는 결국 당신 삶의 모든 부분에 스며들 수 있다. 단점은 없다. 우리의 생각이 악화일로로 치닫는 가장 힘든 순간에, 혹은 잠시 멈추고 우리 삶의 좋은 점들을 인정하고 싶은 가벼운 시간에도, 감사는 우리 자신과 세상을 기분 좋게 느끼도록 만들어준다. 감사는 우리를 행복하게 만들어준다. 그리고, 이는 곧 성공을 의미한다.

작가 무라카미 하루키村上春樹는 사랑받는 소설 《해변의 카프카》에서 이렇게 썼다. "그리고 폭풍이 지나가면, 당신은 어떻게 폭풍을 헤쳐나왔는지, 어떻게 살아남았는지 기억하지 못할 것이다. 폭풍이 정말로 끝났는지조차 확신하지 못할 것이다. 하지만 한 가지는 확실하다. 폭풍에서 나왔을 때, 당신은 들어갔을 때와 같은 사람이 아닐 것이다."[14] 사실, 폭풍에서 나온 우리는 새로운 강점, 깊이, 그리고 이해를 가진 사람이다. 그리고 그것에 대해, 우리는 진정으로 감사하는 바이다.

중요 요점

- **행복 → 성공 → 감사** - 반드시 이런 순서다!
- 우리가 정말 힘든 순간에 감사 중심 생각을 연습한다면, 우리는 힘든 상황을 덜 불안하고 더 쉽게 헤쳐나갈 수 있다.

- 늪에서는 교훈을 배우고 용기를 얻는다.
- 감사와 휴식의 빠르고 편리한 1~2분이 필요할 때, 마음속으로 당신의 마우이로 가라.

승리를 축하하라

핵심 원칙 #7

재미의 중요성을 절대, 절대 과소평가하지 마라.

- 랜디 포시Randy Pausch

킬리만자로 정상에 올랐다고 상상해보라. 며칠 동안 애써 등반하고, 그 전 몇 달 동안 힘들게 훈련하며, 아마도 몇 년 동안은 이 순간을 그려왔을 것이다. 당신은 마침내 정상에 도달했다. 수정처럼 맑은 하늘, 둥실둥실 떠 있는 구름, 햇빛을 반사하는 고운 눈에 둘러싸여 있다. 말 그대로 세상의 정상에 서 있다. 어떻게 하겠는가? 어깨를 한번 으쓱하고 다시 내려가기 시작하겠는가? 아니면 그토록 열심히 노력해 마침내 보게 된 전망을 감상하며 한동안 주위를 둘러보겠는가?

그 순간을 축하하는 것, 또는 성공의 기쁨을 만끽하는 것은 생각보다 훨씬 더 중요하다. 처음에는 그 승리를 의식적으로 음미하고 "와, 내가 방금 이 정상에 도달했어"라며 잠시 더 시간을 갖는 행위가 자기과시적으로 보일 수도 있다. 상쾌한 공기를 들이마시고, 앉아서 물을 마시고, 간식을 먹는 것 모두가 그렇게 보일 수 있다. 하지만 사실 이런 축하 행사는 감사할 시간을 갖는다는 의미다. 잠시 멈춰서 원하는 결과를 달성했음을 인정하고 적극적으로 감사하는 행위다. 그리고 이미 우리는 핵심 원칙 #6에서 감사와 고마움이 얼마나 중요한지 배웠다. 자신의 성취감뿐만 아니라 그것을 가능하게 한 모든 사람과 기회에 대해서도 마찬가지로 감사해야 할 때다. 당신은 늪을 헤쳐나가는 방법을 배웠다. 이제 승리의 길을 헤쳐나갈 차례다.

시간을 내 축하하라!

승리 축하는 매우 중요하다. 왜냐하면 궁극적으로 성공 인정은 인지왜곡을 극복하고, 활력과 기분을 북돋우며, 미래의 성취를 촉진하기 때문이다. 이 책 전체에서 자신의 인지왜곡을 발견할 때마다 스스로 칭찬하라고 했던 것을 기억할 것이다. 왜 그랬을까? 파티 모자를 쓰고 샴페인 잔을 마주치는 건배가 어떻게 사람을 앞으로 나아가게 할까? 《행복 뇌 접속》의 저자이자 심리학자 릭 핸슨 박사에 따르면, "당신의 뇌는 부정적인 경험에 대해서는 벨크로Velcro(나일론계 접착 천. - 옮긴이)와 같지만 긍정적인 경험에 대해서는 테플론Teflon(미끄러운 코팅을 제공하는 재료. 주로 조리 기구에 사용하여 음식물이 달라붙지 않게 만든다. - 옮긴이)과 같다."[1] 이전에 다루었듯이, 인간의 뇌에는 부정성 편향이 내재되어, 긍정적인 경험보다는 부정적인 경험을 더 쉽게 받아들이고 집중하게 만든다. 의도적으로 잠시라도 시간을 내어 긍정적인 경험을 기록하거나, 혹은 의식적으로 성공의 순간을 실제로 또는 마음속으로 사진 찍어 놓지 않으면, 그 기억의 구체적인 세부 사항뿐만 아니라 어쩌면 더 중요한, 목표를 달성했다는 성취감마저 잊어버릴 가능성이 크다. 그래서 휴식의 느낌을 회상하고 느끼기 위해서 '마우이'가 필요한 것처럼, 다음 산을 오를 때 강력한 격려의 상징으로 사용하기 위해서라도 승리를 꽉 붙잡는 행동이 매우 중요하다. 말하자면 정상에서 잠시 멈추어 과제 완수를 축하하는 시간을 가져야 한다. 이러한 행동이 전략적으로 '좋은 것을 받아들이고', 부정적인 것에 집착하는 뇌의 편향을 물리치는 데 도움이 되기 때문이다.[2] 이렇게 해야 다음 정상을 향해 오를 때 집중력을 유지하고, 의욕을 북돋우며, 자신을 믿을 수 있게 될 것이다.

축하 행사가 크거나 호화로울 필요는 없다. 물론 원한다면 그렇게 해도 좋다! 그저 당신이, 승리에 이바지한 팀원들이 성취한 일을 기리는 의미에서 의도적으로 일을 잠시 멈추는 순간이면 된다. 축하는 당신에게 즐겁거나 의미 있는 어떤 형태로든 이루어질 수 있다. 개인적으로 좋아하는 방법을 몇 가지 소개하자면 다음과 같다.

- **전통적인 방법.** 팀원, 친구, 가족 등 승리에 도움을 준 모든 사람과 함께 특별한 저녁 식사나 모임을 계획한다. 노래하고, 춤추고, 즐겁게 보낸다!
- **선물.** 미래에 성공을 상기시켜줄 물건을 선택한다. 엽서도 좋고, 날짜가 새겨진 보석도 좋다. 사실, 무엇이든 좋다. 성취 기념이나 보상으로 남을 수 있는 어떤 상징물이라도 좋다.
- **개인적인 방법.** 승리를 기념할 시간을 갖는다. 일기장에 자세히 적거나 평화로운 장소에 가서 시간과 노력을 들여 아이디어를 실제 승리로 바꾸어낸 것이 얼마나 멋진 일이었는지 생각한다!
- **모험.** 한 번도 해보지 않은 일을 시도해본다. 늘 상상해왔던 여행을 떠나거나, 승마를 시작하거나, 열기구를 타보거나, 미지의 장소와 활동을 탐구한다.

- **선행.** 승리로 얻은 긍정적인 에너지를 다른 사람들을 돕는 데 활용한다. 지역사회 행사에서 자원봉사를 하거나, 지역 자선단체에 옷을 기부하거나, 여정에 도움을 준 누군가에게 감사 편지를 쓰거나, 멘토로 등록하여 다른 사람들이 목표를 달성하도록 격려한다.

어떤 방식으로 승리를 기념하든, 크고 작은 승리 모두가 당신을 더 큰 목표 달성으로 이끈다는 사실을 기억하라.

파티는 어디에서 열리나?

축하는 쉽고, 심지어 즐겁기까지 하다! 하지만 잠깐 멈춰 축하하는 행동이 굉장히 중요하고 게다가 재미있다는 사실을 알면서도, 우리 문화에서는 이 단계가 너무도 자주 생략된다. 〈하버드비즈니스리뷰〉에 실린 '승리를 위한 축하'에서 CEO 휘트니 존슨Whitney Johnson은 이렇게 말한다. "개인과 조직은 '다음으로 넘어가는' 사고방식을 갖는 경향이 있다. 마치 잠시라도 목표 달성을 즐기는 것이 생산성과 효율성에 반하는 행동이라도 되는 양 말이다. 하지만 이보다 더 사실과 거리가 먼 것은 없다. 축하는 성취의 여정에서 배운 교훈을 다지고, 미래의 성취 가능성을 더욱 크게 만드는 사람들 간의 관계를 강화할 수 있는 중요한 기회다."[3] 잠시 멈추어 목표를 달성했는지 살펴보지도 않고 계속해서 다음으로 넘어가는 것은 번아웃으로 가는 지름길이며, 필수적인 회복과 재충전 및 자기돌봄 시간도 빼앗아간다.

축하를 건너뛰면 우리의 기억 속에 매우 유익한 긍정적인 경험을 기록할 기회도 없어진다. "대체로 우리는 이러한 경험을 뇌에 각인시키기 위해 추가적인 몇 초도 일관되고 체계적으로 사용하지 않는다"라고 릭 핸슨 박사는 설명한다.[4] 그는 '좋은 것을 받아들이는' 세 가지 단계를 제시한다. 첫째, 긍정적이거나 감사를 느끼는 경험, 사람, 또는 완료된 과제를 인식한다. 둘째, '5~10초 이상' 그 경험에 계속 집중한다. 그게 당신에게 어떤 의미가 있는지 생각하고 그 경험이 불러일으키는 감정에 열린 상태를 유지한다. 셋째, 그 경험을 진심으로 받아들이고 이제 당신 내부의 자산이 되었다고 인식한다.[5] 다시 말해서, 마음만 먹으면 언제든 눌러 혜택과 활력을 얻을 수 있는 앱처럼, 순식간에 지나쳐버리는 긍정적인 순간을 우리 두뇌에 다운로드하고 장기 기억으로 전환하는 일은 그저 몇 초의 시간과 주의력만 있으면 가능하다.

이제 자문해보라. 당신은 자신의 성취에 손전등을 비추고 있는가, 아니면 다음에 올 일에 빛을 비추고 있는가? 우리는 우리의 성취에 주목하도록 훈련해야 한다.

불행하게도, 특히 성취주의자들에게 축하는 여전히 어려운 일이다. 왜일까? 우리는 위대한 일을 이루어내는 사람, 우리는 높은 성취를 지향하는 사람들이기 때문이다! 우리는 목표를 세우고, 그것을 달성하며, 모든 면에서 뛰어나다. 성취주의자라는 표현만 보아도 알 수 있지 않은가! 하지만 그 과정에서 정작 성취 자체는 뒷전으로 밀려나 버린다.

이는 큰 문제다. 축하할 시간을 갖지 않으면 결국 성취주의자들은 자신의 승리를 사회적 연결, 학습, 기분을 북돋는 즐거움의 강력하고 긍정적인 원천으로 사용할 기회를 놓치며, 자신감을 높이고 동기를 부여하는 구체적인 기억으로 남길 수도 없다. 그렇다면 왜 축하하지 않을까? 음, 이는 성가신 '골칫거리 삼총사'와 관련된 문제들로 되돌아간다.

- **성급한 결론 내리기**

늘 그렇듯이, 성취주의자들은 휴식을 꺼린다. 그들은 결과에 너무 집중한 나머지 잠시라도 목표에서 눈을 떼는 것을 두려워한다. 깊은 부정적 예언의 함정으로 빠져들면서, 축하에 시간을 할애하면 추진력을 잃거나 뒤처지리라는 불안을 더욱 키운다. 이러한 잘못된 믿음은 사회적 비교에 의해 더욱 강화된다. 어쨌든, 인스타그램에서 작은 승리를 축하하는 사람들은 그리 많지 않다. 주요 목표에 도달하는 데 관련된 많은 단계를 이야기하는 대신 사람들은 가장 큰 성취만 포스팅하기에, 우리는 그들이 큰 승리에서 다른 큰 승리로 쉽게 옮겨 다닌다고 가정해버린다.

우리 문화에서는 작은 승리 축하가 그다지 잘 드러나지 않는다. 부모, 교사, 기업, 대학 어디에서도 말이다. 따라서 성취주의자들은 대체로 이러한 행사를 본 적이 없다. 그리고 다른 사람들을 따라잡거나 능가하고자 하는 타고난 욕망은 축하를 부정적으로 예측하게 만든다. 승리 축하가 어떻게 유익할 수 있는지 호기심을 가지고 생각해보는 대신, 그런 행사가 사람을 나태하게 만들지나 않을까 염려한다. 항상 앞으로 나아가야 한다는 열렬한 믿음으로 인해, 성공을 인정하는 순간 자신이 심각한 불이익에 빠질 수 있다고 생각한다. 이는 우리를 전부 아니면 전무라는 생각으로 이끈다.

● **전부 아니면 전무라는 생각**

만약 당신이 불안한 성취주의자이면서 '골칫거리 삼총사' 같은 인지왜곡에 취약하다면, 완벽하지 않으면 성공으로 인정받지 못한다는 생각에 빠질 수 있다. 킬리만자로 등반에 예상보다 시간이 더 걸렸거나 약간의 도움이 필요했다면, 그게 무슨 의미가 있는가? 또는 날씨 때문에 정상까지 오르지 못했다면, 그건 성공인가? 당신에게는 마치 아무런 성공도 이루지 못한 것처럼 느껴질 것이다! 당신과 마찬가지로, 모 아니면 도라는 생각에 빠진 나의 불안한 성취주의적 고객 대부분은 과정에서의 작은 성취를 축하하는 대신 장기 목표만을 인정하려 든다. 그들은 언제나 이렇게 약속한다. "박사님, 다 끝나고 나서 축하할게요!"라고.

대학원에서는 졸업만이 유일한 합리적 목표이고, 중요한 시험이나 논문에서 좋은 성적이나 평가를 받는 건 별일 아닌 것으로 치부한다. 직장에서는 승진이나 근사한 새 직장이 목표다. 성취주의자들에게는 작은 성공들이 축하할 만큼 대단해 보이지 않을 수 있다. 나의 고객들은 많은 목표를 달성했다. 상을 받고, 논문이 출판되고, 중요한 모임에 가입하고 등등 여러 방면으로 영예를 얻었다. 그러다 보니 그들은 정작 이런 성취들에 둔감해졌다. 이런 작은 성공도 축하받아 *마땅한데* 말이다.

사실 학위 취득, 책 출간, 종신 교수직 획득, 법률 회사의 파트너가 되는 것 등 대부분의 훌륭한 성취에는 시간이 필요하다. 그런데 축하를 미루면, 그 과정에서 이루어진, 그 자체로 하나의 성취라 할 수 있으며 성공을 위한 동력으로 전환할 수 있는 수많은 중요한 이정표들을 놓치게 될 것이다.

● '해야 한다'는 말(그렇다, 또 돌아왔다!)

성취주의자들은 따로 시간을 내어 벌이는 승리 축하 행사는 자기돌봄을 위한 휴식과 마찬가지로 '태만한' 행동이며, 계속 그러다 보면 경쟁력을 잃고 평범함에 안주하게 될 것이라고 믿는다. 그래서 승리를 인정하는 대신 계속 일해야 한다고 스스로 되뇐다. 운동선수들이 우승 후 하듯이 사람들의 머리 위에 게토레이를 쏟아부으며 성취를 회복을 위한 자연스러운 휴식으로 이용하는 것과 달리, 성취주의자들은 자신을 '해야 한다'는 생각의 소용돌이 속에 몰아넣어 결국 스스로 번아웃 상태에 빠진다. 이들은 잠시 멈추는 상태를 마비 상태로 착각하거나, 혹은 잠시의 휴식이 결국 그런 상태를 초래하고야 말 것이라고 두려워한다. 이들은 잠시 멈추어 축하하는 과정이 전략적이라는 사실을 이해하지 못한다. 실제로 능력을 유지하고, 다음의 큰 목표를 최적으로 달성하기 위해서는 잠시 멈춰야만 한다는 사실을 모른다! 브래드 스털버그Brad Stulberg와 스티브 매그니스Steve Magness는 《피크 퍼포먼스》에서 "우리는 항상 열심히 일하지 않으면 경쟁에서 뒤처질 것이라는 생각에 갇혀 있다"고 말한다. 하지만 그들은 이어서 "사실 연구에 따르면 오히려 휴식일 이후에 활력과 성과가 증가한다"고 지적한다.[6]

우리는 일을 계속 '해야 한다'고 느낀다. 바쁠 때 더더욱 그렇다. 하지만 사실 멈춰서 성공을 인정하는 시간이 탁월성을 향해 더 빨리 나아가게 해준다. 그래서 자기돌봄에서 했던 것처럼, 축하 역시 계획해야 한다. 친구를 위한 파티를 일정에 넣듯이 축하도 일정표에 넣어라. 축하가 먼저다. 아무리 다른 일들이 생기더라도(물론 반드시 생기겠지만), 그래도 축하가 먼저다. 확실히 지켜라! 기억하라. 축하는 목표 달성의 기쁨을 만끽하며 산책하는 10분처럼 간단해도 좋다.

● **흔들리는 자존감**

당신의 목표 뒤에 무엇이 놓여 있는지 질문해보라. 근본적인 동기가 스스로를 증명하거나 다른 사람들에게 사랑받을 만한 사람으로 보이려는 것이라면, 당신은 끊임없는 실망을 겪게 될 것이다. 그 어떤 성취도 그 공허함을 채울 수 없기 때문이다. 많은 성취주의자가 하나의 목표가 성취되는 순간에 기뻐할 시간을 갖지도 않고 곧장 새로운 목표를 만들며 끊임없이 목표를 옮기는 이유이다. 이들은 자신을 특별하고, 가치 있고, '충분한' 사람이라고 느끼기 위해 계속적인 성취를 원한다. 하지만 이들은 외적 인정으로 내적 가치를 입증하려는 잘못된 생각을 하고 있기에, 어떤 성취에도 실제로 만족할 수 없다.

큰 성공을 추구하는 사람들은 발전과 성장을 갈망하지

만, 사실은 균형을 가져야 한다. 다시 말해, 성취를 위한 성취만 쌓아가는 대신 긍정적인 부분을 만끽하는 시간도 가져야 한다. 외적 성공만을 목적지로 보는 문제는 유명인들에게서 흔히 찾아볼 수 있다. 그들은 원하던 최고의 자리에 오르지만, 공허와 절망만을 느낀다. 궁극적으로 그런 자리가 그 사람의 가치를 보장해주지는 않기 때문이다. 따라서 우리는 인간으로서 자신의 본질적이고 무조건적인 가치를 알고 믿어야 한다.

그렇다면 우리의 내재적 가치를 존중하기 위해서는 무엇이 도움이 될까? 우리가 시간과 관심을 받을 자격이 있다는 사실을 스스로 보여주는 것이다! 여기에는 당연히 승리를 인정하고 기억하는 것이 포함된다. 축하! 이는 근본적으로 감사의 표현이다. 감사는 우리를 행복하게 만들고, 행복은 우리를 성공으로 이끈다. 따라서, 미래의 지속 가능한 성공은 축하에 달려 있다! "크고 작은 성취를 축하하는 행동은 더 큰 성취를 위한 고성능 연료다"라고 존슨은 말한다. "우리는 그저 승리를 축하하는 것에서 그치지 않는다. 우리는 승리하기 *위해 축하한다.*"[7]

축하해야 하는 다섯 가지 이유!

축하는 사실 지속적인 성공으로 가는 길을 닦는 전략적 도구이다. 그렇다, 파티에서 낭비되는 것 같은 그 화려한 색종이들과 풍선들은 사실은 탁월성으로 상승하기 위한 연료다! 성공적으로 완수한 업적을 인정하기 위해 잠시 멈추는 행동은 더 많은 산의 정상 정복을 예고한다. 왜, 어떻게 그럴까? 성취를 축하하는 의미에서 단지 주먹을 불끈 쥐는 행동이 높은 성취가 아니면 만족 못 하는 당신에게 구체적으로 어떤 이점이 있을까? 우리는 왜 이 도구가 필요할까?

❶ 자기대화 강화

우선, 승리 축하는 자기대화와 자신감을 강화한다. 결국, 자신의 멋진 모습을 인정하는 것보다 더 기분 좋은 순간이 있을까? 목표를 세우고 달성한 다음, "내가 해냈어! 바로 내가!"라고 생각하는 순간보다 더 자존감을 높여주는 것이 있을까? 지금 그렇게 생각하면서 거울 앞에서 축하하고 있는가? 물론 아직은 아닐 수도 있다. 하지만 곧 그렇게 될 것이다! 승리 축하는 삶의 좋은 면에 주의를 집중하게 만들어준다. 당신의 능력을 보여주는 구체적인 증거를 비추어, 균형 잡히지 않은 생각에 의문을 제기할 수 있게 한다.

예를 들어, 나의 고객 앨리슨은 중요한 시험을 위해 몇 달 동안 공들여 공부했다. 우리는 불안 관리에 도움이 되도록 일상에 자기돌봄 시간을 따로 만들었지만, 앨리슨은 여전히 가끔씩 자기의심과 스트레스를 유발하는 '만약'으로 가득한 자기대화로 힘들어했다. 예컨대 "내가 충분히 공부하지 못한 거면 어쩌지? 합격하지 못하면 어쩌지?"이다. 마침내 결과 발표일이 왔고, 앨리슨은 합격했다! 잘했다, 앨리슨! 당연히 앨리슨은 안도감을 느꼈다. 하지만 앨리슨이 바로 다음 시험으로 넘어가는 대신 그 승리를 축하하는 시간을 가졌다면 어땠을까? 앨리슨은 어떤 기분이 들었을까? 그리고 그 기분은 앨리슨의 행동에 어떤 영향을 미쳤을까?

음, 축하 만찬을 즐기거나 좋아하는 음악을 들으며 공원을 15분 동안 한 바퀴 돌며 승리를 만끽했다면, 아마도 앨리슨은 자부심도 느끼고 그 승리의 기억을 마음에 새겼을 것이다. 게다가 자신감도 커졌으리라. 벤자민 셰이엣Benjamin Cheyette 박사와 사라 셰이엣Sarah Cheyett 박사가 〈사이콜로지투데이Psychology Today〉에 기고한 논문에 이렇게 쓰여 있다. "성공할 때 느끼는 긍정적인 감정이 궁극적으로 자신감을 구축한다. 자신감은 다시 성공할 수 있다는 희망을 세운다. 자신감과 희망을 품은 사람은 자연스럽게 집중력이 향상된다. 그런 기분일 때, 사람들은 그 기분을 다시 얻고 싶어서라도 미래의 도전적인 과제

에 다시 집중하게 될 가능성이 더 크다."⁸

앨리슨은 다음 시험이 닥쳤을 때 더 많은 자신감을 갖출 수 있었다. 시간을 내어 해변에서 일기장에 시험 합격을 기록하여 승리를 축하했기 때문이다. 이러한 자신감은 미래에 어떤 자기의심이 들 때, 그 생각에 구멍을 낼 수 있는 능력을 갖추었다는 구체적인 증거이기도 하다. 실제로 몇 달 후 다음 중요한 시험 전에 앨리슨이 "나는 시험을 분명히 엉망으로 칠 거야"라는 부정적인 예언에 집중하기 시작하자, 앨리슨의 새롭고 개선된 자기대화가 반격에 나섰다. "사실, 나는 예전에 이미 중요한 시험에 합격했어. 잘 안되리라 생각했지만, 잘됐어. 그러니까 이번에도 최선을 다해 준비하고, 같은 방식으로 잘될 거라고 희망을 품을 수 있어!" 과거의 성공들에서 촉발된 균형 잡힌 사고는 불안을 줄이고 성공 동기를 키운다. 다시 말하지만, 더 좋은 생각은 더 긍정적인 감정과 행동을 낳는다.

따라서, 잠시 멈춰서 축하하며 승리에 집중하는 시간을 갖는 것은 인지왜곡을 극복하고 자기대화를 강화해서 기분을 좋게 만들고 에너지를 높이며, 다음에 커다란 장애물이 다가올 때 그 장애물도 극복할 추진력을 제공해준다.

❷ 승리! 반복하고 또 반복하기

우리는 실수로부터 배울 수 있다는 사실을 알지만, 성공으로부터도 배울 수 있다! 이 배움은 탁월성을 향해 전진하게 만드는 새로운 지식 축적을 의미한다. 승리를 음미하며 잠시 멈출 때, 당신은 무엇이 효과가 있었는지에 집중하는 시간을 가지게 된다. 스스로에게 물어보라.

- 전반적으로, 내 성공에 이바지한 것은 무엇인가?
- 더 구체적으로, 내가 승리하는 데 도움이 된 특별한 행동이나 집중했던 생각은 무엇인가?

이 단계를 생략한다면, 당신은 잠재적으로 강력한 데이터를 놓치게 될 것이다! 게다가 축하는 무엇이 당신의 성공에 이바지했는지를 돌아보는 긍정적이고 즐거운 방법이다. 성취주의자들에게는 반성이 적극적이거나 생산적인 방식으로 느껴지지 않을 수도 있지만, 사실은 균형 잡힌 관점과 유용한 통찰력을 얻는 데 크게 도움이 되는 도구다. 베스트셀러 작가이자 리더십 전문가 존 C. 맥스웰John C. Maxwell은 《성공한 사람들은 어떻게 생각하는가How Successful People Think》에서 자신의 '반성적 사고'에 대해서 다음과 같이 쓰고 있다. "나의 목표는 반성을 통해 성공과 실수로부터 배우고, 무엇을 반복해야 할지 발견하며, 무엇을 변화시켜야 할지 결정하는 것이다. 이는 언제나 가치 있는 일이다."[9]

당신이 방금 매우 유익하고 매력적인 프레젠테이션을 했고, 덕분에 회사에서는 중요한 고객을 확보했다고 가정해보자. 잠시 그 순간을 만끽하면, 당신은 왜 그 일이 그리 잘되었는지 돌아볼 시간을 갖게 된다. 전날 밤에 충분히 잤는가? 쉬지 않고 열심히 준비하고는, 바로 전날은 푹 쉬었는가? 특정한 방식으로 구성했거나 특정한 방식으로 자신을 표현했는가? 무엇이 잘되었는가?

물론 당신은 "이런 데이터를 확인하기 위한 평가 회의를 하면 되지 않을까?"라고 생각할 수도 있다. 물론이다. 하지만 중요한 한 가지 문제가 있다. 그런 회의는 그다지 재미있지 않다. 그리고 당신의 행복은 중요하다. 결국, 우리가 배웠듯이, 행복은 성공의 연료다. 당신의 승리를 재미라고는 찾아보기 힘든 분석이라는 기계적 과정으로 만드는 것보다는, 성취를 즐기며 축하하는 행동이 더 생산적일 뿐 아니라 더 이롭기까지 하다. 게다가 공식적인 평가나 피드백이 반드시 더 효과적이지도 않다. 사실, 따분한 회의보다는, 삶의 긍정적인 면에 빛을 비추고, 즐기며, 놀이를 통해 재미를 느끼는 그런 축하의 시간에 사람들을 더 창의적으로 만들 수 있는 무언가가 있다.

다시 말해서 학습과 성장 잠재력을 극대화하기 위해서는 놀이가 필요하다. 그렇다, 이미 이 책에서 말한 적도 있다. 배구공, 미술 도구, 즉흥극 게임을 꺼내라! 스튜어트 브라운Stuart Brown 박사의 《놀이, 즐거움의 발견》은 놀이의 중요성을 강조하며, 놀이가 브레인스토밍 향상을 포함해 다양한 방식으로 삶에 긍정적인 영향을 미친다고 강조한다. "부모와 교육자들, 기업 리더 등은 장기적인 삶의 기술과 보람 있는 성취감 그리고 성과가, 강요된 업무보다는 놀이 관련 활동의 부산물이라는 수많은 증거를 믿어야 한다."[10]

놀이로 성취를 기념하다 보면 혁신적이고 유용한 방식의 학습으로 이어질 수 있다. 그렇다, 승리를 환영하는 놀이는 다음 중요한 고객을 확보하는 데 필요한 행사가 될 수도 있다! 그러니 이제 "이것을 재미있게 해보자"라고 말하며 실천에 옮길 때이다.

어떻게 즐거운 활동을 이용해 성취에서 정보와 통찰력을 얻을 수 있을까? 한 가지 방법을 제시하겠다. 나는 승리 시상식이라고 부르는 재미있는 놀이를 촉진하는 전략을 만들었다. 우스꽝스러울 수도 있고 약간은 어처구니없는 상을 만들어 승리를 축하하고, 동시에 배움을 얻을 수 있는 놀이다. 이 창의적이고 긍정적인 부분에 초점을 맞춘 상들은 성공을 즐기면서 성공을 반추할 수 있게 해주며, 목표 달성에 도움이 되었던 구체적인 세부 사항을 명확히 파악할 수 있게 해줄 것이다. 여기 샘플 상들이 있다.

- **끝까지 버티기 도우미 상**: 정말 포기하고 싶었을 때도 당신을 계속 나아가게 해준 생각, 다짐, 또는 좌우명은 무엇이었는가?
- **최고의 도우미 상**: "당신 없이는 해낼 수 없었어요"라고 진심으로 고마워할 만한 웹사이트, 비디오, 팟캐스트, 책, 혹은 다른 자료는 무엇이었는가?
- **최고의 도약의 순간 상**: 모든 것이 잘 맞아떨어지고 분명한 방향을 제시해주며 마지막 결승선까지 속도를 붙여준 가장 중요한 순간, 경험, 또는 깨달음이 있다면 무엇인가?
- **최고의 사운드트랙 상**: 성공을 위해 집중하고 일하는 데 도움을 준 노래, 앨범, 혹은 음악가는 누구인가? 실제 노래나 플레이리스트일 수도 있고 음악 장르, 창밖의 새소리, 침묵일 수도 있다. 노이즈 캔슬링 기능이 있는 헤드폰에도 감사할 수 있다!
- **최고의 간식 상**: 당신에게 에너지를 주고, 비교적 몸에 좋았고, 실제로 먹었던 기억이 나는 음식은 무엇이었는가?

- **못난이 괴물 상**: 그렇다, 여정에 전혀 도움이 *되지 않았던* 요소를 인정하는 상이다. 예를 들어 부정적인 자기 대화("난 이걸 할 수 없어! 왜 시작했지?"), 만성적인 늦잠, 아침 식사 거르기, 또는 프레젠테이션 자료 복사본을 준비하지 못한 일 등이 될 수 있다. 다른 사람과 나를 비교하거나, 낙담하고 불안해하거나, 충분하지 못하다고 느끼며, 목표를 달성하지 못하리라 믿고 거의 포기하게 되었을 때도 포함된다. 이제 이 방해 요소들을 찾아냈으니, 다음엔 조심할 수 있을 것이다. 이 못난이 괴물들은 더는 당신의 축하를 방해하지 못할 것이다.
- **끝까지 함께해준 친구 상**: 처음부터 끝까지 함께하며 여정을 조금이라도 수월하게 해준 믿음직한 친구에게 감사하는 상이다. 격려해준 동료, 친구, 가족, 애완동물, 든든한 컴퓨터일 수도 있고, 벽에 붙여둔 영감을 주는 말, 필요할 때마다 마실 수 있었던 좋아하는 차나 커피일 수도 있다.
- **시작하기 전에 알았더라면 좋았을 것들 상**: 승리로 끝난 이 모험을 시작하기 직전으로 시간 여행을 할 수 있다면, 과거의 나에게 더 쉽게 승리할 수 있도록 어떤 조언을 하고 싶은가?

실천해보기

자, 한번 직접 해보라! 최근에 경험한 승리는 무엇이었는가? 달성한 주요 목표나 꿈을 현실로 만드는 과정에서 이룬, 작지만 필요한 발판이 되었던 발전들을 생각해보라. 이러한 성공을 돌이켜보면서 어떤 통찰을 얻을 수 있는가? 과거의 과정을 생각해보는 일이 현재나 미래의 노력에 어떤 도움이 될까?

확인한 승리 중 하나를 선택하여 최소 두 개의 관련된 상을 만들어보라. 내가 제시한 상을 그대로 사용해도 좋고, 스스로 생각할 때 재미있고 적절하며 유용한 새로운 상의 이름을 만들어보라. 충분한 시간을 들이며 즐겨라! 상을 만든 후에는, 이 승리에서 배운 점, 놀라웠던 점, 그리고 다음 큰 산을 오를 때 이 승리에서 확보한 정보를 활용할 수 있는 구체적인 방법들에 집중하라.

잠깐 다른 이야기지만, 나는 이 연습이 당신의 승리에 이바지한 여러 요소를 찾는 데 도움을 주었다는 점에서 이 연습에 '멋진 실천 상'을 수여하고 싶다! 만세!

어떤 성취든 간에, 얻은 후에는 상을 만들어 승리에 도움이 된 사람 혹은 물건에 감사하라. 직장이나 교육 환경에서 이러한 실천은 기념은 물론, 팀을 결속시키는 활동도 될 수 있다. 자, 이제 알겠는가? 즐거움은 사람들을 앞으로 나아가게 한다!

❸ 재충전

휴! 이 즐거운 파티 후에 누구에게 휴식이 필요할까? *휴식이라고요? 박사님! 농담하시는 거죠!* 나는 낮잠 시간을 말하는 게 아니다. 그게 도움이 된다면 모를까. 나는 그저 단순히 다시 한번, 축하 행사를 회복 시간으로도 활용할 수 있다는 사실을 상기시키려 한다! 앞서 논의했듯이, 가장 열심히 일하는 사람이라 할 수 있는 최고의 운동선수들도 시즌이 끝난 다음에는 휴식하며 재충전한다. 그래서 그런 시간을 쉬는 시즌이라는 의미의 오프시즌off-season이라 부른다. 당신도 잠시 멈춰야 한다. 단지 몇 시간이라도 쉬어야만 한다. 운동과 운동 사이에 근육이 회복되어야 최고의 운동 능력을 발휘할 수 있는 것처럼, 당신의 뇌도 재조정하고, 에너지를 보충하고, 높은 성과를 내기 위해서는 휴식이 필요하다. 회복에 운동과 동등한 비중을 두는 것, 다시 말해 브레이크를 밟고 승리를 기뻐해야 할 때를 알고 실천하는 것이 당신의 번아웃을 사전에 차단한다. 당신은 이번 승리를 이루기 위해 엄청난 에너지를 쏟았다. 이 짧은 축하 행사는 다음 프로젝트, 목표, 경주, 또는 꿈을 준비할 시간을 준다.

재충전은 당신이 나태하다는 의미가 *아니다*. 사실, 재충전은 준비의 한 형태다. 이해한다. 저 멀리 있는 산 정상에 분명히 더 대단한 장관이 기다리고 있다. 하지만 그렇다고 해서 잠시 멈춰 서서 그래놀라 바를 먹고, 앉아 쉬거나 스트레칭하고, 기념 셀카를 찍고, *지금* 이 산 정상에서 먼저 신선한 공기를 들이마셔서는 안 된다는 법은 없다. 넬슨 만델라Nelson Mandela는 이렇게 말했다. "앞으로의 여정을 준비하면서 이정표를 기념하는 것을 잊지 마세요."

좋은 예를 하나 들어보겠다. 중요한 프로젝트나 마감을 완수하고 한숨을 돌린 다음, 마침내 주위를 둘러보니 엉망진창이 되어버린 집을 발견한 적이 있는가? 충분히 이해할 만한 상황이다. 그저 시간이 부족한 프로젝트에 너무 집중한 나머지 빨래, 청구서, 식료품 쇼핑 등 다른 모든 것들을 놓쳐버린 것이다. 이런 순간에 잠시 멈출 수 있는 여유를 스스로에게 선물하는 것, 다시 말해 생활을 정리하고 기본적인 자기돌봄이 어떤 상태인지 재평가할 수 있는 며칠을 스스로에게 선물로 주며 축하하는 행동은 자신을 다음 프로젝트를 시작하기에 최상의 상태로 만들어 놓을 수 있다. 스스로에게 물어보라. 이 승리를 위해 노력하는 동안 놓치거나 해결하지 못한 것이 있었는가? 매일 밤 최소 7시간은 잠을 잤는가? 중요한 목표를 향해 노력하느라 생긴 불안한 에너지 해소를 위해 충분한 운동 시간을 가졌는가?

이 모든 것이 재충전과 성공을 위한 준비 과정의 시작이다.

고객들이 지치고, 불안하고, 극도로 스트레스를 받은 상태로 내 앞에 앉아 있을 때, 가장 자주 문제가 되는 생각은 목표를 계속 바꾸며 끊임없이 다음으로 넘어가려는 것이다. 이 두 생각은 연관되어 있지만 서로 다르다. 성취주의자들이 계속해서 목표를 바꾸고 승리의 의미에 대해 새로운 기준을 세울 때, 그들이 사실상 결승선을 통과하기란 불가능하다. 예를 들어, 그들은 중요한 교수직을 얻고도, 자부심을 느끼기도 전에 성공의 목표를 정년 보장 교수로 옮겨버린다. 그러면 이들에겐 승리를 축하할 기회조차 없다. 아마도, 성공이라는 개념이 이들에겐 사실상 존재하지 않을 수도 있다. 이들은 성공을 단지 새로운 목표를 향해 나아가는 과정이라고만 생각한다. 완벽을 추구하는 성취주의자들은 자신의 가치를 끊임없이 증명하려 들기에 이런 행동을 스스럼없이 한다.

이처럼 성취주의자들은 끊임없이 다음 목표로 넘어가지만, 사실은 도중에 얼마든지 목표 달성을 마주할 기회가 있다. 하지만 너무도 빨리 다음 목표로 넘어가다 보니 설레고 감사한 마음을 느끼거나, 축하를 만끽하거나, 잠시 멈춰 도달했다는 느낌을 마음에 새길 시간조차 스스로 허락하지 않는다. 그러다 보니 승리는 너무도 빨리 잊혀버려서, 성취가 줄 수 있는 긍정적인 효과를 전혀 누리지 못한다. 나는 이런 일을 반복적으로 목격한다. 한 고객이 심하게 스트레스를 받았던 중요한 이해관계자 회의를 마치고 나에게 왔다. 그 회의는 실제로는 잘 진행되었지만, 너무 빨리 다음 스트레스 요인이나 중요한 프레젠테이션으로 넘어가버리다 보니 정작 자신이 이전의 문제로 얼마나 불안해했던지는 기억조차 하지 못했다. 그는 또 멈춰 서서 승리를 감사하고 축하하는 일이 얼마나 중요한지도 깨닫지 못했다. 새로운 일이 잘 안될지도 모른다는 두려움에 빠져, 핵심 원칙 #3에서 이야기했던 '참여 후 기억상실'이 당신의 중요한 축하 기회를 빼앗아가도록 내버려두어서는 안 된다! 긍정적인 기억을 저장할 수 있도록 <u>스스로를 강화하라</u>.

서둘러 바로 다음으로 넘어가려는 조급한 경향은 외부 요인의 결과일 수도 있다. 예를 들어, 쉼 없이 빠른 속도와 비현실적인 업무량을 미화하는 회사 문화 탓에 잠시 멈춰 축하하거나 재충전할 기회가 허용되지 않을 수 있다. 여러 사건을 동시에 처리해야 하는 변호사들이나 여러 글을 한꺼번에 마감해야 하는 작가들처럼, 프로젝트나 마감일이 겹치는 경우 직업의 특성상 축하 행사를 즐기며 휴식을 취하기가 어려울 수도 있다.

결과적으로, 축하할 시간은 당신이 내야 한다. 계속해서 가속페달을 밟는 것이 너무도 몸에 밴 사람이라면 가끔은 브레이크를 밟아야 한다는 생각조차 하지 못할 수 있다. 기억하라. 일시 정지는 마비가 아니다. 사전 대책이다! 그리고 재충전을 위한 일시 정지는 의도적이고 자발적이어야 한다. 그렇지 않으면 일시 정지는 없을 수도 있다. 바로 그런 이유로, 목표를 달성할 때마다 축하하는 습관을 길러야 한다.

이런 습관이 없는 사람들에게 흔히 듣는 말은 "죄송해요, 박사님, 시간이 없어요. ~할 때 축하하려고요. ~하면 덜 불안해질 거예요. ~을 끝내고 나서 휴일이나 특별한 휴가를 계획할 거예요" 등등이다. 하지만 이 사람들은 *지금* 승리로 끝난 프로젝트들을 시작할 때도 똑같은 말을 했었다. 따라서 이는 악순환이다. 그리고 만약 이번 승리 후에 재충전 시간을 갖지 못한다면, 다음 승리나 그다음 승리 후에는 과연 그럴 시간을 낼 수 있을까? 혹시 그보다 먼저 번아웃이 찾아오지 않을까? 따라서 재충전은 지금 당장 시작해야 한다!

> **전문가의 조언**
>
> 책상 앞이 아닌 야외에서, 자연 속에서 휴식을 취하라. 굳이 달리거나 산책할 필요도 없다. 믿을 만한 연구에 따르면 그저 녹지 공간에 있는 것만으로도 '주의력 향상, 스트레스 감소, 기분 개선, 정신 질환 위험 감소, 심지어 공감과 협력의 증가'와 연관된 정량화할 수 있는 장점을 얻을 수 있다고 한다.[11] 그러니 그저 벤치에 앉아, 잠시 멈춰 마음으로 축하하고, 좋은 것들을 만끽하라.

❹ **다른 사람과 연결되기**

그렇다고 혼자서 재충전할 필요는 없다! 사실 승리 축하하는 사람들을 여러모로 연결해준다. 이미 알고 있다시피, 건강한 관계(즉, 연결)는 지속 가능한 성공에 필수적이다. 특히 목표가 공유된 상황에서는 그 효과가 가장 분명하게 나타난다. 공동의 승리를 기념하기 위해 동료들과 함께 퇴근 후 어울리는 것은 유대감 강화를 위한 환상적인 기반이 된다. 모두가 좋은 기분을 느낀다! 모든 사람 하나하나가 전진하는 동력을 만드는 데 나름의 역할을 한다. 팀원으로서, 당신은 목표 달성을 기념하기 위해 퇴근 후 퀴즈 게임이나 간식 시간, 또는 공원에서의 소프트볼 게임 등의 행사를 계획할 수 있다. 리더 직책에 있다면, 중요한 이정표가 될 만한 일 직후에 팀의 성과를 축하하고 직원들을 한마음으로 모으기 위해 팀 전체 모임을 계획하는 모범을 보일 수 있다. 이렇게 한번 던져보라. 볼링 어떠세요? 사람들은 자신이 하는 일이 인정받는다고 느낄 때 더 협력하고, 매일 사기가 충만한 채 직장에 올 가능성이 크다. 그리고 이는 팀이 함께 전진하는 데 도움이 된다.

성공은 당신과 주변 사람들에게 공통된 긍정적인 관심의 초점을 제공한다. 성공한 사람들은 긍정적인 무언가를 적극적으로 칭찬하려는 공동의 목적을 가지고 함께 모인다. 이는 판에 박힌 일상을 즐겁고 의미 있는 순간으로 바꾸고 모두의 관심을 좋은 일에 집중시킨다.

성취가 당신 혼자만의 것이고, 다른 사람들에게서는 박수만 받을 때도 마찬가지다. 예를 들어, 아카데미 시상식에서 상을 받고, 반짝이는 조명 아래 연단에 서서 "감사합니다! 이 모든 걸 저 혼자 해냈어요!"라고 말하는 사람은 없다. 사람들은 그 성공 과정에서 자신을 지지해준 사람들 모두에게 감사를 표한다. 이러한 행동은 우리 청중을 감동하게 만들고 그들의 지속적인 성공을 바라게 한다. 감사 표시는 그들을 응원하게 만든다! 그리고 때로는 "만약 내가 저런 순간을 맞이한다면 누구에게 감사하지?"와 같은 자기대화를 불러일으키기도 한다.

따라서, 개인적인 승리는 삶의 여정에서 잠시 멈춰 서서 다른 사람들의 도움에 감사를 표할 수 있는 계기가 될 수 있다. 예를 들어 수년 전 당신의 글쓰기를 지지하며 격려해준 선생님, 수십 년간 축구 경기장마다 당신을 실어 날랐던 헌신적인 부모님, 힘들어할 때도 당신을 믿고 격려해준 코치, 당신이 힘든 시기임을 알고 일정을 유연하게 짜준 상사, 심지어 컴퓨터가 말썽을 부리던 상황에서 당신을 도와준 인내심 있는 친구나 기술자도 그 대상이 될 수 있다.

파티를 연다거나 친구들에게 승리를 축하하기 위해 모이

자고 요청하는 행동마저 자기중심적으로 보일 수도 있다. 하지만 그들을 존중하면서 다른 사람들과 함께 당신의 성공을 기념할 때, 당신은 의식적으로 사회적 연결을 위한 시간을 만들고, 감사를 표하며, 승리를 축하하는 적극적인 선택을 한 셈이다. 그렇다, 일석삼조다. 당신은 핵심 원칙 #4, #6, #7의 메시지를 동시에 실천하는 것이다. 이런 것이 바로 탁월성이다. 그리고 이런 행사는 당신과 관련된 모든 사람에게 엄청난 에너지를 줄 수 있다.

언제 자신의 승리를 축하해야 할지 모르겠다면, 다른 사람의 승리를 축하하는 것에서 시작할 수 있다. 그렇다. 친구들, 가족들, 동료들, 그리고 반 친구들이 어떤 노력 끝에 성공한 후에, 기쁨과 축제의 느낌을 그들과 함께 나누는 것은 실제로 관계 개선에도 도움이 되고 당신의 기분과 동기부여에도 긍정적인 영향을 미칠 수 있다. 사람들은 당신이 공감하는 귀를 가진 그들의 열렬한 팬으로서 인생의 좋은 시기와 나쁜 시기를 통틀어 곁에 있어주었다고 생각하게 될 것이다. 그러니 다른 사람이 인내하여 꿈을 이룬 것을 본다면, 그 사례를 귀감으로 삼고 축하를 아끼지 마라. 나는 논문 완성을 너무도 어려워했던 나의 고객 엠마가 정말 자랑스러웠다. 엠마는 논문 발표를 성공적으로 마친 급우의 파티에 참석했던 행동이 자신에게 필요했던 마지막 추진력이 되었다고 말했다. 자기패배적인 자기대화와 비교, 예를 들어 "나는 뭐가 잘못된 걸까? 나도 이미 논문을 끝냈어야 했는데"에 빠져들지 않고, 엠마는 친구의 승리를 기뻐하며 자기 발전에 도움이 되는 방법을 찾았다. 그리고 엠마는 성공은 모두가 함께 누릴 수 있다는 사실을 깨달았다. 긍정적인 자기대화를 사용하다 보니, 그녀는 친구와 자신 둘 다의 성공을 기뻐하기로 했다! 작가 루이스 헤이Louise Hay의 유명한 말이 있다. "나는 우리 모두에게 충분한 성공이 있으리라는 것을 알고 있기에, 다른 이들의 성공도 기뻐한다."

몇 달 후, 논문을 완성한 엠마 역시 기쁨의 축하 파티를 열었다.

실전해보기

우리는 늪에 있을 때 곁에 있어준 사람들에게 감사하는 마음을 표현했다. 이제 색종이와 스포트라이트를 꺼내어 승리의 순간에 곁에 있었던 사람들에게 감사해보자. 당신이 목표를 이루는 과정에서 누가 도와주었는가? 아직 보내준 지지에 채 감사를 표하지 않은 사람들이 있는가? 그렇다면 축하 행사를 통해 기회를 만들어라! 이번 주에 시간을 내어, 크든 작든 승리에 도움을 준 최소한 한 사람에게 감사를 표현하라. 그들이 어떻게 당신의 성공을 도왔는지, 그것이 당신에게 왜 그렇게 의미 있었는지 말해주어라.

추가 조언: 최근에 당신이 아는 누군가가 커다란 목표를 달성했는가?

그들을 축하해주었는가? 이번 주에 다른 사람의 승리를 축하해주어라. 그 사람에게 커피를 대접하거나, 혹은 매니큐어-페디큐어 비용을 내주거나, "축하해!"라고 쓴 카드를 주거나, 축하하러 나가자고 제안하라. 승리를 축하하며 다른 사람들과 연결되는 것은 모두에게 승리다!

❺ 기억을 상기시키는 것들을 만들기

어린 시절, 모든 자잘한 성취마저 축하하던 시상식들을 기억하는가? 학년 말이 되면 온갖 발표회, 졸업식, 운동회 등이 이어져 상장, 졸업장, 메달을 받고, 축하의 의미로 아이스크림과 파티를 즐기곤 했다. 당신에게도 분명 그 시절의 행복한 기억과 소중한 기념품들이 남아 있을 것이다. 이러한 축하의 기억들은 그저 '좋은 기억'으로만 그치지 않는다. 그 기억은 인생의 의미 있는 부분이자, 당신의 가능성을 상기시켜주는 강력한 원동력이다. 그러한 축하의 순간들을 돌이켜보는 것은 과거의 성공을 떠올리게 만들어, 당신에게 도움이 된다. 당신은 목표를 성취할 수 있는 사람이라고 상기시켜준다. 당신은 과거에 커다란 꿈을 꾸고, 노력을 기울였으며, 그 보상을 받았다. 그리고 앞으로도 그럴 것이다.

시간을 내어 승리를 인식하는 일은 구체적인 기억을 만들어준다. 이러한 기억들은 언제 유용할까? 늪에 빠져 있을 때이다. 마라톤에서 힘든 구간을 달리고 있을 때, 중요한 시험이나 프레젠테이션을 며칠 앞두고 있을 때, 또는 인턴십이나 원고 작성, 주요 프로젝트의 중간 지점에서 "내가 왜 이걸 하려고 했지?!"라고 자문할 때이다. 불안과 더불어 몰려오는 메스꺼움과 불안정한 감정을 느끼기 시작할 때, 자기패배적인 자기대화가 걱정과 자기의심, 공포를 불러일으키기 시작할 때이다. 트로피를 꺼내라! 추억을 되살려라!

부정적인 생각과 감정이 스며들기 시작할 때, 과거 축하했던 순간들의 사진을 보거나, 지난 성공 후 만든 승리의 상들을 훑어보거나, 졸업장이나 다른 구체적인 상징물들(메달, 증명서, 기념품 등) 앞에 서서 성공적인 완수로 이어진 당신의 노력을 돌아보라. 이들은 당신이 얼마나 멋진 사람인지를 상기시켜줄 것이다. 그런 다음 당신이 견뎌내고 극복했던 과거의 모든 시련들을 생각해보라. 마지막으로 기억하라. 용감하게 목표를 달성하는 비결은 계속 나아가는 것이다. 계속 전진하라. 당신은 이전에도 해냈다. 그리고 그것을 증명할 수 있는 기억들이 있다. 당신은 또다시 해낼 것이다.

실천해보기

구체적인 승리의 기억을 떠오르게 하는 *당신만*의 물건은 무엇인가? 승리를 기념해 구매한 특별한 물건인가? 책상 위의 사진, 벽에 걸어둔 상이나 증명서? 작은 기념품? 스스로 구매하거나, 선물 받았는가? 아름다운 조개나 돌처럼 우연히 발견한 것인가? 승리의 정신을 담은 영감을 주는 인용구나 의미 있는 말, 또는 성공 기념품인가?

기억을 상기시키는 물건을 만드는 쉬운 방법을 알려주겠다. 먼저, 승리의 순간을 확인하라. 스스로 물어보라. 내가 무엇을 했지? 그때 기분이 어땠지? 왜 그것은 나에게 의미가 있었을까? 그러곤 마우이처럼, 성공을 축하하는 순간을 시각화해보라. 예를 들어, 나는 책 계약을 확정 짓고는, 살면서 이처럼 황홀하고 설레고 기뻤던 적이 있었나 싶었다. 어린 시절부터 나는 정말 작가가 되고 싶었다! 나 자신을 축하하기 위해, 거실에서 10,000 매니악스 10,000 Maniacs의 〈디즈 아 데이즈 These Are Days〉를 크게 틀어놓고 홀로 마음껏 춤을 추었다! 축하의 순간은 노래가 끝날 때까지 이어졌다. 이런 식으로, 나는 그 긍정적인 감정들과 특별한 기억을 각인시켰다. 지금은 그 노래를 들을 때마다 행복과 감사가 파도처럼 밀려온다.

커다란 승리 직후의 순간을 상상해보라. 모든 감각을 동원하라. 그런 다음, 그 성공의 순간 느꼈던 성취감, 앞으로 나아갈 힘을 주는 마음의 상태를 찾았다면, 포스트잇을 꺼내 승리의 그 순간을 적어 게시판, 책상, 또는 벽에 붙여라. 비공개로 하고 싶다면 당신만이 이해할 수 있는 일종의 암호로 적어도 좋다. 예를 들어, 나의 포스트잇에는 그저 "10,000" 또는 "These Are Days" 혹은 그날의 날짜가 적혀 있을 수 있다. 매번 그것을 볼 때마다, 당신의 능력과 많은 잠재력을 떠올리게 될 것이다. 아직 늦지 않았다. 마음속에 승리의 장면을 찍어두고, 기념하라! 마음속으로 마우이를 상상하는 것처럼, 그 멋진 순간으로 돌아가 격려와 에너지의 원천으로 삼을 수 있다.

당신은 즐길 자격이 있다!

우리는 왜 일하는가? 왜 성취하려 드는가? 앞서 논의했듯이, 우리의 동기가 다른 사람들의 인정을 받는 것이라면 우리의 길은 결국 실망으로 가득 차게 될 것이다. 반대로, 모든 시간과 에너지, 관심을 들여 일을 하는 모든 목적이 지금, 이 순간을 즐기기 위해서라면 어떨까? 만약 당신이 성공을 즐기지 않는다면, 이 모든 일은 대체 왜 하는 걸까?

인생을 즐긴다고 해서 사람이 나태해지지는 않는다. 그것이 무엇이든 간에, 당신을 뒤처지게 하거나 후퇴시키지 않는다. 그러니 세상에 당신이 얼마나 사랑스러운 사람인지 증명하려 하기보다는, 먼저 사랑을 보여주어라! 당신을 축하하라. 당신을 도와준 사람들을 축하하라. 기쁨의 감각을 길러라!

행복하고 높은 성취를 이루기 위해서는 불안을 줄이는 것만큼이나 기쁨을 증폭시켜야 한다.

벤자민 셰이엣 박사와 사라 셰이엣 박사는 "만약 아무런 감정 없이 그저 한 과제에서 다음 과제로 옮겨가기만 한다면, 당신은 로봇처럼 일하고 있을 뿐이다"라고 말한다. "성취를 축하하고 긍정적인 감정을 느낄 수 있어야, 당신의 두뇌는 비로소 '그 모든 힘든 일을 했던 이유가 바로 이거구나'라고 생각한다."[12] 그러니 스스로에게 즐길 시간을 허락하라. 결국,

하나의 승리를 즐길 수 있어야 더 많은 승리를 즐길 수 있게 된다. 현명한 마돈나Madonna의 노래를 들으며 춤을 추자. "자, 이제 축하합시다!"(Come on! Let's celebrate: 마돈나의 노래 〈홀리데이holiday〉의 가사 중에서. - 옮긴이)

주요 요점

- 부정성 편향과 맞서 싸워라! 잠시 멈춰서 축하하고, 의도적으로 긍정적인 경험을 마음에 새겨라!
- 다음 산을 오르는 동안 과거의 성공 기억을 원동력으로 사용하라.
- 즐거움은 당신을 앞으로 나아가게 할 수 있다.
- "우리는 단순히 승리를 축하하는 것이 아니라, 승리하기 위해 축하한다."[13]
- 힘든 순간에 당신의 능력을 잊지 않고 힘을 북돋기 위해 구체적인 승리의 기억들을 만들어라.
- 축하는 연결을 만든다!

의미 있는 목표를 선별하고, 당신의 유산을 만들어라. 그리고 지금 당장 시작하라!

핵심 원칙 #8

> 당신의 유산은 돌에 새겨지는 것이 아니라,
> 다른 이들의 삶에 새겨지는 것이다.
>
> - 페리클레스Pericles

앞서 '할 수 있다'고 말할 수 있게 해주는, 구체적이고 실현할 수 있는 목표를 설정하는 방법을 이야기했다. 성공의 혜택을 누리기 위해서는 산 정상에서 잠시 멈춰 기뻐하며 축하하는 것이 얼마나 중요한지도 이야기했다. 이제부터 설명할 마지막 핵심 원칙에서는, 궁극적으로 목표를 정교하게 다듬어 자신이 원하는 의미 있는 삶과 유산을 만들어가는 방법을 배울 것이다.

의미 있는 삶이라고? 알고 있다, 그것은 그리 간단한 요구처럼 보이지 않을 수 있다. 결국 전부 아니면 전무라는 생각,

다시 말해 사회적 기준에 따르면 성공하는 올바른 방법은 단 하나뿐이라는 잘못된 생각에 이끌려, 불안한 성취주의자들은 "제가 인생을 올바르게 살고 있는지 확인하고 싶습니다"와 같은 말을 하곤 한다. 이는 성공에 대한 협소한 기준을 보여주는 말이다. 게다가 대체 그 누가 '올바르게'가 무엇인지 결정하는가? 부모님인가? 더 젊은 시절의, 그래서 아마도 구시대적인 자신인가? 컨베이어 벨트를 타고 받아왔던 일련의 영향인가? 누가 당신을 위해 성공을 정의하고, 따라서 당신의 열망에 영향을 미치는지 파악하는 작업은 사실 매우 중요하다. 나는 감히 필수적이라고 말하곤 한다.

여러모로, 의미를 찾는다는 말은 우리가 진정으로 원하고 가치 있게 여기는 것을 중심으로 우리의 선택과 삶을 구축해야 한다는 뜻이다. 다른 사람이 아닌, 바로 우리가 원하는 것을 중심으로 말이다. 그런 방식일 때에야 비로소 우리는 우리의 의도를 가지고 선택하고, 다른 사람이 선택한 컨베이어 벨트를 타지 않게 된다. 이것이 우리가 스스로 우리의 서사를 통제하고 우리가 꿈꾸는 미래를 만드는 방법이다. 의미는 우리가 원하는 것을 선택하고, 스스로를 믿으며, 달성할 수 있는 목표에 집중할 수 있게 해준다.

그저 다른 사람들의 기대에 순응하는 것이 아니라 당신이 진정으로 중요하게 여기는 목표를 확인하고 그 목표를 향해 노력할 때, 당신의 포기 가능성은 훨씬 더 줄어들고 인생을 즐길 가능성은 훨씬 더 커진다. 오스트리아 정신과 의사이자 홀로코스트 생존자 빅터 프랭클이 이러한 내용을 아마도 가장 잘 표현했다. "인간에게 정말 필요한 것은 긴장이 없는 상태가 아니라 가치 있는 목표, 자유롭게 선택한 과제를 위해 노력하고 분투하는 것이다."[1] 실제로, 모든 불안이 사라진다고 해서 당신이 더 행복해지지는 않는다. 오히려 노력할 만한 가치가 있는 의미 있는 목표를 설정하고 가진 에너지를 그 목표를 이루거나 거기에 이바지하는 데 집중하는 편이 훨씬 더 쉽게 행복을 불러온다. 그리고 자신을 증명하겠다는 생각, 예를 들어 당신 말이 얼마나 똑똑하게 들리는지, 당신이 어떻게 보이는지, 다른 사람들이 당신에 대해 어떻게 생각하는지 등의 생각에서 벗어나야 한다. 그 대신 당신이 선택한 의미 있는 목표를 향해 에너지와 관심을 집중할 때, 그때 당신은 비로소 행복하게 살 수 있다.

당신은 스스로에게 정말 중요한 성취를 향해 노력해야 하며, 그래야만 당신의 인생과 유산, 그리고 시간과 에너지를 사용하는 방식에 자부심을 가질 수 있다. 그리고 당신이 원하고, 가치 있게 여기는 것을 바탕으로 의미 있는 목표를 선택하기 위해서는 먼저 스스로를 신뢰해야만 한다. 그래야 당신은 행복하면서도 성공한 사람이 될 수 있다.

당신의 유산은 무엇이 될 것인가?

알고 있다, '유산'이란 말은 너무 거창하게 느껴진다. 이 낱말을 들으면 해리엇 터브먼Harriet Tubman(미국 노예해방 운동가. - 옮긴이), 마더 테레사Mother Teresa, 마하트마 간디Mahatma Gandhi, 안네 프랑크Anne Frank, 알베르트 아인슈타인, 넬슨 만델라, 앤드류 카네기Andrew Carnegie, 오프라 윈프리와 같은 역사적 인물들, 그 밖에 우리가 영감을 얻는 수많은 위대한 인물들이 떠오른다.

따라서 당신은 이렇게 반응할 수 있다. 그 사람들이 나와 무슨 상관이지?

하지만, 이 낱말은 역사적으로 위대한 인물들만을 위한 것이 아니다. 당신도 유산을 만들어 남길 수 있다. 그저 목표 설정 방식에 신중을 기하면 된다.

나는 종종 고객들에게 이렇게 말한다. "인생은 선택의 연속입니다. 현명하게 선택하세요!" 당신이 세우고 달성하는 각각의 의미 있는 목표는 더 커다란 기여를 향한 개별적인 한 걸음이다. 유산은 그러한 목표들의 정점으로, 당신이 궁극적으로 세상에 이바지하고자 원하는 것이다. 당신에게 동기를 부여하고 앞으로 나아가게 하는 커다란 목적이다.

나는 지금 그럴듯한 부고나 추모사를 말하고 있는 것이 아니다. 물론 성취주의자라면 바로 이런 함정에 빠지기 쉽다.

그 이유는, 부고나 추모사는 다른 사람들의 인정을 목표로 하는 형식이기 때문이다. 이에 반해 유산은 자기 자신에게 진심으로 묻는 것이다. 당신이 자부심을 느끼는 것은 무엇인가? 당신의 목표와 꿈은 무엇인가? 그리고 그 근본적인 질문에 답하는 것이다. 크게 보았을 때, 당신에게 의미 있는 것은 무엇인가? 당신이 정말, 진심으로 원하는 것은 무엇인가?

사람들은 유산이라는 말을 흔히 하나의 커다란 승리라는 맥락에서 생각한다. 그리고 밖에서 보면 이런 생각이 사실처럼 느껴질 때도 많다. 대중에게 사랑받는 작가가 퓰리처상을 받을 만한 새 소설을 내놓으면, 사람들은 그 소설을 그저 하룻밤의 성취처럼 생각할 수 있다. 하지만 모든 위대한 소설 하나하나가 얼마나 많은 잠 못 이룬 새벽과 수정, 실망과 좌절이라는 장애물들을 거쳐야 했을지 생각해보라. 당신이 가장 좋아하는 노래가 방송에 나가기 전에 이미 존재했던 그 수많은 버전을 생각해보라. 이러한 목표들, 그리고 그 목표들이 쌓아가는 유산은 그 뒤에 힘든 작업이 있기에 더욱 의미가 있다. 이러한 유산을 구축하는 커다란 승리들은 다시 (축하를 잊지 말아야 할) 수백만 개의 작은 성취들로 구성되어 있다. 때로는 가장 의미 있는 유산이 세상에 내놓은 책이나 노래나 앱이나 광고나 그 무엇이 아니라, 오히려 그러한 크고 작은 창작물과 기여가 한 사람의 영혼에 미친 영향일 수도 있다.

예를 들어, 레이 브래드버리Ray Bradbury와 같은 놀라운 다작 작가를 생각할 때, 그의 유산은 한 권의 위대한 책일까, 아니면 독자들을 즐겁게 해주면서도 가르침을 준 그의 모든 책의 집합일까? 그의 가장 큰 기여가 여러 편의 소설이 아니라 《브래드버리, 몰입하는 글쓰기》 단 한 권의 책이라고 주장하는 사람들도 있다. 이 책이 다른 작가들에게 자신만의 의미 있는 목표를 추구하는 데 많은 도움을 주었기 때문이다. 하지만 브래드버리가 그때까지 써온 그 많은 소설로 토대를 구축해놓지 못했다면 이런 책은 아예 쓸 수 없었을 것이다. 이게 바로 우리가 개인적으로 자부심이나 충만함을 느끼게 만드는 것이 무엇인지 알아내야 하는 이유다. 이게 바로 우리가 말하는 유산이다.

따라서 우리가 진짜로 이야기하는 유산은, 오랜 시간에 걸쳐서 의미 있는 크고 작은 목표들을 계속해서 달성하는 것이다. 그래서 당신이 번아웃되지 않는 것이 매우 중요하다. 당신은 스스로의 에너지에 투자해야 한다. 수면, 건강한 영양분, 수분, 자연, 운동, 휴식, 그리고 친구들과 보내는 즐거운 시간으로 스스로를 충전해서, 유산을 만드는 순간들로 가득 찬 길고 긴 인생을 견디고, 인내하며, 살 수 있어야 한다.

당신의 유산은 무엇일까? 과학, 혹은 당신이 선택한 분야를 발전시키는 연구? 병원에서 아픈 환자나 동물을 돌보는 것? 법정에서의 정의 수호? 예술이나 음식 또는 창의적인 프로젝트로 세상에 아름다움을 더하는 것? 사람들의 삶을 개선할 혁신적인 방법? 미래 세대를 위한 환경보호? 모든 직원을 존중하며 대하는 것? 지역 도서관이나 비영리단체를 통해 도움의 손길을 내밀어 다른 이들을 돕는 것? 아이들을 친절한 세계 시민으로 기르는 것? 이 모든 것은 당신이 평생에 걸쳐 탁월성을 즐기는 데 도움이 될 만한, 의미를 중심으로 한 목표들의 몇 가지 예이다.

더욱이, 당신이 동기가 충만한 상태로 자유롭게 선택한 목표를 향해 노력할 때, 아무리 인생의 불가피한 늪이 닥치더라도 당신은 계속 앞으로 나아가려는 결심을 포기하지 않을 것이다. 우리는 언젠가는 늪이 닥친다는 사실을 알고 있다. 하지만 우리의 목적의식은 아무리 많은 좌절과 실패가 있더라도 우리가 궤도에서 이탈하지 않게 잡아준다. 세상에는 우리의 독특한 재능이 필요하다. 노벨상을 받은 과학자 마리 퀴리Marie Curie는 이렇게 말했다. "우리는 인내심을 가져야 하며, 무엇보다도 우리 자신을 믿어야 합니다. 우리가 무언가를 위해 재능을 선물 받았다는 것, 따라서 그 무언가를 반드시 달성해야 한다는 것을 믿어야 합니다." 우리는 목적이 있는 목표를 선택하고, 그것을 달성하기 위해 우리 자신을 믿어야 한다.

당신의 비전 보드 다시 보기… 지금 당장

성취주의자라면 결과에만 집중하기 쉽지만, 유산은 어떤 하나의 성취 결과만을 말하지 않는다. 말 그대로 유산은 당신이 경험하고 남기고 싶은 것이다. 당신의 인생에서, 당신은 무엇이 당신에게 의미 있는 일로 남기를 바라는가? 자랑스러워할 만한 유산을 남기려면, 당신은 당신의 시간과 에너지를 어떻게 쓸지 신중하게 선택해야 한다.

예를 들어, 나는 스코틀랜드 사람이다. 할아버지는 1920년대 후반에 던디Dundee에서 이민 왔다. 하지만 나는 단 한 번도 스코틀랜드에 가본 적이 없다. 정말 그곳에 가고 싶어서, 이제 마침내 여행을 계획하고 있다. 나에게는 중요한 일이다. 가족이라는 가치를 존중하는 일일 뿐만 아니라, 나 자신의 정체성을 탐구하는 일이기 때문이다. 그 여행은 지금의 상황 유지와는 아무런 관계 없는, 나의 진정한 관심사에 경의를 표하는 인생의 모험이 될 수 있다.

당신의 비전 보드를 만드는 행위, 다시 말해 당신 인생에서의 목표와 꿈을 선별하는 일은 다른 사람들에게 감명을 주는 일과는 아무런 관련이 없다. 당신이 당신의 가치를 중심으로 살아가도록 만드는 행위일 뿐이다.

의미 있는 목표 결정 전략의 하나로, 나는 종종 고객들에게 자신의 상위 다섯 가지 가치를 나열해보라고 한다. 생각보다는 훨씬 더 어려운 주문이다. 보통 사람들은 그런 관점에서 자신의 삶을 생각해보지 않았기 때문이다. 하지만 그 정보가 앞으로의 결정과 목표 설정에 얼마나 많은 도움이 될지 생각해보라. 따라서 다음의 질문들을 진심으로 잘 생각해보라. 당신은 무엇을 가장 중요하게 여기는가? 가족? 지식? 성장? 건강? 친절? 기쁨? 우정? 돈? 유머? 용기? 사랑? 정직? 안정? 봉사? 평화? 존중? 재미? 모험? 세상을 더 좋은 곳으로 만드는 것? 자신의 가치를 먼저 이해해야 당신이 꿈꾸는 유산을 만드는 데 도움이 된다. 따라서 지금 당장 해보라.

지금이 당신의 순간이다!

불교 승려이자 평화운동가 틱낫한은 말했다. "미래를 돌보는 가장 좋은 방법은 현재의 순간을 돌보는 것이다." 이는 자기 돌봄의 필요성을 말하는 강력한 주장이지만, 또한 당신이 자부심을 느끼는 목표를 지금 순간에 적극적으로 추구하는 것이 필요하다는 말이기도 하다. 그런데, 바로 이 말이야말로 유산을 만드는 방법이다. 내일 하겠다고 말하지 마라. 오늘을 이용하여 주도적으로 당신의 인생이라는 일에 의미를 구축하라. 기본적으로, *지금이야말로* 당신이 시간, 에너지, 그리고 인생을 무엇을 달성하고 경험하는 데 바칠 것인지 생각하기에 가장 좋은 때이다. 왜 그럴까? 현재야말로 우리가 가진 것이기 때문이다. 심각한 질병 진단을 받고 나서야, 또는 인생의 끝까지 기다렸다가 의미 있는 일을 하려 들지 마라. 지금 당장 시작하라! 고객들과 마지막 상담 시간에 가장 자주 듣는 말은 "제가 더 일찍 이걸 시작했더라면 좋았을 텐데요, 박사님"이라는 후회다. 물론 나를 찾아오는 사람들은 그들이 더 일찍 삶의 균형을 찾고, 더 나은 기분을 느끼기 시작했더라면 좋았을 것이라는 의미에서 그런 말을 한다. 하지만 그들은 자기돌봄을 미루는 일이 성공을 위해 필요한 희생이라고 믿었기에 자신을 위한 시간 내기를 미뤄왔다. 그러니, 지금 당장 시작해야 한다. 당신은 오늘 최고의 기분을 느끼고, 최고의 *자신이* 될 자격이 있다.

따라서, 바로 지금이 생각할 시간이다. 당신은 스스로를 위해 정말로 무엇을 원하는가? 실현 가능하고 오직 당신만이 할 수 있는 일, 당신이 세상에 남기고 싶은 어떤 지울 수 없는 흔적은 무엇인가? 그것은 다른 사람보다 앞서거나 멋져 보이기 위한 것이 아니라, 오직 당신을 기리기 위한 일이어야 한다. 그리고 가장 중요한 것은, 왜 그 일을 원하는가이다. 이 강력한 '왜'는 가장 힘든 날에도 목표를 향해 꾸준히 노력하게 만드는 원동력이다.

당신의 유산은 무엇이 되기를 원하는가? 당신의 비전 보드에는 무엇이 있는가? 물론 도덕성이나 영성에 관해 말하는 것이 아니다(당신에게 그런 것이 중요하다면 포함될 수도 있다). 이 질문은 무엇보다도 가정, 건강, 일이라는 삶의 세 가지 기둥 안에서, 당신의 마음속 깊은 곳에서는 무엇이 중요한지 알아내려는 것이다. 유산은 사람마다 다른 것을 의미할 수 있다. 당신은 경력과 직업적 발전, 관계, 가족, 활동, 여행 등에 관한 꿈을 떠올릴 수 있다. 그저 바다 근처에서 살고 싶다는 소박한 꿈도 포함될 수 있다.

나는 목록을 작성하거나, 혹은 손재주가 있는 사람이라면 인생에서 가장 원하는 것을 반영하는 비전 보드를 만들어보라고 권장한다. 진심으로 말하는데, 시간을 내어 이 비전 보드에 원하는 만큼 많은 아이디어를 적어보라.

실천해보기

의미 있는 목표를, 그리고 궁극적으로는 유산을 설정하기 위한 최우선 가치 결정은 어려운 문제일 수 있다. 스스로에게 다음과 같이 질문을 던지며 시작하라.

- 당신의 영웅은 누구인가? 당신이 존경하는 사람은 누구인가?
- 당신이 가장 존경하는 사람들이 지닌 속성은 무엇인가? 그들에게

가장 중요해 보였던 것은 무엇인가?
- 당신은 무엇을 본받고 싶은가?

추가로, 스스로에게 질문하라. 만약 당신에게 여분의 돈이 있다면 어떻게 쓸 것인가? 시간은 어디에 쓰는가? 나는 지속적인 학습을 가치 있게 여기는 사람이기에 책에 돈을 쓴다. 일부 아름다움을 중시하는 사람들은 미술관 방문에 시간과 돈을 쓴다. 따라서 시간과 돈은 당신의 가치를 파악하는 방법이 될 수 있고, 당신의 우선순위와 행동이 일치하는지 빠르게 파악하는 방법도 될 수 있다. 만약 당신의 대답이 "대체로 저는 그냥 직장에 있어요. 그래서 포장 음식에 돈을 씁니다. 저는 제가 하는 일에는 가치를 두지도 않아요"라면, 그것은 적신호다! 당신은 가치 있게 여기는 것들을 하기 위해 시간을 내지 않고 있을지도 모른다. 예를 들어, 나의 고객 중에는 창의적인 것을 좋아하지만 굳이 그것을 위한 시간을 내지는 않는 변호사들이 있다. 당신이 가장 소중히 여기는 것을 위한 시간을 내고 있는지 확인하라.

백 투 더 퓨처

과거의 선택이 반드시 유산을 정의하지는 않는다. 우리는 모두 노벨상에 대해 들어봤지만, 정작 노벨상을 만든 사람이 무엇을 발명했는지는 알고 있는가? 솔직히 나도 최근 〈하버드비즈니스리뷰〉 논문을 읽기 전까지는 몰랐다. 그리고 아마도 알프레드 노벨Alfred Nobel도 바라던 바였을 것이다.

〈하버드비즈니스리뷰〉에 실린 '유산 구축에 관해 생각하는 법'은 알프레드 노벨의 생애를 들려주고 있다.[2] 1888년, 알프레드의 형이 사망했을 때, 한 신문 편집자가 실수로 알프레드 본인의 사망 부고 기사를 작성했다. 알프레드는 물론 이 기사를 읽었는데, 기사 내용은 결코 호의적이지 않았다. 신문은 다이너마이트(그렇다, 그 폭발물!)의 발명가였던 그를 '죽음의 상인'이라고 칭했다. 사람들은 이 사건이 엄청난 부자였던 알프레드로 하여금 의학, 문학, 물리학, 화학, 평화 분야에서 탁월성을 기리는 다섯 개의 상을 제정하는 데 재산을 기부하기로 결심하게 만든 계기가 되었으리라고 추측한다.[3] 이렇게 시작된 그 유명한 노벨상은 1901년부터 수여되었으며, 1968년에는 경제학이 여섯 번째 부문으로 추가되었다.[4]

이제 우리는 '노벨'이라는 이름을 혐오하기보다는 존경하고 있다.

자신의 죽음, 그리고 세상에 남길 유산을 떠올리는 것만큼 당신이 어떻게 기억되기를 원하는지를 명확하게 보여주는 것은 없다.

여기서 흥미로운 가정을 해보자. 당신이 미래로 시간 여행을 했다고 상상해보자. 이제 당신은 80세가 되었다. 다락방을 뒤지다가 옛날에 만들었던 비전 보드를 발견했다. 나이 든 자신의 관점에서 어릴 적 목록을 보니 어떤 감정이 드는가? 목록에 있는 모든 것을 달성하고 경험했다면, 당신의 삶이 이루고 대변한 것들에 자부심을 느끼는가? 특별히 의미 있거나 가장 흥미진진하게 느껴지는 항목이 있는가? 추가하고 싶은 것, 혹은 빠진 것이 있는가?

스스로 다음을 물어보라.

- 당신의 인생에서 무엇을 이루었다고 말하고 싶은가? 한 인간으로서 어떻게 성장했는지? 혹은 무엇을 얻고, 나누고, 완수하고, 배우고, 또는 경험했는지?
- 당신의 지역사회, 환경, 또는 세상을 더 나은 곳으로 만드는 데 어떤 기여를 했다고 말할 수 있기를 원하는가?
- 미래 세대의 사람들에게 어떻게 기억되기를 원하는가?

이러한 질문들을 깊이 생각해보면 당신이 삶의 어떤 측면을 가장 가치 있게 여기는지, 어떤 경험들이 당신에게 가장 의미 있는지 명확히 파악하는 데 도움이 될 것이다. 그리고 그 명확한 이해는 어떤 장기 목표를 설정할지, 단기 목표의 우선순위는 어떻게 정할지, 그리고 매일 시간과 주의력, 에너지를 어떻게 전략적으로 집중할지 결정하는 데에도 도움이 될 것이다.

마음에 새겨야 할 중요한 이야기를 들려주겠다. 당신의 목록은 시간이 지남에 따라 변할 것이다. 추가와 삭제가 있을 것이며, 일부 바뀌지 않는 것들도 있을 것이다. 변치 않고 오래 남아 있는 것들이 왜 그런 상태인지 그 '이유'에 특별히 주목하라. 그것은 당신에게 가장 중요한 것이 무엇인지를 보여줄 수 있다. 하지만 시간이 지남에 따라 당신의 욕구가 발전하고 변화하는 것 역시 정말 정상적이고 건강한 일이다. 18세 때 비전 보드에 선택한 것들은 28세, 38세, 48세, 그 이후의 나이에 선택한 것들과는 분명히 다를 것이다. 그래서 잠시 멈춰서(아마도 승리를 축하하는 동안) 의미 있는 인생 목표 목록을 재검토하고 재평가하는 시간이 특히 유익하다. 물론, 유산을 구상하는 것과 그것을 실천에 옮기는 것은 다른 문제다. 그러니 비전 보드를 만드는 것만으로는 충분하지 않다. 실질적인 노력을 기울여야 한다.

일상적인 발전

앞으로 나아간다고 해서, 오늘 당장 모든 의미 있는 목표를 세워 완수한다는 의미는 아니다. 속도를 늦춰보라, 성취욕에 불타 어쩔 줄 모르는 분들! 앞으로 나아간다는 말은 그냥 꾸준히 조금씩 나아간다는 의미다. 틱낫한의 말을 기억하는가? 우리는 미래의 성공으로 가는 관문으로서 현재에 집중할 것이다.

이미 말했듯이, 완벽이 아니라 발전이 훌륭한 삶을 만든다. 스트레스와 불안이 훨씬 적고 의미와 기쁨이 훨씬 더 많은 그런 삶 말이다.

그러므로 궁극적인 유산을 향한 의미 있고 실현 가능한 목표들을 파악한 다음, 작업의 우선순위를 정하여 매일 그 목표를 향해 나아가라. 그렇다, 매일이다. 하루하루, 날마다 말이다. 정기적으로 당신의 가장 큰 목표들을 위한 일을 하라. 아주 작은 일이라도 좋다. 이런 작업을 통해 당신은 정체된 상태에 머무르는 대신 기쁨과 편안함, 성공을 향해 계속 나아갈 수 있다.

구체적이고 실행 가능한 주간 목표 완수 외에도, 이 작은 승리들이 계속 앞으로 나아가는 데 도움이 된다는 사실을 인식하라. 순간의 선택들, 겉보기에는 하찮은 '새 발의 피' 같은 현재 순간의 발전이 실제로는 당신을 바다와 같이 엄청난 미래의 성공으로 이끌 것이다.

이 작은 성공이란, 지하철에서 앱이나 플래시 카드를 이용해 늘 배우고 싶었던 언어를 익히고, 일부러 먼 길을 택해 음악을 들으며 풍경을 감상하려는 것과 같은 짧은 순간들을 말하는 것이다. 연인과 즐거운 시간을 보내려고 스마트폰을 다른 방에 두는 행동, 충분한 휴식을 취하기 위해 잊지 않고 알람을 밤 10시에 맞추어 잠자리에 드는 행동이다. 그렇다, 인터뷰나 시험 전에, 잘못될 수 있는 일들에 집중하는 대신 "난 할 수 있어"라고 스스로에게 말하는 것까지 포함된다. 이 모든 것이 작지만 의미 있는 목표들을 달성하여 위대한 유산을 쌓는 데 도움이 된다. 이게 바로 발전이다!

당신의 목표가 작가라면, 일단 글을 써야 한다. 매일 써야 한다. 점심시간에 냅킨 뒷면이나 메모 앱에 몇 줄을 끄적이더라도 좋다. 목표가 더 감사하는 사람이라면, 지금 당신이 감사하는 다섯 가지를 적고, 매일 이 일을 반복하여 습관으로 만들어, 좋은 일에 집중할 수 있도록 하라. 새로운 경력을 꿈꾼다면, 그 일을 위한 과정이나 수업에 등록하거나, 그 일을 이미 하고 있는 사람과의 만남을 계획하라. 매일 조금씩 더 배우려고 노력하라.

일상적으로 아무런 행동을 하지 않는 상태나 완벽을 추구하는 마비 상태가 관성이 되지 않게 하라. 성취주의자들에게서 흔한 회피 함정에 빠지지 마라! 매일 발전하여 모멘텀을 구축하여 당신이 진정으로 원하는 삶, 목적이 있는 삶을 살아라. 당신은 정체보다는 지속적인 성장을, 완벽함보다는 발전을, 무의미한 일보다는 의미를 선택할 수 있다. 매일 말이다.

> #### 실천해보기
>
> 유산은 이 세상에서 보내는 시간에 대한 만족감과 관련이 있다. 유산은 당신이 의미 있는 목표들을 달성하기 위해 노력하는 동기가 된다. 스스로에 대해 만족하고 마음의 평화를 느끼는 것이 삶을 변화시키는 중요한 요소다! 그러니, 오늘 당신이 자랑스럽게 느낄 수 있는 일을 하나 해보아라. 당신이 가장 중요하게 생각하는 가치를 반영하는 일이어야 한다.
>
> 작지만 목적에 부합하는 일을 생각해보라. 쓰레기를 주워서 환경보호에 도움이 되어라. 외롭거나 힘들어하는 것 같은 친구, 가족, 이웃에게 연락하라. 건강에 투자하라. 예를 들어, 밖에 나가 산책을 하거나 신선한 채소를 먹어라. 그렇게 몸과 뇌에 활력을 불어넣어 장기적으로 최상의 기능을 유지하라. 누군가에게 진심 어린 감사를 표하라. 미소와 더불어 또는 간단히 "만나서 기뻐요"라는 말과 함께, 지역사회의 누군가와 소통하라. 그리고 당신만의 독특한 유산을 만들기 위해 최선을 다하는 스스로를 칭찬하라. 지금 당장.

꾸준히 나아가라

당신은 앞으로 나아가고 있다. 좋은 소식이다! 회피와는 반대로, 접근은 불안을 고치는 궁극적인 치료법이다. 계속 나아가라. 이제는 기대관리를 해야 할 시간이다. 아마 이미 알고 있을지도 모른다. 하지만 특히 탁월성을 추구하다가 예상치 못했던 늪, 또는 끝없는 늪들의 연속처럼 느껴지는 것이 당신을 집어삼켜버리려 할 때는 까맣게 잊기 쉽다. 위대한 일들은 시간과 노력이 필요하며 좀처럼 직선 경로를 따르지 않는다. 우리는 삶이 본질적으로 우회적이라는 사실과 목표와 꿈을 향한 여정 전반에 통제할 수 없는 요소들이 비일비재하다는 사실을 인정해야 한다. 의미 있는 목표도 예외가 아니다. "제가 목표에 도달하게 된 비결을 말씀드리죠." 프랑스 과학자 루이 파스퇴르Louis Pasteur가 말했다. "저의 힘이라고는 오로지 끈기밖에 없었습니다."

모든 탁월한 사람들처럼, 파스퇴르도 좌절을 견디고 끈기 있게 연구를 계속했다. 그리고 그의 공헌은 세상을 더 나은 곳으로 바꾸는 데 도움이 되었다!

당신의 공헌도 그럴 것이다.

파스퇴르처럼, 실수를 과정의 일부로 받아들여야 한다. 당신은 의미 있는 목표를 달성하는 과정에서 장애물을 만나 비틀거리고, 미끄러질 것이다. 하지만 본질적인 목적, 그 의미 자체를 떠올리다 보면 당신의 유산을 향해 나아가는 데 도움이 될 것이다.

신뢰의 힘: 점들은 연결된다

이제 '마법의 소스', 당신의 장기적인 행복과 의미 있는 성공이라는 요리를 완성할 마지막 재료를 소개할 차례다. 당신이 남길 유산의 백미라고 할 수 있다. 스티브 잡스는 스탠퍼드대학교 졸업식 연설에서 이렇게 말했다. "앞을 보면서는 점들을 연결할 수 없습니다. 오직 뒤를 돌아볼 때에만 그것들을 연결할 수 있죠. 따라서 당신은 어떻게든 그 점들이 미래에 연결될 것이라고 믿어야 합니다. 당신은 무언가를 믿어야 합니다. 당신의 직감, 운명, 삶, 업보, 무엇이든지요. 이러한 접근 방식은 저를 한 번도 실망하게 만든 적이 없으며, 제 인생을 크게 바꿔놓았습니다."[5]

신뢰. 신뢰야말로 진정으로 행복하면서 성공한 사람이 되기 위한 핵심 재료다. 신뢰 없이는, 또 믿음 없이는, 아무리 의미 있는 목표라 해도 결실을 볼 수 없다. 활력을 느끼기 위해서는 훌륭한 삶을 살 수 있는 당신의 능력을 믿어야 한다. 당신은 당신이 할 수 있다고 믿어야 한다. 그리고 당신의 목표들은 그것을 반영해야 한다. 두려움 대신 믿음을 선택할 때, 그것은 당신에게 활력을 주고 계속 앞으로 나아갈 수 있게 만든다. 두려움은 일이 잘 풀리지 않고, 점들은 절대 연결되지 않는다고 당신을 속이려 들 것이다. 그러나 어떻게든, 점들은 연결된다.

두려움을 거부하고, 변화를 받아들여라

때로는, 일이 예상과 다르게 풀리기도 했다가 결국 원하는 결과로 이어지기도 한다. 하지만 하나의 목표에 지나치게 집착하다 보면 목적을 위해 다른 방향으로 전환하거나 새로운 길을 선택하지 못할 위험이 있다. '목적'에 집중하면 믿음과 신뢰를 유지하면서, 특정 결과에 덜 집착할 수 있다. 대체로 당신이 정말, 정말로 원하는 것이 있다면, 당신은 방법을 찾을 수 있고 당연히 찾을 것이다. 하지만 그 과정에서 원래 목표를 놓아주거나 포기해야 할 수도 있다. 하지만 그래도 괜찮다. 당신의 궁극적인 성공은 처음에 상상했던 것과는 다르게 보일 수도 있다. 당신이 구체적으로 구상했던 아이디어에서 벗어나 열린 마음으로 생각할 수 있다면, 더 다양한 방법으로 원하는 성공을 실현할 수 있다. 그러면 당신은 스스로 통제할 수 있는 의미 있는 목표들을 선택하고, 그 목표들이 발전하고 변할 수 있다는 것을 이해하면서, 자신의 능력을 믿고 나아갈 수 있다. 예를 들어, 나는 작가가 되려는 목표를 세웠다. 나의 목표가 "베스트셀러 작가가 되고 싶다"가 아니었다는 사실에 주목하라. 왜냐하면 그런 목표는 내가 직접 통제할 수 없기 때문이다. 목표를 설정하고 나면, 그 목표의 어떤 점이 당신에게 동기부여를 하는지 자문할 수 있다. 작가가 되고 싶은 목적이 사람들을 돕고 싶어서인가? 명성? 재정적 안정? 플랫폼이나 목소리를 갖는 것? 일단 당신의 '목적'을 알게 되면, 처음 선택한 경로가 원하는 대로 작동하지 않더라도 같은 욕구를 충족시킬 수 있는 다른 경로를 설정할 수 있다. 그리고 그 '목적'을 안내자로 이용할 때, 당신이 원하는 핵심 원칙을 제공하는 기회들을 발견할 수 있다.

미래에 일이 잘 풀리지 않을까 두려워하다 보면 필연적으로 하나의 장애물을 만난다. 바로 산만함이다. 정신이 산만하면 집중력을 잃는다. 그러면 당신은 걱정에 빠진다. 그리고 알다시피, 걱정은 당신의 에너지를 고갈시킨다. 두려움은 당신의 주의를 빼앗고, 의미 있는 목표 달성에 온전히 집중하지 못하게 만든다.

지금 이 순간에 대한 집중, 지금 당장 당신이 에너지와 주의를 어디에 쏟을지 선택하는 것이 바로 당신의 진정한 힘이다. 그러니 당신의 손전등을 장기적인 성공에 도움이 되는 것, 바로 지금 당신이 하고 있는 일에 비추어라. 미래에 휘둘리지 마라!

핵심 원칙 #4에서 보았던 보니것의 말을 기억하라. "모든 인간의 노력에서 성공의 비결은 완전한 집중이다."[6] 이 완전한 집중력을 어떻게 계발할 수 있을까? 그 방법은 바로 신뢰다.

설명하겠다. 당신이 무언가를 할 수 있다는 신뢰나 믿음은 매우 중요하다. 그래야 할 수 *있는지 없는지*에 주의가 산만해지는 대신 *어떻게* 할 것인지에 집중할 수 있기 때문이다. 신뢰가 없다면 완전한 집중은 불가능하다. 나를 찾아온 성취주의적인 고객들은 "나는 이 일에 맞는 사람일까?"라는 의문을 품는다. 이러한 의심은 자기 능력을 신뢰하지 못하게 만들고, 불안을 증폭시켜 집중력을 잃게 만든다. 이상적으로는, 이렇게 물어야 한다. "나는 이 일을 하기 좋아하는가? 이 일이 나에게 의미가 있는가? 이 일이 나의 가치관을 반영하는가?"

신뢰는 당신이 하고 있는 일에 집중할 수 있게 해준다. 당신을 완전히 몰입할 수 있게 해준다. 확신을 가진 당신은 유의미한 유산을 만드는 목표들을 설정하고, 그 과정에 투자할 힘을 얻는다. 당신은 끈기 있게 계속할 것이다. 특히 모든 점이 결국 어떻게 연결될지 불확실할 때도 말이다. 신뢰는 에너지를 자유롭게 하고 주의력을 해방시켜, 지속적인 성취를 찾는 데 시간과 노력을 쏟을 수 있게 해준다.

결국, 신뢰의 반대는 의심이다. 의심은 성가신 두려움과 걱정으로 당신을 가득 채운다. 통제할 수 없는 것을 통제하려

들게 만들고, 자기 능력에 한계를 설정하고, "혹시 잘 안되면 어쩌나?" 하는 걱정에 사로잡혀 모든 위험에 전전긍긍하게 만든다. 의심은 주의를 분산시키고 에너지를 고갈시킨다. 아무리 중요하고 의미 있는 목표를 설정하더라도, 의심은 미래에 대해 걱정하는 끝없는, 시간 낭비적이고 에너지를 고갈시키는 순환 속에 당신을 가두어버릴 것이다. 그러니 의심이 아닌 신뢰를 선택하라!

무언가를 믿어라

나는 고객들과의 상담에서 그들의 특정한 신념 체계는 중요하지 않다는 사실을 발견했다. 그들은 단지 신뢰할 무언가가 필요할 뿐이다. 어떤 사람들은 우주, 신, 또는 신성을 신뢰하고, 다른 사람들은 자연, 이성, 또는 물리법칙을 믿는다. 나는 당신에게 잘 어울리는 것이라면, 그것이 무엇이든 잘 이용하라고 권장한다. 나는 우리보다 더 큰 무언가를 믿는 것이 여러모로 도움이 된다고 확신하고 있다. 우선, 당신 여정의 모든 단계를 통제하거나 세세히 관리하려는 시도를 내려놓을 수 있다. 이는 어차피 당신이 감당할 수 없는 일이다. 그런 시도를 하다 보면, 그 경직된 태도가 에너지를 고갈시키고, 기분과 관계에 부정적인 영향만 미칠 뿐이다. 둘째, 믿음은 힘든 늪을 건널 때 힘과 위안을 줄 수 있다. 믿음은 당신에게 이 사실을 상기시킨다. 당신은 혼자가 아니다. 당신에게는 의지할 수 있는 더 큰 상수常數가 있다.

지금이 바로 스스로를 믿을 때다

스스로에 대한 믿음도 마찬가지로 중요하다. 무엇보다도 당신의 발전 능력을 믿고 당신의 가치를 존중해야 한다. 그렇다고 해서 마법처럼 모든 일을 혼자 할 수 있다거나 노력 없이 의미 있는 목표를 달성할 수 있다는 말은 아니다. 그리고 어느 정도의 자기의심은 이해할 만도 하다. 하지만 우리는 지금까지 배운 도구들을 이용해서 의심을 극복할 수 있다. 과거에 어려움 속에서도 성취했던 일들을 기념하며 마음에 새겼던 기억을 회상해보라. 새롭게 얻은 이해, 지식 그리고 강점들로 무장하여 헤쳐나온 모든 늪을 기억하라. 당신이 얻은 용기를 이용하라! 당신을 북돋아주는 사람들로 주변을 가득 채워라. 당신의 크고 높은 목적을 상기하라. 얼마나 더 가야 하는지에 집중하기보다는, 이미 얼마나 멀리 왔는지에 집중하라. 당신은 과거에 가능성이 거의 없어 보였던 성공도 이뤄낸 사람이다. 지금도 그렇게 할 수 있다고 자신을 믿어라.

이전에 우리는 호기심으로 불확실성을 헤쳐나갔다. 이제는 신뢰와 믿음도 도구로 삼아 불확실성을 헤쳐나갈 수 있다. '무슨 일이 있더라도'라는 말을 기억하는가? 우리가 자기 믿음을 강화하기 위해 사용하는 문구다! 스스로를 믿어라. 무슨 일이 있더라도, 당신은 필요한 도움을 받으면서 계속 전진하는 방법을 알아낼 것이다. 그리고 이러한 믿음은 행동을 취할 용기를 주고, 당신의 노력이(그것이 어디로 이어지든) *의미 있다*는 자신감을 채워준다.

궁극적으로, 믿음을 선택하면 끈기 있고 희망이 충만한 상태를 유지할 수 있다. 당신의 손전등이 비춰야 할 곳에 계속 초점을 맞출 수 있다.

인생은 의미 있는 일을 하고 큰 꿈을 꾸며 노력할 가치가 있다. 그러니 커다란 목적이 있는 목표를 세워라. 그리고 준비를 단단히 하고 일을 시작하라. 계속 앞으로 나아가라. 당신의 영원히 남을 유산은 이제부터 시작이다!

중요 요점

- 인생은 선택의 연속이다. 현명하게 선택하라!
- 당신의 기대를 전략적으로 관리하라. 위대함은 시간과 노력이 필요하고, 좀처럼 직선적인 경로를 따르지 않는

다. 따라서 끈기를 잃지 마라!
- 당신이 가치 있게 여기는 유산을 구축하기 위해 시간과 에너지, 그리고 인생을 무엇에 바쳐야 할지 생각하기에 가장 좋은 시간은 바로 지금이다. 우리에게 있는 것은 현재밖에 없기 때문이다.
- 완벽이 아니라 발전이 인생을 훌륭하게 만든다.
- 점들이 연결될 것을 믿고, 스스로를 믿으며 계속해서 의미 있는 목표를 달성하라.

THE HAPPY
HIGH ACHIEVER

PART 3

계속 앞으로 나아가라

Keep Moving Forward

평생의 탁월성을 즐겨라

> 어제는 이미 지나갔고, 내일은 아직 오지 않았다.
> 우리에게는 오직 오늘이 있을 뿐이다. 시작해보자.
> - 마더 테레사

이제까지 다루어 온 8가지 핵심 원칙들은 삶 전반에서 당신을 지원하기 위한 것이다. 늪을 헤쳐나가고, 산을 오르며, 정상에서 축하하고, 계속 전진해 나가며 이용하라. 단 한 번으로 용도가 끝난다고 생각하지 마라.

좋은 소식을 말하자면, 당신은 이 책을 읽어나가면서 불안을 극복하고 스트레스를 관리하며 성공을 위한 에너지를 얻는 데 필요한 수많은 도구를 수집했다.

자, 이제 간식을 좀 챙겨 먹고, 여정을 계속하자. 행복한 성공을 지속 가능하게 영위하고, 지금까지의 성과를 유지하는 동시에 계속 목표를 달성하고 성취를 즐기기 위해서는 노력이 필요하다.

그렇다면 어떻게 이러한 원칙들과 관련 전략들을 일상에 일관성 있게 구현하면서, 자기의심과 걱정을 멀리하고 평생 탁월성을 위한 길을 닦을 수 있을까?

다음과 같은 방법이 있다.

- 일을 하라
- 일하는 동안 스스로에게 친절하라
- 일을 사랑하라. 일은 곧 당신의 인생이니까!

일을 하라

당신은 성취주의자다. 노력을 기울이는 데 익숙하다. 그렇다면 그것은 무엇을 의미할까?

우선, 최종 목표를 재정의하는 것을 의미한다. 이제껏 '행복'이 우리가 도달하고자 하는 곳의 핵심이라 보았기에 혼란스러울 수 있다. 물론 우리는 행복한 성공을 이루고 싶다! 하지만 이 책을 통해 배웠듯이, 행복은 생각과 행동의 최적화에서 온다. 따라서 그것이야말로 우리의 진정한 목표다. 나는 종종 고객들에게 내가 좋아하는 엘리너 루즈벨트의 말을 들려준다. 내 생각엔 매우 적절하기 때문이다. "행복은 목표가 아니다… 그것은 잘 산 삶의 부산물이다." 이 현명한 여성은 자신이 하는 말의 의미를 잘 알고 있었다! 행복은 그것을 목표로 할 때 실현되지 않는다. 그것은 사실 목표를 이루기 위해 꾸준히 노력하면서 얻는 보너스 같은 것이다.

왜 그럴까? 왜 지속적인 행복은 목표가 될 수 없을까? 이유를 알려드리자면, 효과적이지 않기 때문이다. 사실, 행복을 오직 결과물로 보는 데만 집중한다면 그것은 오히려 방해가 될 수 있다.

좀 더 자세히 살펴보기로 하자.

● **일하면서 휘파람을 불어라**

이상하게 들릴 수도 있지만, '행복'해야 한다는 말은 부담으로 느껴질 수 있다. 그 이유는 현실 세계에서 행복이란 지속 가능하지 않기 때문이다. 우리가 목표에서 추구하는 것은 무엇인가? 실행 가능성이다. 그리고 성공에서 추구하는 것은 무엇인가? 지속 가능성이다.

따라서, 항상 행복하려는 노력은 오히려 역효과를 낳는다. 우리는 사람이다. 인간이다. 좋든 싫든, 우리는 온갖 감정을 느낀다. 도전이나 좌절에 부딪히면, 걱정이나 실망을 느끼기 마련이다. 직장이나 관계에서 갈등을 마주치면, 불안이나 좌절감을 느끼지 않겠는가? 여행 중에 폭풍우를 만나면, 낙담하고 피난처를 찾으며 계획을 바꿀 수도 있다.

이 책을 읽고 내가 제시한 원칙을 따른다고 해서 매일 매 순간 행복한 성공을 이룬 사람이 될 수 있을까? 아니다. 세상 누구도 그럴 수 없다. 따라서 그런 목표를 추구해서는 안 된다. 매 순간 행복하려고 노력하거나, 행복을 기대하는 것은 아무런 도움이 되지 않는다. 실제로, 〈긍정심리학저널Journal of Positive Psychology〉에 실린 최근 연구에 따르면, "매 순간 행복을 경험하는 데 높은 가치를 두는 것은 부정적인 웰빙이라는 결과로 이어지는 반면, 행복을 증진하는 행동을 우선시하는 것은 정반대 효과를 가져온다"라고 한다.[1] 여기에서는 '행동'이 핵심 단어다.

다시 말해, 언제나 행복하기를 기대한다면 자신과 세상에 실망하게 될 것이다. 이미 보았듯이 부정적인 감정을 거부하고 전혀 경험하지 않으려는 태도는 현실적인 삶의 방식이 아니므로 자신을 실패자로 여기게 될 뿐이다. 같은 연구자들은 웰빙의 감소가 '항상 행복해야 한다는 압박감'과 관련되어 있으며 이러한 강박은 '역설적으로 긍정적인 감정의 감소'를 낳는다고 설명했다.[2] 그러니 진정 필요할 때까지 그 스마일 이모티콘은 잠시 보류하라! 그러지 않으면, 특히 장애물이나 늪에 직면했을 때 너무도 자연스러운 부정적 감정 경험조차 자신이 '행복 목표'를 달성하지 못하고 있는 지표라고 느끼게 될 것이다. 기억하라. 인스타그램 사진처럼 항상 행복한 사람은 실제 세상에는 없다. 그런 기대를 하는 사람은 매일, 심지어 매 순간의 변동성을 허용하지 않는 사람이다. 그런 사람이라면 인간다운 자연스러운 경험을 결함처럼 느낄 수 있다. 그리고 그런 태도는 오히려 스트레스와 패배감, 부족하다는 느낌만을 초래할 뿐이다.

● **배낭에 8가지 핵심 원칙을 항상 가지고 다녀라**

언제나 행복하기를 기대해서는 안 된다는 명제는 당신에게 무엇을 의미하는가? 행복을 강요한다고 해서 당신에게 더 많은 기쁨이 생기지는 않는다는 의미다. 하지만 우리가 여기서 함께 배운 행동은 더 많은 기쁨을 가져다줄 수도 있다. 결국, 지속적인 행복을 좇는 것은 불행을 낳지만, 긍정적인 행동의 실천은 장기적으로 기쁨을 증가시킨다. 그리고 당신의 에너지를 건설적으로 쏟을 수 있는 구체적인 장소가 생긴다.

에너지의 건설적인 활용에서 첫 번째 관문은 당신이 경로를 잃었을 때 그 사실을 알아차리는 것이다. 당신은 이미 이 분야의 전문가다. 혹시 수면 패턴에 어떤 변화를 느끼는가? 몸에 좋지 않은 음식을 선택하고 있지는 않은가? 이러한 일

탈을 잘 알아차려야 한다. 그런 다음 자문해보라. 지금 당장 8가지 핵심 원칙을 어떻게 잘 활용할 수 있을까?

첫 번째 쉬어갈 목적지로 활용할 수 있다. 지친 여행자를 위한 휴게소이자, 자기돌봄 센터로 이용할 수 있다(탐험가 비유가 계속해서 도움이 되고 있다!). 여기서는 작은 행동으로 충분하다. 책상 위에 놓아둔 스트레스 볼을 꽉 쥐고 1분 동안 깊은 호흡을 하기처럼. 마우이는 어떤가? 또는 단순히 스마트폰을 끄고, 일찍 잠자리에 들어 충분한 수면을 취하는 것일 수도 있다.

자문해보라. 지금 어떻게 나의 S.E.L.F. 관리에 투자할 수 있을까? 어떤 신체 활동을 할 수 있을까? 회의 사이사이에 산책하며 상쾌하고 충전된 기분을 느낄 수 있을까? 오늘이나 이번 주에 고대하는 재미있고, 휴식이 되거나 즐거운 활동은 무엇일까? 잠시라도 밖에 나가서 자연을 즐길 수 있을까?

오늘 스스로에 대한 지지와 관심을 보여줄 수 있는 한 가지 행동은 무엇일까? 당신을 이해하고 격려해주는 누군가와 연결될 수 있는가? 다른 사람을 도와주거나, 일기장을 꺼내 적어놓는다거나 진심 어린 감사 메시지를 보냄으로써 감사를 실천할 수 있는가? 시간을 내어 당신의 강점과 능력을 되새기며 축하할 만한 승리는 무엇인가?

이렇게 도움이 되는 행동들을 실천한 후에는, 당신의 생각이나 스스로에게 하는 말에 주의를 기울여라. 예를 들어, "지금 당장 어떻게 하면 행복할 수 있을까?"라는 생각에서 "지금 당장 어떻게 하면 잘 살 수 있을까? 미래를 향해 생을 살아가면서 어떻게 훌륭한 삶을 만들 수 있을까?"로 초점을 옮겨보라.

탁월성 등식을 떠올려라. 세 가지 요소를 모두 존중하라. 행복(마음), 건강(몸), 높은 성취(정신).

매일 핵심 원칙들을 실천하라. 오늘 당장부터. 골칫거리 삼총사에 유의하라. 예를 들어, "내가 결코 행복한 성공을 이룰 수 없다면 어쩌나?"라고 걱정하고 있다면, 이렇게 생각을 바꿔보라. "지금 나의 자기대화를 어떻게 최적화할 수 있을까? 내가 구멍을 뚫을 수 있는 인지왜곡이 있을까?"

도움이 되지 않는 생각의 원인에 계속 호기심을 유지하라. 아마도 다른 사람들이 당신보다 더 행복하다거나 경력상 더 빠르게 앞서 나가고 있다고 가정하고 있을 수 있다(소셜 미디어를 그만 봐라!). 아마도 인생에서 더 많은 것을 이뤘어야 했다고 생각했을 수 있다. 아마도 이미 이룬 것들과 지금 삶에서 감사할 수 있는 것들을 기억하기보다는 여전히 이루고 싶은 모든 것에 집착하고 있을 수 있다.

그러한 왜곡을 찾아라! 그들의 허점을 발견하여 구멍을 뚫어라. 그들을 정복하라. 그리고 계속해서 도구들을 활용하라.

배운 것들을 실천하라! 모든 일을 완벽하게 하거나 한 번에 모든 일을 다 할 필요는 없다. 다만 당신의 기술을 날카롭게 유지하고 핵심 원칙들이 당신을 위해 작동하도록 도구들의 일부를 지속적으로, 서로 결합하여 사용해야 한다. 8가지 모두를 생각하는 것이 부담스럽다면, 이번 주에 정말로 집중해서 실천할 한 가지만 선택해보라. 하루에 한두 가지 방식으로라도 행동과 생각을 최적화하는 것이 성공을 위한 발판이 될 것이다. 그리고 그렇다, 행복도 덤으로 따라온다.

일하는 동안 스스로에게 친절하라

우리는 당신이 이 책에서 배운 핵심 원칙들을 실천하기 위해 최선을 다하리라는 것을 알고 있다. 결국, 당신은 천성적으로 높은 성취를 갈망하는 사람이니까! 하지만 때로는… 비틀거리거나 추진력을 잃을 수도 있다.

인지왜곡에 빠졌다고 자책하는 대신, 자신의 불균형한 생각을 알아차린 것을 스스로 칭찬하라고 이야기했던 것을 기억하는가? 건강하지 않은 패턴에 빠졌을 때도 마찬가지다.

이전에 핵심 원칙 #5에서 EAO 개념을 논의하면서 공감 실천, 다시 말해, 친한 친구를 대하듯 자신을 대하고 가혹한 자기비판을 피하는 것이 도움이 된다고 했다. 그 말은 여전히 유효하지만, 이제 당신이 스스로를 위해 만들어가는 것을 유지하고 발전시키는 과정에서 한 단계를 더 나아가려 한다. 공감이 다른 사람의 감정 이해라면, 연민은 다른 사람의 고통을 덜어주려는 욕구다.³ 연민은 공감의 필수적인 동반자다.

● **자기연민은 진짜다**

고객들에게 '자기연민'을 언급하면 그들은 그저 마지못해 고개를 끄덕여주거나, 아니면 심지어 찡그린 표정을 짓는다. 다시 말해, 그들은 어떤 반응을 보여야 할지 몰라 난처해한다. 많은 사람에게 자기연민이란, 진정한 견고한 기반이란 하나도 없던 뉴에이지 운동처럼 허황된 것으로 느껴진다.

그들은 의아해하며 말한다. "자기연민이란 약한 사람들, 방종한 사람들, 의욕 없는 사람들, 유약한 사람들이나 하는 것 아닌가요?"

사실, 이보다 더 터무니없는 말도 없다. 자기연민은 생산성과 잠재력 실현을 위한, 견고하고 정당하며 과학적으로 뒷받침된 도구다. 자기연민은 회복력과 성공과 직접적으로 연결되어 있다. 릭 핸슨 박사와 그의 아들 포레스트 핸슨Forrest Hanson은 《12가지 행복의 법칙》에서 이렇게 말한다. "연구에 따르면… 자기연민이 있는 사람이 좀 더 회복력이 있어서, 고

난의 상황에서도 더 잘 일어설 수 있다. 그것은 자기비판을 줄이고 자존감을 높여주어, 당신이 안주하고 나태하기보다는 더 야심에 차고 성공하는 사람이 되도록 도와준다."[4] 자기연민은 무엇보다도 우리가 '해야 한다'는 생각에 갇히지 않게 만들어준다. 또한 우리의 소중한 에너지를 스스로를 비난하고 무너뜨리는 데 낭비하지 않도록 해준다.

특히 이러한 접근법을 상호적으로 실천하면 구체적인 이점을 얻을 수 있다. "연민을 베푸는 것은 스트레스를 낮추고 당신의 몸을 진정시킨다"라고 저자들은 계속해서 말한다. "한편 연민의 대상이 되는 것은 사람을 더 강하게 만든다. 깊게 숨을 쉬고, 발판을 찾아, 계속 나아갈 수 있게 해준다. 따라서 당신이 스스로에게 연민을 베풀 때, 주고받는 연민의 혜택을 모두 얻게 된다."[5] 그러니 '자기연민'이라는 말을 듣고 도망갈 필요는 없다. 어쩌면, 정말로 어쩌면 그것이 당신의 성공을 위한 핵심일지도 모른다!

● **순조롭지 않은 상황**

사실, 자기연민은 지금 그 어느 때보다 중요하다. 아무리 8가지 핵심 원칙을 사용하여 균형을 찾고 탁월성을 발휘하더라도 우리의 길에는 실수가 있기 마련이기 때문이다. 우리는 알고 있다. 이미 우리는 완벽이 현실적이거나 유지 가능한 목표가 아니라는 사실을 분명히 밝혔다.

사실, 모든 사람이 실패하거나 흔들리고, 실수를 저지르거나 잘못된 걸음을 내딛고, 이상적이지 않은 선택을 한다. 특히 평생에 걸쳐 커다란 목표를 성취하기 위해 노력하는 사람이라면 더욱 그렇다. 익숙한 함정에 빠지는 순간이 있을 것이다. 예를 들어, 스스로 충분치 못하다고 생각하거나, 다른 사람과 자신을 비교하거나, 자기돌봄을 소홀히 하는 순간이 있다. 이러한 순간에, 역경 속에서도 일어나 목표를 향해 나아가는 사람이 되고 싶다면, 스스로에게 연민을 가져야 한다.

실수를 좋아할 필요는 없지만, 인간이라면 다 저지르는 실수를 이유로 스스로를 비난해봐야 아무런 도움이 되지 않는다. 그 실수는, 당신이라는 *인간* 자체에는 그 어떤 의미도 없다. 그렇기에 당신은 다시 일어서서 또 다른 도구를 활용해 동굴을 탐험할 수 있다. 다시 일어선다는 건 삶에서 꾸준한 발전을 이루고자 할 때 가장 중요한 요소일지도 모른다. 〈여성 건강Women's Health〉에 실린 '자기연민을 실천하고 안정적인 자신감을 구축하는 방법'에서 저널리스트 캐시 쇼트슬리브 Cassie Shortsleeve는 이렇게 말한다. "힘든 시기에 스스로를 돌보고 관심을 표현함으로써, 인내와 변화를 만들어낼 수 있다. 고통을 함께하면서도 목표 달성을 위해 필요한 것, 예를 들어 아침에 일찍 일어나 달리거나 스마트폰에 일정을 잡는 것과 같은 것들을 생각할 때, 당신은 실패에 빠져드는 대신 어려움을 극복하고, 자신감과 자기신뢰를 쌓을 수 있다."⁶

평생 지속 가능한 성취를 이루어가는 사람이 되기 위해서는, 힘든 순간에도 계속 앞으로 나아갈 수 있도록 스스로를 도와야 한다. 넘어져 있는 자신을 학대하지 마라. 그래봐야 더 오래 쓰러져 있게 될 뿐이다. 자기연민을 배워라. 문제를 해결하라. 스스로에게 이해와 친절을 베풀어라. 쓰러진 자신을 일으켜 세워서 의미 있는 목표를 달성하기 위한 노력을 계속하라. 자기연민은 무책임하게 스스로를 용서하거나 자기 행동에 대한 책임을 회피하라는 말이 아니다. 그것은 잘못된 방향을 택하거나 험한 길에서 넘어졌을 때 고통을 덜어주고 에너지를 유지하게 도와주는 강력한 생존 기술이다.

그러니 다음에 실수를 하거나 목표를 달성하지 못하거나 잠시 핵심 원칙들을 놓쳤을 때, 상처에 소금을 뿌리는 대신 자기연민을 보내라. 스스로에게 손을 내밀어 다시 일으켜 세워라.

성장통은 최고의 자신이 되어가는 과정이며, 삶의 자연스러운 부분이라는 사실을 잊지 마라. 마야 안젤루도 말했듯이, "우리는 나비의 아름다움에 감탄하지만, 그 아름다움을 이루기까지 나비가 거쳐온 변화들을 인정하는 경우는 드물다."⁷

- **실수했을 때 자기연민을 실천하는 방법**

많은 고질적인 습관이 흔히 그렇듯이, 스스로를 비난하는 데 익숙한 성취주의자들이 자기연민을 받아들이기란 어려울 수 있다. 연민을 배우는 일까지 부담스럽게 느껴질 수 있다. 하지만 가능하다! 이 주제의 전문 연구자인 크리스틴 네프Kristin Neff 박사는 《강력한 자기연민Fierce Self-Compassion》에서 말한다. "연구에 따르면 우리는 자기연민을 더 배울 수 있을 뿐 아니라, 그것이 우리의 삶을 더 나은 방향으로 근본적으로 변화시킨다."[8]

하지만 이 자기연민을 어떻게 배워야 할까?

가장 먼저 필요한 건 더 부드러운 자기대화다. 네프 박사의 말을 들어보자. "자기연민의 핵심 동기는 친절이다. 다른 사람들에게는 한결같이 친절한 사람들조차도 종종 스스로를 쓰레기처럼 대한다. 자기친절은 일반적인 경향을 뒤집어서 우리가 진정 스스로에게 좋은 사람이 되는 것을 의미한다. 실수를 인정할 때, 자기친절은 우리 스스로를 이해하고 수용하며, 다음에는 더 잘하도록 격려하는 것을 의미한다."[9]

- **새인가, 비행기인가… 자기대화 슈퍼히어로다!**

더 부드러운 자기대화는 실수하거나 핵심 원칙들을 잊고 도움이 되지 않는 습관을 지속할 때도 스스로를 비판하는 대신 격려하는 것을 의미한다.

행복한 성공을 이룬 사람의 여정에서는 바로 그런 태도가 필요하다. 누구라도 실수는 하기 마련이다. 당신도 마찬가지다. 하지만 도움이 되는 자기대화와 앞으로 나아가는 행동이 어려움을 이겨낼 수 있게 해줄 것이다. 다시 말하지만, 당신의 성공을 결정하는 것은 실패가 아니라, 격언 같은 데서 흔히 말하듯이 쓰러지더라도 다시 일어나 말에 올라타서 의미 있는 목표를 향해 계속 달려가는 당신의 능력이다. 유산을 쌓아가는 방법도 마찬가지다.

실제로, 실수 후에 스스로에게 하는 말이 당신이 나아갈 방향을 결정한다. 따라서 프로젝트가 실패하거나, A 학점을 받지 못하거나, 승진에 실패하거나, 자기돌봄이 부족해서 스스로를 질책하기 시작할 때, 건강한 자기대화가 당신을 구할 수 있다. 스스로에게 친절하라! 자신만의 자기대화 슈퍼히어로가 되어라. 높이, 더 높이, 그리고 멀리 날아가는!

이러한 관점에서, 당신은 실수와 좌절을 겪더라도 스스로를 다독일 수 있다. 진실에 기반하고 희망을 주는 말로 스스로를 격려하라.

그런 일이 일어나지 않았으면 좋았겠지만, 난 할 수 있어.

한 번의 실수가 패배를 의미하지는 않아.

이 경험으로부터 배워서 다음에는 다르게 할 방법을 알아

냈어.

"와, 정말 망쳐버렸어. 이제 돌이킬 수 없어. 난 쓸모없어"라고 생각하는 대신 이같이 균형 잡힌 생각에 집중하면 얼마나 더 기분이 좋아질지 생각해보라.

실수 후에 자기연민을 담은 자기대화를 통해 스스로를 다독여라. 그리고, 가능한 한 빨리 행동을 취하라. 그저 건강한 무언가를 하라. 긍정적인 한 걸음을 내디뎌라. 나는 정말 작은 한 걸음을 말하고 있다. 아주 작은, 당장 실행할 수 있는 행동이면 된다. 당신의 목표 중 하나를 향해 나아가며 자신이 원하는 바를 존중하는 행동이면 충분하다. 그리고 실수나 실패에서 얻은 교훈을 활용하여 새로운 승리를 만들어라. 이는 당신에게 동기를 부여하고, 당신의 모멘텀을 재건하고 실수로 인한 무기력을 막아줄 것이다. 그로 인해 당신은 한자리에 멈춰 서지 않게 될 것이다.

자기연민을 실천하고, 처음으로 돌아가 다시 시작하는 것에 대한 보상은 무엇일까? 어려워도 다시 일어설 수 있는 회복력, 자신감 그리고 발전이다.

일을 사랑하라. 일은 곧 당신의 인생이니까!

이 8가지 핵심 원칙의 실천은 처음에는 분명 어려워 보인다. 결국 당신은 성취주의자이고, 우리가 이야기했듯이 이미 존재하고 있는 해야 할 일 목록에 무언가를 더 더하기란 피곤한 작업으로 들릴 수 있다. 하지만 이제껏 우리는 당신의 에너지 고갈이 아니라 당신이 최고의 삶을 사는 방법을 주제로 이야기해왔다. 당신의 활력을 북돋우는 방법 말이다. 실제로 에너지를 건강하고 의미 있는 방식으로 사용하여 궁극적으로 당신의 활기를 유지해줄 방법이다. 그러니 당신의 에너지를 사용하라! 그 에너지가 재생되어 계속 당신을 위해 사용될 것이다.

어쨌거나, 당신이 탁월성에 도달하고 모든 것이 끝나는 그런 일은 없다. 8가지 핵심 원칙과 더불어 많은 승리와 성공을 거두겠지만, 당신과 당신의 환경이 성장하고 변화함에 따라 그 원칙들도 성장하고 변화하며 지속적으로 함께할 것이다. 이 원칙들은 평생에 걸쳐 당신을 지탱해줄 지침이다.

평생 핵심 원칙을 활용하다 보면 결과에서만 기쁨을 느끼는 것이 아니라 과정에서도 기쁨을 찾을 수 있다. 즉, 위안이 필요할 때면 언제든지 기대 쉴 수 있는 안식처를 마련한 것과 마찬가지다. 이들은 당신이 삶의 도전을 헤쳐나갈 때마다 의지할 수 있는 불변의 원칙들이다. 그리고, 왜곡된 생각에 구멍을 내는 데 성공했다는 것도 성공은 성공이다. 아무리 작은 승리라도 기념하고 축하하라. 이는 단색으로 보일 수 있는 일상이라는 팔레트에서 색을 발견하려는 노력과 같다. 《12가지 행복의 법칙》에서 릭 핸슨 박사는 이렇게 말한다. "지루한 오후 회의에서 즐길 만한 것을 찾는 것은, 그것이 무엇이든 당신을 깨어 있게 하고 더 효율적인 사람으로 만든다." 그리고 그는 이렇게 덧붙였다. "삶을 즐기는 것은 스스로를 돌보는 강력한 방법이다."[10]

즐겁거나 흥미롭거나 유익한 과정의 요소들에 손전등을 비추는 것만으로도 당신의 기분이 나아질 가능성은 실제로 커지고, 걱정과 고통은 줄일 수 있다. '과정을 즐기기' 또는 '여정 자체를 목적으로 만들기'라는 말은 다소 진부하게 들릴지도 모르지만, 그 핵심 개념에는 진정성이 담겨 있다. 그리고 이는 완벽보다는 탁월성 추구로 연결된다. 최선을 다해 살아가는 삶을 추구하고 있다면, 열심히 노력했고 모든 것을 쏟아부었다는 사실만으로도 성취감을 느낄 수 있다. 그리고 그로 인한 마음의 평화도 얻을 수 있다.

캐롤 S. 드웩Carol S. Dweck 박사는 《마인드셋》에서 유명한 운동선수 몇몇의 사례를 자세히 설명하며 그들이 공통적으로 '성장형 사고방식'을 가지고 있다는 사실을 발견했다고 말했다. 다시 말해, 이들은 단순히 승리 그 자체만이 아니라 자신이 발전했거나 최선을 다했다는 사실을 인식하면서 더욱 기뻐했다. 전설적인 육상 선수 재키 조이너-커시Jackie Joyner-Kersee도 "나는 결과만큼이나 과정에서도 행복을 얻습니다. 경기에서 지면, 그냥 트랙으로 돌아가 더 노력합니다"라고 말했다.[11] 궁극적으로 드웩 박사는 이러한 관점을 가진 사람들, 다시 말해 성장을 우선시하는 승자들은 좌절을 패배가 아닌 동기부여로 받아들인다는 특징을 발견했다.

물론 모든 순간이 즐거울 수는 없다. 불안, 번아웃, 임포스터 신드롬과 관련된 패턴들은 하룻밤 사이에 사라지지 않는다. 치유하는 데만도 시간이 많이 걸린다. 하지만 발전하는 자신을 발견하고는 스스로를 축하하고, 실수를 두려워하기보다는 그것으로부터 배우는 것을 가치 있게 여기며, 최적으로 움직일 수 있는 새로운 자기돌봄 체제를 즐길 수 있다면, 당신은 삶에서 최고를 얻을 수 있다.

나에게 일상은 많은 기쁨을 준다. 나는 그것에 감사한다. 나는 다른 사람들을 돕는 일을 좋아하고 고객들의 성공을 응원하는 것을 즐긴다. 내 고객들이 목표를 달성하도록 돕는 일은 정말 멋지다! 하지만 물론, 덜 매력적인 부분도 있다. 예를 들어, 상담보다 서류 작업과 문서 작업이 많을 때, 조금은 재미가 덜하다. 나 역시도 내 일에서 즐거움을 찾고 그것을 기억하기 위해 자기대화를 사용한다. 나는 임상 기록이 필요하고 유용하다고 스스로 말한다. 내가 상담자로서 자리에 앉을 때 최고의 내가 된다고 스스로 상기시킨다. 나는 정말 운이 좋은 사람이다. 그리고 그 감사가 내가 하는 일의 의미에 집중하게 해준다. 마찬가지로, 시간을 내어 운동하기가 항상 쉽지는 않지만, 일단 러닝머신에 올라서면 경쾌한 음악과 함께 움직일 때 느껴지는 내 몸의 튼튼함을 즐긴다.

이러한 방식으로 우리는 따분하거나 힘들게 느껴질 수 있는 일도 즐길 수 있다. 모든 순간을 사랑하라는 의미는 아니다. 하지만 그 과정에서 작은 기쁨의 순간들을 찾을 수는 있다.

궁극적으로, 이 책은 당신을 위한 시금석이다. 8가지 핵심 원칙들을 실행하는 데 익숙해지면, 당신은 자동적으로 그것들을 실행에 옮기게 될 것이다. 그리고 그 도구들과 더불어 탁월성으로 가는 당신의 길은 더욱 넓어질 것이다. 행복한 성공을 이룬 사람이 된다는 것은 바로 그런 것이다. 다른 사람들을 기쁘게 만드는 것을 넘어서서 열정, 자신감 그리고 목적의식을 가지고 의미 있는 목표에 도달하는 것이다. 당신의 흔적을 남기고, 당신의 유산을 남기며, 스스로의 성취에 자부심을 느끼고 뿌듯해하는 것이다!

나의 원칙들은 지속 가능하다. 그것들은 당신이 최적으로 살 수 있게 하고, 당신을 *당신답게* 만드는 것들에 더 많이 접근할 수 있게 하며, 당신이 상상하지 못했던 방식으로 성취할 수 있게 만들어줄 것이다. 그러니 이 핵심 원칙들을 계속해서 실천하라. 성공을 찾고, 탁월성을 거듭 추구하라. 당신의 모든 놀라운 재능과 힘, 그리고 높은 성취를 향한 열정이 평생 당신을 위해 쓰일 수 있도록 에너지를 재충전하고 관리하는 법을 배워라.

당신의 8가지 핵심 원칙
실전 가이드

> 나는 선례의 폭정에 저항한다.
> 나는 과거를 개선할 수 있는 새로운 것은 무엇이든 시도한다.
>
> - 클라라 바턴Clara Barton (미국 적십자사의 창시자. - 옮긴이)

이 책 맨 앞에서 극도의 불안과 부담으로 가득 차서 "오늘 하루 남은 시간을 어떻게 버텨야 할까요?"라고 물었던 나의 고객 아그네스를 기억하는가?

나는 기억한다. 그 말은 그 후로 몇 년 동안 내 머릿속에 쉬지 않고 울려 퍼졌으니까.

어떻게 보면, 이 책은 여러 면에서 바로 그 질문에 대한 해답이다. 다른 성취주의자들과 마찬가지로 아그네스에게 제시한 해답은 좀 더 진정한 자신이 되라는 것이었다. 그건 8가지 핵심 원칙을 활용하여 다른 사람을 기쁘게 만들려는 태도를 그만두고, 경계를 설정하고, 자신의 본능에 귀 기울임으로써 아그네스가 직장에서 느끼는 엄청난 압박을 줄이는 것을 의미했다. 그건 다른 사람들의 인정과 승인을 바라는 대신, 자신이 진정 가치 있게 여기는 것이 무엇인지 알아내고 사회적 비교를 최소화하는 것을 의미했다. 더는 자기의심에 짓눌리지 않게 된 아그네스는 직장에서 마음껏 날개를 펼치고 날아올랐다.

직장 밖에서 아그네스가 실천한 중요한 자기돌봄 행동 중 하나는 사랑하는 취미를 다시 그의 생활에 통합하는 것이었다. 아그네스는 스트레스를 해소하고 매주 기대할 수 있는 무언가를 만들기 위해 인체 드로잉 수업에 등록했다. 하지만 여전히, 아그네스는 자기대화 슈퍼히어로가 되어야 한다고 계속해서 스스로 상기시켜야 했다. 이러한 목적으로 그녀는 윌리엄 제임스의 명언을 액자에 넣었다. "스트레스에 맞서는 가장 강력한 무기는 다른 생각을 선택할 수 있는 우리의 능력이다." 지금도 그 액자가 아그네스의 책상에 놓여 있다고 해도 나는 놀라지 않을 것이다.

물론, 우리의 상담은 결국 끝났다. 자부심으로 가득 찬 나는 자리에서 일어나 노트를 내려놓고, 아그네스의 앞날을 응원하며 작별 인사를 했다. 아그네스는 손을 흔들며 나가다가 문간에서 다시 돌아서서 나를 바라보았다. "한 가지 더 말씀드릴 게 있어요, 박사님." 내가 올려다보자 아그네스가 말했다. "제가 더 나아지고… 저 자신의 모습을 찾을 수 있도록 도와주셔서 감사합니다."

그렇다! 바로 그것이 나의 목표였다. 내가 이 일을 하는 이유다. 고객들이 노력하고, 그 노력이 결실을 맺는 것을 볼 때면 얼마나 기쁜지 말로 표현할 수 없다.

아그네스는 해냈다, 이전의 많은 다른 사람들처럼. 불안으로 고군분투하던 상태에서 안도감을 찾았고, 결국은 기쁨을 느낄 수 있었다. 아그네스는 자기 삶을 더 나은 방향으로 변화시켰다. 여러분도 그렇게 할 수 있다.

당신은 하루하루를 어떻게 견디는가? 힘든 상황에서, 불안을 느끼고, 완벽주의에 마비되고, 지쳐 있을 때, 늪이 너무도 깊어 보일 때, 그럴 때는 아그네스가 했던 행동을 따라 해보라. 아그네스는 8가지 핵심 원칙을 사용하여, 자신이 집중하는 생각을 바꾸고, 건강한 습관을 일상생활의 일부로 만들 수 있는 실천 가능한 방법들을 찾았다. 아그네스는 현재의 자신과, 되고자 바라는 자신의 모든 것을 받아들이고 존중하며 심지어 감사하게 여겼다. 구체적인 세부 사항은 다를 수 있지만, 모든 일에 뛰어나면서도 불안해하는 모든 성취주의자들이 지속 가능한 성공, 즉, 사람을 손가락 하나 움직이지 못하게 만드는 불안, 자기의심, 번아웃 없이 성취를 이루기 위해서는 이러한 원칙들을 반복적으로 실천해야 한다.

쉬운 일은 아니다. 이 책을 읽어가면서 또는 외부 세계의 소음 없는 당신의 아파트에서 이러한 도구들을 연습하는 것은 어렵지 않겠지만, 복잡한 현실을 헤쳐나가며 매일 의식적으로 실천에 옮기는 것은 다른 문제다.

그래서 나는 고객과의 마지막 상담에서, 그들이 상담 과정에서 이룬 양자도약을 검토하고 우리가 함께한 시간 동안 배운 것들을 '요점 목록'으로 정리한다. 어떤 전략과 메시지가 그들에게 가장 의미 있었는지 함께 이야기한다. 무엇에 가장 공감했는지, 그래서 정말로 그들에게 오래 남는지는 항상 흥미로운 주제다. 나는 그 목록을 손으로 작성하고, 중요한 내용을 하나하나 글머리 기호로 표시한 뒤, 줄이 그어진 노트에서 찢어 건네준다.

이 책을 읽는 당신에게는 그 한 장의 종이를 건넬 수 없다. 하지만 그렇다고 이 마지막 서비스를 멈추고 싶지는 않다! 그래서 아래에 당신을 위한 일종의 요약본을 만들어보았다. 휴대용 8가지 핵심 원칙이다. 사진을 찍어, 스마트폰에 저장해두어라(배경 화면도 좋다). 틈이 날 때마다 보아라. 살아가는 동안, 늪을 헤쳐나가고, 크고 작은 승리를 축하하고, 의미 있는 목표를 설정하고 달성하는 데 이정표가 되게 하라. 이 목록이 당신의 가장 밝은 미래를 찾는 데 도움이 되게 하라. 이

휴대용 8가지 핵심 원칙

핵심 원칙 #1

완벽이 아닌, 탁월성을 추구하라

야망 있는 사람들의 아킬레스건은 완벽주의다. 탁월성은 높은 성취를 추구하면서도 인간다움을 위한 여지를 준다!

핵심 원칙 #2

궁극의 자산인 당신의 에너지에 투자하라

자기돌봄은 자기방종이 아니다. 오히려 자기돌봄은 전략적으로 반드시 필요하다. 자기돌봄을 일정에 포함시켜라. 융통성을 주어라. S.E.L.F. 관리의 기초적인 요소들을 실천하여 번아웃을 이기고 높은 성과를 즐겨라.

핵심 원칙 #3

호기심으로 불확실성을 헤쳐나가라

걱정은 미래를 생각하며 두려워하는 것이다. 궁금증은 미래를 생각하며 호기심을 갖는 것이다. 성급한 결론 대신, 걱정을 궁금증으로 바꾸고 호기심을 유지하라.

핵심 원칙 #4

건강한 관계를 구축하라

탁월성은 협동을 통해 이루어진다. 친절하면서도 단호한 경계를 설정하라. 당신의 편한 사람들을 찾아라! 자문해보라. 이 사람이 내 에너지와 스트레스 수준에 어떤 영향을 미치는가?

핵심 원칙 #5

'해야 한다'를 '할 수 있다'로 변환하라

'해야 한다'는 생각은, 그 생각이 우리 자신, 다른 사람, 또는 상황 그 어떤 것에 관한 것이든, 우리를 멈추게 한다. 우리는 모두 늪에 빠질 때가 있다. 인식, 수용, 행동이 우리를 앞으로 나아가게 한다.

핵심 원칙 #6

감사 기반 사고로 레벨업하라

감사 → 행복 → 성공의 순서이지, 반대 순서가 아니다! 감사를 이용해 골칫거리 삼총사를 이겨내라!

핵심 원칙 #7

승리를 축하하라

다음 산을 오를 때 과거의 성공 기억을 연료로 사용하라. 잠시 멈추어 좋은 것들을 즐겨라. 재미있게 놀아라! 즐거움이 당신을 발전시킬 수 있다.

핵심 원칙 #8

의미 있는 목표를 선별하고, 당신의 유산을 만들어라. 그리고 지금 당장 시작하라!

컨베이어 벨트에서 내려와 의미 있는 목표를 선별하라. 최종 목적이 인내하고 자부심을 갖는 데 도움이 될 것이다. 지속 가능한 성공을 향해 전속력으로 나아가라!

목록을 가지고 여러분을 가장 훌륭한 자신으로 이끌고 가라.

자, 이제 헤어질 준비를 하면서 당신에게 무엇보다 말하고 싶은 것이 하나 남아 있다. 큰 목표와 꿈을 이루는 데는 시간이 걸리기 마련이다. 당신은 탁월성을 성취할 준비가 되어 있으며, 당신 나름의 '목적'을 알게 되면 계속 앞으로 나아갈 것이다. 사람들은 종종 당신에게 최고의 자신이 되라고 말한다. 각종 인스타그램 게시물이 대부분 다 그런 식이다. 하지만 좀처럼 왜 그래야 하는지 이유를 말해주지는 않는다. 왜 최고가 되기 위해 노력해야 할까?

무언가를 증명하기 위해서가 아니다. 절대 아니다. 다른 누군가를 위해 노력해야 할 필요는 없다. 당신이 아닌 다른 누군가가 되기 위해서도 아니다. 당신이 노력해야 하는 이유는, 가장 큰 행복과 편안함을 느끼며 탁월성과 더불어 살아가기 위해서다. 당신이 정의하는 방식으로 최고가 되기 위해 노력할 때, 당신은 최고의 기분을 느낄 것이다. 그리고 당신은 그럴 자격이 있다.

생각, 감정, 행동은 서로 강력한 관계를 맺고 있다. 그러니 최고의 자기대화와 자기돌봄을 실천할 때 당신은 기분이 좋아질 것이다. 높은 성과를 이루기 위해 반드시 번아웃 직전까지 가야 할 필요는 없다. 당신은 에너지 넘치고, 기쁨이 가득하며, 목표를 향해 달려가는 가장 훌륭한 모습으로 사람들과 함께하며 밝게 빛날 수 있다. 그럴 때 당신은 가장 의욕적이고 생산적이며 성공한 사람이 될 것이다. 그것이 당신 최고의 모습일 것이고, 당신은 물론 다른 사람들에게도 도움이 될 것이다.

…

나는 우리가 기쁨을 위해 태어났다고 믿는다. 그래서 이 책이 희망과 위로, 용기를 줄 수 있기를 바란다. 당신이 높은 정상을 향해 계속 나아가게 만들 수 있기를 바란다. 이 책이 당신이 더욱 가치 있고 온전히 당신다운 사람이 되는 데 도움이 될 수 있기를 바란다. 그렇게 된다면, 나의 의미 있는 목표를 달성한 셈이다. 당신이 새로운 힘, 격려의 말, 동기부여가 필요할 때마다 이 책으로 다시 돌아오기를 바란다.

당신은 결코 혼자가 아니다. 당신을 믿는 내가 있다. 그리고 불안한 성취주의자에서 행복한 성공을 이룬 사람으로 변화하고자 하는 여정을 걷고 있는 수많은 사람들, 셀 수 없는 동반자들이 전 세계에 있다. 이 책을 읽은 당신은 이미 더 나은 감정을 느끼려 노력하기 시작했다. 두려움을 회피하기보다는 직면하려 하고 있다. 그리고 나는 당신도 아그네스처럼 이 진실을 발견했기를 바란다. 진정한 당신을 받아들이고 진정한 당신이 되어라. 그러면 당신은 그렇게 불안하지 않을 것이다. 그렇다. 당신이 불완전하더라도 존재만으로 자신은 가치가 있다고 받아들인다면, 다른 사람들이 당신을 어떻게 생각하는지, 당신이 어떻게 '해야 한다'거나 어떤 활동을 즐겨야만 한다'는 기대를 놓고 걱정하는 시간이 줄어들 것이다. 결국 당신은 시간과 에너지를 낭비하지 않게 된다. 그렇게 당신은 실제로 의미 있다고 생각하는 일들을 할 수 있다. 당신은 세상에 당신이라는 선물을 줄 것이다. 그건 매우 멋진 일이다.

이제 그 추진력을 유지하라. 자기대화에 계속 주의를 기울여라. 필요할 때마다 손전등의 초점을 다시 맞춰라. 당신의 빛을 어디에 비출지, 선택은 당신의 손에 달려 있다.

당신은 불안을 극복할 수 있다. 당신은 훌륭한 습관을 만들고 유지할 수 있다. 당신은 실수나 어려운 순간을 견디고 계속 나아갈 수 있다. 당신은 행복하고 건강한 성공을 이룬 사람이 되어 훌륭한 삶을 즐길 수 있다. 그리고 당신은 오직 당신만이 할 수 있는 독특한 방식으로 세상에 지울 수 없는 흔적을 남길 것이다.

당신의 흔적은 중요하다.

이제 떠나라. 당신은 해낼 수 있다!

감사의 말

이 책을 세상에 내놓는 데 도움을 준 많은 분들께 깊이 감사드립니다. 저는 제가 정말 노란 벽돌길 위를 걷는 도로시처럼 느껴졌습니다. 수많은 훌륭한 분들의 동행과 도움으로 오늘 여기까지 올 수 있었습니다. 이제 여러분 모두와 함께 축하할 수 있어 기쁘고, 자랑스럽고, 감사합니다!

먼저, 릭 핸슨 박사님께 진심으로 감사드립니다. 몇 년 전 샌디에이고에서 열린 한 회의에서 우연히 만났을 때 보여주신 엄청난 격려의 말씀과 너그러운 마음이 제가 꿈꾸어왔던 책을 마침내 쓰게 된 계기가 되었습니다. 당신의 격려는 제 여정의 시작이었습니다.

다음으로, 켈리 노타라스Kelly Notaras, 제 원고를 처음 읽고 지금의 책이 되기까지 발전시킬 수 있게 열정적으로 지지해주신 것은 제게 정말 큰 행운이었습니다. 그토록 중요한 시기인데, 귀중한 가르침과 사려 깊은 지원을 해주심에 감사드립니다. 당신은 정말 재능 있고 배려 넘치는 사람입니다. 당신과의 만남은 운명이었다고 진심으로 믿습니다.

켈리 덕분에 저는 KN 리터러리 아츠KN Literary Arts의 훌륭한 마케팅 코치 로라 딕커슨Laura Dickerson과 함께 일할 수 있었습니다. 정말 감사합니다, 로라! 또 제안서 작성에 큰 도움을 주신 애니 와일드Annie Wylde, 멋진 사진을 찍어주신 펠리시티 머피Felicity Murphy, 공유하게 되어 기쁘고 자랑스러운 웹사이트를 만들어주신 웹 전문가 찰리 그리핀Charlie Griffin 모두 감사합니다. 그리고 탁월한 통찰로 "이게 도움이 될 수 있을 거예요! :)"라는 한 줄의 이메일을 보내, 겟 사인드Get Signed를 활용할 수 있게 해준 미디어 전문가 애슐리 베르나르디Ashley Bernardi께도 큰 감사를 드립니다.

루신다 헬퍼른Lucinda Halpern, 첫 겟 사인드 수업에서 당신을 만났을 때부터, 저는 당신과 함께 일하고 싶었습니다. 당신은 뛰어나고 끈기 있으며, 무엇보다 훌륭한 마음을 가지고 있습니다. 당신을 만난 건 행운입니다. 지속적인 전문적 지도와 지원에 매우 감사드립니다. 이 모든 일은 당신 덕분에 가능했습니다. 정말 감사합니다.

출판계를 성공적으로 헤쳐나가는 데 도움을 주신 모든 재능 있는 분들께 감사합니다. 변함없는 배려와 진심을 다해 도움을 주신 줄리아 콜루치Julia Collucci, 격려와 지도, 지원을 해주시고 책 계약을 성사시키는 데 시간과 노력을 다해 힘써 주시고 항상 저를 응원해주신 재키 애쉬튼Jackie Ashton, 이 여정에서 귀중한 도움을 주신 린다 스패로우Linda Sparrowe, 꾸준한 도움을 주신 루신다 리터러리Lucinda Literary의 모든 분들, 그리고 이 책이 세상에 나올 수 있도록 전문성과 지원을 아끼지 않으신 로잔 웰스Roseanne Wells께 감사드립니다.

아셰트 북 그룹Hachette Book Group의 모든 분께 감사드립니다. 한나 로빈슨Hannah Robinson, 이 책을 믿어주시고 제 어린 시절부터 바라 마지않던 작가라는 꿈을 이루게 해주셨습니다. 정말 진심으로 감사합니다. 당신의 엄청난 친절과 탁월한 통찰력 덕분입니다. 그리고 이 책을 전담한 우리 Team Exhilaration이 너무도 자랑스럽습니다! 또한 밸런스Balance의 나나 트와마시Nana Twumasi와 나탈리 바우티스타Natalie Bautista께도 감사드립니다. 두 분은 책 제작 과정에서 저를 따뜻하게 맞아주시고 안내해주셨습니다. 여러분과 함께 일할 수 있어 기쁘고 감사할 따름입니다.

노라 젤레반스키Nora Zelevansky, 정말 어떻게 감사드려야 할지 모르겠습니다. 당신은 흠잡을 데 없는 작가이자 정말 훌륭한 인격을 갖추신 분입니다. 당신 덕분에 이 책이 최상의 모습으로 만들어질 수 있었습니다. 당신은 탁월성을 추구하는 저의 파트너가 되어주셨습니다. 당신과 협력하게 된 것은 영광이며 당신을 알게 된 것은 축복입니다.

제 독자가 되어준 멋진 친구들에게도 큰 감사와 포옹을 보냅니다. S. 카렌 청S. Karen Chung 박사님, 킴 제라즈Kim Gerads, 캐롤린 응우옌Carolyn Nguyen, 그리고 젠 와첸Jen Wachen 박사님. 정말 감사합니다, 여러분!!

캘리포니아의 놀라운 친구들인 메리 헤닌Mary Henein 박사님과 신멩 재스민 무Xinmeng Jasmine Mu 박사님께 감사드립니다. 수년간의 우리의 우정과 멋지고 영감을 주는 전화 통화는 제게 말로 표현할 수 없이 소중합니다.

멋진 동부 해안의 친구들에게 감사드립니다. 니콜리나 칼파Nicolina Calfa 박사님, 이다 켈리슨Ida Kellison 박사님, 카라 네일런Kara Naylon 박사님, 산야 페트로비치Sanja Petrovic 박사님, 그리고 케이티 라일리Katie Riley. 그리고 저를 항상 가족처럼 대해주신 에이미 배첸드Amy Bachand 박사님과 배첸드Bachand 가족(마이클Michael, 에이든Aiden, 애비게일Abigail)에게도 감사드립니다. 모두 정말 감사합니다!

라이프스탠스LifeStance에서 제 책 여정을 지원해주신 모든 분들께 감사드립니다. 비다 림쿠비에네Vida Rimkuviene, 마크 로버트Marc Robert 박사님, 듀르지카 사푼지치Djurdjica Sapundzic, 그리고 모든 동료들께 감사합니다.

CPA 팀 모두에게 감사드립니다. 에두아르 폰테노Edouard Fontenot 박사님, 노라 해링턴Nora Harrington, 로빈 케르빅Robyn Kervick 박사님, 데본 무스Devon Moos, 앤디 피앗Andi Piatt 박사님, 웬디 빈센트Wendy Vincent 박사님, 그리고 데이브 위솔렉Dave Wisholek께 진심으로 감사드립니다.

VA Boston의 모든 분들, 특히 존 오티스John Otis 박사님, 키스 쇼Keith Shaw 박사님, 에이미 실버보겐Amy Silberbogen 박사님, 글렌 트레자Glenn Trezza 박사님께 감사드립니다. 또한 플로리다 대학교의 대학원 지도교수님이신 마이클 페리Michael Perri 박사님께 큰 감사를 드립니다. 교수님의 지도와 탁월성을 추구하라는 격려가 제게 큰 영감을 주었습니다. 당신이 저를 진심으로 믿어주셨다고 느꼈습니다. 그게 제게 얼마나 큰 의미가 있었는지 모르실 겁니다. 그리고 그레첸 에임스Gretchen Ames 박사님, 스티븐 안톤Stephen Anton 박사님, 로버트 귄터Robert Guenther 박사님, 줄리어스 길리스Julius Gylys 박사님, 그리고 제가 최고의 임상심리학자가 되도록 영감을 주신 UF의 모든 분들께 감사드립니다. 임상 일을 시작할 때 줄리어스 박사님께서 하신 말씀을 영원히 기억하겠습니다. "마음을 치유하러 가자!" 네!

폴 핀Paul Finn 박사님과 조셉 트로이시Joseph Troisi 박사님, 그리고 세인트 앤셀름 칼리지의 모든 분들께, 심리학을 배우고 사랑하게 해주셔서 감사드립니다.

반스타블Barnstable 고등학교 선생님들, 특히 제 인생의 중요한 시기에 탁월한 가르침과 격려의 말씀을 해주신 저널리즘 교사 믹 칼론Mick Carlon 선생님, 영어 교사 캐슬린 플래허티Kathleen Flaherty 선생님, 심리학 교사 마크 설리번Mark Sullivan 선생님께 감사드립니다. 그리고 제 여정을 함께 나누고 기여해주신 반스타블 친구들과 케이프코드 사람들께도 감사드립니다.

제 인생에서 제가 최선을 다하도록 영감을 주고, 격려하고, 도전하게 해주신 모든 분들, 저와 함께 웃고, 사랑하고, 생각하고, 계속 배우고 성장하도록 도와주신 모든 분들께 감사합니다. 여기에 모두 나열할 수는 없지만, 여러분 모두가 제 마음속에 있다는 것을 알아주시길 바랍니다. 정말 감사합니다, 감사합니다, 감사합니다.

줄리Julie와 메리 앤Mary Anne, 우리가 함께 자라고 인생의 모든 순간을 계속 나눌 수 있어서 정말 감사한다. 어린 시절부터 너희와 친구로 지내온 것은 진정한 축복이라 생각한다.

우리 앤더슨Anderson 대가족 밥Bob, 베스Beth, 사만다Samantha, 로버트Robert, 크리시Chrissy, 이인Ian, 저스틴Justin, 데이비드David, 모린Maureen, 토마스Thomas, 케이티Catie, 짐Jim, 헤더Heather, 이자벨Isabelle, 앵거스Angus, 피비Phoebe, 존John, 린지Lindsay, 소피Sophie, 클로이Chloe, 모든 사촌들과 친척 여러분, 수년간의 사랑과 지원, 격려, 그리고 많은 즐거운 순간들에 정말 감사드립니다. 모두 사랑합니다.

엄마, 제 영웅이 되어주시고, 항상 저를 믿어주시고, 제가 가능한 한 가장 친절한 사람이 되도록 영감을 주셔서 정말 감사합니다. 아빠, 저는 당신이 우리 모두를 지켜보고, 하늘에서 응원해주고 있다고 느낍니다. 항상 우리를 웃게 하려 노력하시고 엄마와 춤추실 때마다 진정한 사랑의 마법이 무엇인지 보여주셔서 감사합니다. 모든 것에 감사드립니다, 엄마 아빠. 정말 많이 사랑해요.

수년간 저와 상담한 고객 여러분, 이 책은 사실 여러분께 전하는 감사 편지입니다. 여러분의 가장 큰 두려움, 걱정, 승리, 그리고 실패에 귀를 기울일 수 있게 자리를 내주셔서 감사합니다. 여러분이 더 나은 삶으로 변화하기 위해 노력하는 과정을 함께하면서 정말 많이 배웠습니다. 말로 표현할 수 없을 만큼 감사드립니다.

그리고 사랑하는 독자 여러분, 이 여정을 저와 함께해주셔서 정말 감사합니다. 최고의 영광이자 기쁨이었습니다. 따뜻한 마음을 담아, 여러분의 행복과 건강, 그리고 앞으로 많은 멋진 날들이 있기를 바랍니다!

주석

PART 1

성공을 위한 기반을 마련하라

성공을 위해 생각을 최적화하라

1. Shawn Achor, *The Happiness Advantage: How a Positive Brain Fuels Success in Work and Life* (New York: Currency, an imprint

of the Crown Publishing Group, a division of Penguin Random House, 2010), 4.

2. Arlin Cuncic, "The Spotlight Effect and Social Anxiety," Verywell Mind, updated August 28, 2023, https://www.verywellmind.com/what-is-the-spotlight-effect-3024470.

골칫거리 삼총사 이해하기

1. David D. Burns, *The Feeling Good Handbook*, revised edition (New York: Plume/Penguin Books, 1999).

2. Kendra Cherry, "What Is Neuroplasticity?," Verywell Mind, updated November 8, 2022, https://www.verywellmind.com/what-is-brain-plasticity-2794886.

3. Stuart Brown with Christopher Vaughan, *Play: How It Shapes the Brain, Opens the Imagination, and Invigorates the Soul* (New York: Avery, 2010), 138-41.

4. Kendra Cherry, "How Openness Affects Your Behavior," Verywell Mind, updated August 31, 2023, https://www.verywellmind.com/how-openness-influences-your-behavior-4796351.

PART 2
8가지 핵심 원칙

핵심 원칙 #1
완벽이 아닌, 탁월성을 추구하라

1. Sharon Martin, *The CBT Workbook for Perfectionism* (Oakland, CA: New Harbinger Publications, 2019), 7.

2. Brené Brown, *The Gifts of Imperfection* (Minneapolis: Hazeldon Publishing, 2010), 56-57.

3. Oprah Winfrey, "2018 USC Commencement Speech," University of Southern California Annenberg School for Journalism and Communication, May 11, 2018.

핵심 원칙 #2
궁극의 자산인 당신의 에너지에 투자하라

1. Michael Leiter and Christina Maslach, "You Can Conquer

Burnout," *Scientific American*, January 1, 2015, https://www.scientificamerican.com/article/you-can-conquer-burnout/.

2. Marily Oppezzo and Daniel L. Schwartz, "Give Your Ideas Some Legs: The Positive Effect of Walking on Creative Thinking," *Journal of Experimental Psychology: Learning, Memory, and Cognition* 40, no. 4 (April 2014): 1144.

3. May Wong, "Stanford Study Shows Walking Improves Creativity," *Stanford News*, April 24, 2014, https://news.stanford.edu/2014/04/24/walking-vs-sitting-042414/.

4. Rachel MacPherson, "6 Reasons to Take a 15 Minute Walk Today," Verywell Fit, October 2, 2023, https://www.verywellfit.com/reasons-to-take-a-15-minute-walk-7974090.

5. "More Sleep Would Make Us Happier, Healthier, and Safer," American Psychological Association, created 2014, https://www.apa.org/topics/sleep/deprivation-consequences.

6. Eric Suni and Abhinav Singh, "How Much Sleep Do You Need?," Sleep-Foundation.org, last updated September 8, 2023, https://www.sleepfoundation.org/how-sleep-works/how-much-sleep-do-we-really-need.

7. "10 Reasons to Get More Sleep," Healthline, last updated April 25, 2023, https://www.healthline.com/nutrition/10-reasons-why-good-sleep-is-important#The-bottom-line.

8. Gregg D. Jacobs, *Say Good Night to Insomnia*, updated edition (New York: St. Martin's Press, 2009), 90.

9. Emily Nagoski and Amelia Nagoski, *Burnout: The Secret to Unlocking the Stress Cycle* (New York: Ballantine Books, an imprint of Random House, a division of Penguin Random House, 2020), 15.

10. Mayo Clinic Staff, "Chronic Stress Puts Your Health at Risk," Mayo Clinic, August 1, 2023, https://www.mayoclinic.org/healthy-lifestyle/stress-management/in-depth/stress/art-20046037.

11. "Exercising to Relax," Harvard Health Publishing, July 7, 2020, https://www.health.harvard.edu/staying-healthy/exercising-to-relax.

12. Nagoski and Nagoski, *Burnout*, 15.

13. Mayo Clinic Staff, "Chronic Stress Puts Your Health at Risk."

14. Shawn Achor, *The Happiness Advantage: How a Positive Brain Fuels Success in Work and Life* (New York: Currency, an imprint of the Crown Publishing Group, a division of Penguin Random House, 2010), 52.

15. Ron Friedman, "What You Eat Affects Your Productivity," *Harvard Business Review*, October 17, 2014, https://hbr.org/2014/10/what-you-eat-affects-your-productivity.

16. "6 Possible Health Benefits of Deep Breathing," Everyday Health, April 10, 2023, https://www.everydayhealth.com/

wellness/possible-health-benefits-of-deep-breathing/.

17. "5 Reasons Why Writing Lists Is Good for Your Mental Health," *Psychology Today*, April 19, 2023, https://www.psychologytoday.com/us/blog/when-kids-call-the-shots/202304/5-reasons-why-writing-lists-is-good-for-your-mental-health.

18. "Why Multitasking Doesn't Work," Cleveland Clinic, March 10, 2021, https://health.clevelandclinic.org/science-clear-multitasking-doesnt-work/.

19. "Should You Take an Epsom Salt Bath?," Cleveland Clinic, April 28, 2022, https://health.clevelandclinic.org/7-things-you-probably-didnt-know-about-epsom-salt/.

20. "Poor Posture Hurts Your Health More than You Realize: Tips for Fixing It," Cleveland Clinic, August 6, 2021, https://health.clevelandclinic.org/health-effects-of-poor-posture/.

21. "Stress Management: Doing Progressive Muscle Relaxation," University of Michigan Health, accessed December 7, 2021, https://www.uofmhealth.org./health-library/uz2225.

22. "Is Laughter Good for Lung Health?," American Lung Association, last updated August 21, 2023, https://www.lung.org/blog/laughter-for-lungs.

23. Sheryl Ankrom, "9 Deep Breathing Exercises to Reduce

Anxiety," Verywell Mind, last updated January 27, 2023, https://www.verywellmind.com/abdominal-breathing-2584115.

24. Jim Sollisch, "The Cure for Decision Fatigue," *Wall Street Journal*, June 10, 2016, https://www.wsj.com/articles/the-cure-for-decision-fatigue-1465596928.

25. Grant A. Pignatiello, Richard J. Martin, and Ronald L. Hickman Jr., "Decision Fatigue: A Conceptual Analysis," *Journal of Health Psychology* 25, no. 1 (March 2018), https://doi.org/10.1177/1359105318763510.

26. John Tierney, "Do You Suffer From Decision Fatigue?," *New York Times*, August 17, 2011, https://www.nytimes.com/2011/08/21/magazine/do-you-suffer-from-decision-fatigue.html?smid=nytcore-ios-share&referringSource=articleShare.

27. Sara Berg, "What Doctors Wish Patients Knew About Decision Fatigue," American Medical Association, November 19, 2021, https://www.ama-assn.org/delivering-care/public-health/what-doctors-wish-patients-knew-about-decision-fatigue.

28. Emma Seppala, "Why You Should Take More Time Off from Work," *Greater Good Magazine*, August 10, 2017, https://greatergood.berkeley.edu/article/item/why_you_should_take_more_time_off_from_work.

29. Rebecca Zucker, "How Taking a Vacation Improves Your

Well-Being," *Harvard Business Review*, July 19, 2023, https://hbr.org/2023/07/how-taking-a-vacation-improves-your-well-being.

핵심 원칙 #3
호기심으로 불확실성을 헤쳐나가라

1. Rick Hanson, *Hardwiring Happiness* (New York: Harmony Books, 2013), 20.

2. *Concise Oxford English Dictionary*, twelfth edition (New York: Oxford University Press, 2011), 351.

3. Tracy Brower, "The Future Is Uncertain: 5 Ways to Embrace Ambiguity," *Forbes*, January 10, 2022, https://www.forbes.com/sites/tracybrower/2022/01/10/the-future-is-uncertain-5-ways-to-embrace-ambiguity/?sh=13d658001c2c.

핵심 원칙 #4
건강한 관계를 구축하라

1. John D. Otis, *Managing Chronic Pain: A Cognitive Behavioral Therapy Approach* (New York: Oxford University Press, 2007), 45-50.

2. Ann Pietrangelo, "What the Yerkes-Dodson Law Says About Stress and Performance," *Healthline*, October 22, 2020, https://www.healthline.com/health/yerkes-dodson-law.

3. Seth J. Gillihan, *Cognitive Behavioral Therapy Made Simple* (Emeryville, CA: Althea Press, 2018), 22.

4. Brooke C. Feeney and Nancy L. Collins, "A New Look at Social Support: A Theoretical Perspective on Thriving Through Relationships," *Personality and Social Psychology Review* 19, no. 2 (May 2015): 113-47, https://doi.org/10.1177/1088868314544.

5. "Press Release: Social Support: Carnegie Mellon's Brooke Feeney Details How to Thrive Through Close Relationships," Carnegie Mellon University website, September 5, 2014, https://www.cmu.edu/news/stories/archives/2014/september/september5_feeneyrelationshipsupport.html.

6. Fatih Ozbay, Douglas C. Johnson, Eleni Dimoulas, C. A. Morgan III, Dennis Charney, and Steven Southwick, "Social

Support and Resilience to Stress," *Psychiatry (Edgmont)* 4 (May 2007): 35-40, https://www.ncbi.nlm.nih.gov/pmc/articles/PMC2921311/.

7. Robert Waldinger, "What Makes a Good Life? Lessons from the Longest Study on Happiness," TED Talk, November 2015, https://www.ted.com/talks/robert_waldinger_what_makes_a_good_life_lessons_from_the_longest_study_on_happiness.

8. Vivek H. Murthy, "Letter from the Surgeon General," *Our Epidemic of Loneliness and Isolation 2023: The US Surgeon General's Advisory on the Healing Effects of Social Connection and Community* (May 2023): 4-5.

9. Sigal Barsade and Hakan Ozcelik, "The Painful Cycle of Employee Loneliness and How It Hurts Companies," *Harvard Business Review*, April 24, 2018, https://hbr.org/2018/04/the-painful-cycle-of-employee-loneliness-and-how-it-hurts-companies.

10. Hakan Ozcelik and Sigal G. Barsade, "No Employee an Island: Workplace Loneliness and Job Performance," *Academy of Management Journal* 61, no. 6 (December 2018): 2344-66, https://doi.org/10.5465/amj.2015.1066.

11. Barbara Fredrickson, *Love 2.0: How Our Supreme Emotion Affects Everything We Think, Do, Feel, and Become* (New York:

Avery, 2013), 17.

12. Larry Dossey, "The Helper's High," *Explore* 14, no. 6 (November 2018): 393-99, https://www.sciencedirect.com/science/article/pii/S1550830718304178?via%3Dihub.

13. "Why Giving Is Good for Your Health," Cleveland Clinic, December 7, 2022, https://health.clevelandclinic.org/why-giving-is-good-for-your-health/.

14. Sherrie Bourg Carter, "Helper's High: The Benefits (and Risks) of Altruism," PsychologyToday.com, September 4, 2014, https://www.psychologytoday.com/us/blog/high-octane-women/201409/helpers-high-the-benefits-and-risks-altruism.

15. Kurt Vonnegut, *Palm Sunday* (New York: Dial Press Trade Paperbacks, an imprint of the Random House Publishing Group, 2011), 293.

16. Sharon Martin, *The CBT Workbook for Perfectionism* (Oakland, CA: New Harbinger Publications, 2019), 131.

17. Martin, *The CBT Workbook for Perfectionism*.

18. John D. Otis, *Managing Chronic Pain: A Cognitive-Behavioral Therapy Approach Workbook* (New York: Oxford University Press, 2007), 69.

핵심 원칙 #5
'해야 한다'를 '할 수 있다'로 변환하라

1. Sharon Martin, *The CBT Workbook for Perfectionism* (Oakland, CA: New Harbinger Publications, 2019), 68.

2. K. Blaine Lawlor and Martin J. Hornyak, "Smart Goals: How the Application of Smart Goals Can Contribute to Achievement of Student Learning Outcomes," *Developments in Business Simulation and Experiential Learning* 39 (April 2012): 259-67, https://absel-ojs-ttu.tdl.org/absel/index.php/absel/article/view/90.

3. "Dark Chocolate Health Benefits," Cleveland Clinic, March 10, 2022, https://health.clevelandclinic.org/dark-chocolate-health-benefits/.

4. Martin, *The CBT Workbook for Perfectionism*, 162.

5. Carl R. Rogers, *A Way of Being* (New York: HarperCollins Publishers, 1980), 22.

6. Julie Corliss, "Want to Feel More Connected? Practice Empathy," Harvard Health Publishing, February 22, 2021, https://www.health.harvard.edu/blog/want-to-feel-more-connected-practice-empathy-2021022221992.

7. Viktor E. Frankl, *Man's Search for Meaning* (Boston: Beacon

Press, 2006), 66 (first published 1959 by Beacon Press).

핵심 원칙 #6
감사 기반 사고로 레벨업하라

1. Robert A. Emmons, *The Little Book of Gratitude* (London: Gaia, 2016), 9.

2. Brené Brown, *Atlas of the Heart* (New York: Random House, 2021), 214.

3. Courtney E. Ackerman, "28 Benefits of Gratitude & Most Significant Research Findings," PositivePsychology.com, October 9, 2021, https://positivepsychology.com/benefits-gratitude-research-questions/.

4. Robert A. Emmons, *Gratitude Works!: A 21-Day Program for Creating Emotional Prosperity* (San Francisco: Jossey-Bass, A Wiley Imprint, 2013), 10.

5. David Steindl-Rast, "Want to Be Happy? Be Grateful," TED Talk, June 2013, 14:17, https://www.ted.com/talks/david_steindl_rast_want_to_be_happy_be_grateful?.

6. Shawn Achor, *The Happiness Advantage: How a Positive*

Brain Fuels Success in Work and Life (New York: Currency, an imprint of the Crown Publishing Group, a division of Penguin Random House, 2010), 4.

7. Steindl-Rast, "Want to Be Happy? Be Grateful."

8. Richard G. Tedeschi and Lawrence G. Calhoun, "Posttraumatic Growth: Conceptual Foundations and Empirical Evidence," *Psychological Inquiry* 15, no. 1 (2004): 1-18.

9. Scott Barry Kaufman, "Post-Traumatic Growth: Finding Meaning and Creativity in Adversity," *Scientific American*, April 20, 2020, https://blogs.scientificamerican.com/beautiful-minds/post-traumatic-growth-finding-meaning-and-creativity-in-adversity/.

10. Kaufman, "Post-Traumatic Growth: Finding Meaning and Creativity in Adversity."

11. Tal Ben-Shahar, *Happiness Studies: An Introduction* (Cham, Switzerland: Palgrave Macmillan, an imprint of Springer Nature Switzerland, 2021), 112.

12. John D. Otis, *Managing Chronic Pain: A Cognitive Behavioral Therapy Approach* (New York: Oxford University Press, 2007), 26-28.

13. "How Guided Imagery Helps You Relax," Cleveland Clinic, February 28, 2022, https://health.clevelandclinic.org/guided-imagery/.

14. Haruki Murakami, *Kafka on the Shore* (New York: Vintage, an Imprint of Random House, 2005).

핵심 원칙 #7
승리를 축하하라

1. Rick Hanson, *Hardwiring Happiness* (New York: Harmony Books, 2013), 27.

2. Hanson, *Hardwiring Happiness*, 31.

3. Whitney Johnson, "Celebrate to Win," *Harvard Business Review*, January 26, 2022, https://hbr.org/2022/01/celebrate-to-win.

4. Hanson, *Hardwiring Happiness*, 28.

5. Hanson, *Hardwiring Happiness*.

6. Brad Stulberg and Steve Magness, *Peak Performance* (New York: Rodale Books, 2017), 113-15.

7. Johnson, "Celebrate to Win."

8. Benjamin Cheyette and Sarah Cheyette, "Why It's Important to Celebrate Small Successes," *Psychology Today*, November 22, 2021, https://www.psychologytoday.com/us/blog/1-2-3-

adhd/202111/why-its-important-celebrate-small-successes.

9. John C. Maxwell, *How Successful People Think* (New York: Center Street, 2009), 71.

10. Stuart Brown with Christopher Vaughan, *Play: How It Shapes the Brain, Opens the Imagination, and Invigorates the Soul* (New York: Avery, 2010), 110-11.

11. Kirsten Weir, "Nurtured by Nature," *Monitor on Psychology* 51, no. 3 (April 1, 2020): 50.

12. Cheyette and Cheyette, "Why It's Important to Celebrate Small Successes."

13. Johnson, "Celebrate to Win."

핵심 원칙 #8
의미 있는 목표를 선별하고, 당신의 유산을 만들어라. 그리고 지금 당장 시작하라!

1. Viktor E. Frankl, *Man's Search for Meaning* (Boston: Beacon Press, 2006), 105 (first published 1959 by Beacon Press).

2. Kimberly Wade-Benzoni, "How to Think About Building Your Legacy," *Harvard Business Review*, December 15, 2016,

https://hbr.org/2016/12/how-to-think-about-building-your-legacy.

3. Colin Schultz, "Blame Sloppy Journalism for the Nobel Prizes," *Smithsonian Magazine*, October 9, 2013, https://www.smithsonianmag.com/smart-news/blame-sloppy-journalism-for-the-nobel-prizes-1172688/.

4. "Who We Are and What We Do," Nobel Prize Organisation, accessed November 26, 2021, https://www.nobelprize.org/the-nobel-prize-organisation/.

5. Steve Jobs, "Commencement Address," Stanford University, June 12, 2005, 15:04, https://news.stanford.edu/2005/06/14/jobs-061505/.

6. Kurt Vonnegut, *Palm Sunday* (New York: Dial Press Trade Paperbacks, an imprint of the Random House Publishing Group, 2011), 293.

PART 3
계속 앞으로 나아가라

평생의 탁월성을 즐겨라

1. Ashley Humphrey, Rebecca Szoka, and Brock Bastian, "When the Pursuit of Happiness Backfires," *The Journal of Positive Psychology* 17, no. 5 (March 2021): 611-19, https://doi.org/10.1080/17439760.2021.1897869.

2. Humphrey, Szoka, and Bastian, "When the Pursuit of Happiness Backfires."

3. Kendra Cherry, "Compassion vs. Empathy: What's the Difference?," Verywell Mind, updated June 5, 2023, https://www.verywellmind.com/compassion-vs-empathy-what-s-the-difference-7494906.

4. Rick Hanson, with Forrest Hanson, *Resilient* (New York: Harmony Books, 2018), 14.

5. Hanson and Hanson, *Resilient*.

6. Cassie Shortsleeve, "How to Practice Self-Compassion and Build a Stable Sense of Confidence," *Women's Health*, December 30, 2022, https://www.womenshealthmag.com/health/

a42156653/self-compassion-how-to-be-more-confident/.

7. Maya Angelou, *Rainbow in the Cloud: The Wisdom and Spirit of Maya Angelou* (New York: Random House, 2014), 97.

8. Kristin Neff, *Fierce Self-Compassion* (New York: HarperWave, an imprint of HarperCollins, 2021), 11.

9. Neff, *Fierce Self-Compassion*, 23.

10. Hanson and Hanson, *Resilient*, 19-20.

11. Carol S. Dweck, *Mindset: How We Can Learn to Fulfill Our Potential* (New York: Ballantine Books, 2006), 98.

행복한 성취주의자

초판 1쇄 인쇄 2025년 8월 20일
초판 1쇄 발행 2025년 9월 3일

지은이 메리 앤더슨
옮긴이 임상훈
펴낸이 고영성

책임편집 유형일
저작권 주민숙, 한연

펴낸곳 (주)상상스퀘어
출판등록 2021년 4월 29일 제2021-000079호
주소 경기 성남시 분당구 성남대로43번길 10, 하나EZ타워 307호
팩스 02-6499-3031
이메일 publication@sangsangsquare.com
홈페이지 www.sangsangsquare-books.com

ISBN 979-11-94368-53-3 (03190)

· 상상스퀘어는 출간 도서를 한국작은도서관협회에 기부하고 있습니다.
· 이 책은 저작권법에 따라 보호를 받는 저작물이므로 무단 전재와 복제를 금지하며,
  이 책 내용의 전부 또는 일부를 사용하려면 반드시 저작권자와 상상스퀘어의 서면 동의를 받아야 합니다.
· 파손된 책은 구입하신 서점에서 교환해드리며 책값은 뒤표지에 있습니다.